天津市地方志编修委员会办公室资助出版

天津地方史研究丛书

近代天津广播史

冯 帆 著

天津社会科学院出版社

图书在版编目（ＣＩＰ）数据

近代天津广播史 / 冯帆著. -- 天津 ： 天津社会科学院出版社，2022.8
　（天津地方史研究丛书）
　ISBN 978-7-5563-0842-2

　Ⅰ．①近… Ⅱ．①冯… Ⅲ．①广播事业－新闻事业史－研究－天津－近代 Ⅳ．①G229.272.1

中国版本图书馆 CIP 数据核字(2022)第 157652 号

近代天津广播史

JINDAI TIANJIN GUANGBO SHI

选题策划：韩　鹏
责任编辑：王　丽
责任校对：吴　琼
装帧设计：高馨月
出版发行：天津社会科学院出版社
地　　址：天津市南开区迎水道 7 号
邮　　编：300191
电　　话：（022）23360165
印　　刷：天津午阳印刷股份有限公司
开　　本：787×1092　1/16
印　　张：23
字　　数：351 千字
版　　次：2022 年 8 月第 1 版　2022 年 8 月第 1 次印刷
定　　价：78.00 元

总 序

　　盛世修史是中华民族的优良传统,史志文化是中华民族光辉灿烂文化的组成部分。习近平总书记指出:"要高度重视修史修志",强调"推进文化自信自强,铸就社会主义文化新辉煌",为新时代史志工作指明了方向,也提出了新的更高的要求。

　　津沽丰饶,人杰地灵。天津是我国历史文化名城,是高人巨匠聚集之地,有着独特的历史发展轨迹和地域人文气质。"天津地方史研究丛书"坚持以习近平新时代中国特色社会主义思想为指导,坚持辩证唯物主义和历史唯物主义的立场、观点、方法,从社会生活不同的角度观察天津城市发展脉络和不同历史阶段特征,在不同领域的发展演进中感受天津沧桑变迁的历史逻辑。

　　天津市档案馆(天津市地方志编修委员会办公室)将深入学习贯彻党的二十大精神,挖掘天津历史文化资源,助力文化强市建设,繁荣城市文化和学术研究,继续打造好更多的史志研究成果展示平台。我们愿携手广大史志工作者,以史为鉴,开创未来,坚定文化自信,讲好中国故事、天津故事,彰显天津独具魅力的城市形象,贡献更多的精品力作,丰富人民精神文化生活,弘扬中华优秀传统文化,弘扬民族精神和时代精神,为奋力开创全面建设社会主义现代化大都市新局面贡献智慧和力量。

天津市档案馆

(天津市地方志编修委员会办公室)

2022 年 11 月

序

在中国近代新闻史研究的区域版图中，天津无疑是一座明星城市。这里诞生过诸如《国闻报》《大公报》《益世报》《商报》等著名报刊，走出了包括严复、英敛之、胡政之、张季鸾等杰出报人。目前对上述报刊与报人的研究成果也极为丰富，其中仅涉及《大公报》的专著就不下数十种。天津还是近代广播业最发达的城市之一，无论从广播电台的创办时间、发展规模还是广播节目的社会影响看，广播业在当时的天津都是仅次于上海的标志性"建筑"。然而当我们盘点涉及近代天津广播的研究成果时，就不难发现其与报刊、报人研究的严重不均衡：除了《天津通志·广播电视电影志：1924—2003》中有相关的论述以及部分散见的论文外，迄今还没有一部对这一历史进程进行翔实考证与分析的学术专著问世。

《近代天津广播史》的出版，一定程度上弥补了这一缺憾。

本书梳理了天津近代广播业从诞生到曲折发展再到最终获得新生的过程，对天津近代广播业进行了细致描摹，并对包括天津近代广播发展的主动力、天津民营电台的发展特点、天津无线电广播与报刊的互动互构、无线电广播与天津城市的近代化等关键要素进行了深入分析。在此基础上，作者总结了近代天津广播业对我国广播电视业和新闻业发展所做出的历史性贡献。本书立足整体，突出特色，点线面结合，以政府对电台的管控、民营电台的发展、广播对城市近代化的贡献等节点为轴，勾连天津广播在近代的整体发展面貌,论据丰满,逻辑清晰,结论扎实。

作为冯帆的博士生导师,我见证了本专著从他脑海中的一个设想到最后成稿的全过程。我国广播电视史研究的开创者与奠基人赵玉明教授生前曾反复叮嘱作为弟子的我和冯帆等人要认真将中国广播电视史研究做下去,既要多打井,又要深打井,在通史研究的基础上注重区域史、地方史的挖掘研究。赵老师算是半个天津人。还记得我第一次带冯帆去拜见赵老师时,便听到他建议冯帆利用身为天津人、参与过专著《天津新闻史》写作的优势,好好发掘一下近代天津无线电广播发展的历史,争取能够做出一点成绩。经过认真思考,反复权衡,冯帆决定将近代天津广播史作为自己博士学位论文的选题。

虽然近代天津广播事业丰富多彩,但公开出版的史料书籍却凤毛麟角,很多资料都保存于天津档案馆等地,多年乏人问津。为了获取史料,冯帆在读博的两年多时间里,辗转往返于京津两地的各大图书馆、档案馆和博物馆,抄录复印、体验观察、寻访旧址、拜谒专家,最终于2019年6月圆满完成了博士学位论文答辩,并获得了"优秀"成绩,也算是完成了赵老师生前的一个心愿。

博士毕业后,冯帆回到母校天津师范大学新闻传播学院任教。我又鼓励他继续丰富补充书稿中的内容。在随后的两年多时间中,他利用工作之余继续发掘新史料,丰富和打磨初稿,才有了这本《近代天津广播史》的问世。

如今,形式各样的新媒体、融媒体正在深刻地改变着我们对媒介和周遭世界的接触方式与认知框架。在这样一个快速变化升级的时代回溯历史,又该怎样观照其意义与价值?大卫·休谟的观点或可提供一种参照。他认为,历史不仅是知识中很有价值的一部分,而且还打开了通向其他许多部分的门径,并为许多科学领域提供了材料。本书在梳理近代天津广播业的发展历程时,就不仅着眼于其本体发展,还瞄准推动这一事业发展的主动力——政府与市场。尤为可贵的是,作者将近代天津广播与报刊的互动、广播对天津城市现代化的影响等因素纳入研究视野,无疑助推了天津传媒史与城市现代化史的研究,为其提供了新案例、新方法。由是观之,研究历史,明晰其特征,掌握其规律,分辨其价值,揣摩其意义,正是为了更好地面对全新的媒介环境,进而让其为我们所用,而非使我们被其所用。

同近代天津广播史一样,近代中国传媒史仍有许多未曾深耕的研究领域。希望本书不仅作为近代天津广播史研究的一个重要起点,也能促使更多研究者从事地方广播电视史研究,产出更多优秀作品,共同推动中国新闻传媒史的繁荣发展。

艾红红

于 2022 年 7 月 20 日

内容提要

　　天津在我国近代的新闻事业发展中占据着举足轻重的位置，同时这里也是我国无线电广播事业起步和发展的重要基地之一。在1923年上海出现我国境内第一座广播电台后的仅仅两年，天津的广播事业就在日租界起步。近代天津广播发展先后历经了民国期间的四个历史阶段，其间曾经历20世纪30年代中期民营电台的快速发展，遭遇沦陷期间广播事业的全面沉沦，也见证了抗战胜利后国民党专制统治下对广播电台的独霸控制。发展曲折，道路艰辛。本书意在呈现近代天津广播发展的面貌，揭示其在天津近代化进程中发挥的作用，从而更加全面、客观认识和看待近代天津的广播事业。由于天津在1949年1月15日宣告解放，因此本书对近代天津广播事业的研究主要集中在1925年1月到1949年1月这24年的时间当中。

　　本书主要从政府对天津广播的管控、天津民营电台的创新发展、广播电台与报刊的互动、广播与城市的近代化以及天津广播历史贡献等多个维度论述近代天津广播的发展演变，进而探讨其规律，总结其特点。

　　本书第一章对近代天津的广播发展进行全面的总结和梳理。根据时间发展以及政权更迭的情况，本章分为天津广播的起步、"黄金十年"中广播的快速发展、日伪时期广播沦为殖民统治工具以及抗战胜利后天津广播的短暂复苏与膨胀等几个部分。意在通过梳理近代天津广播的发展

1

全貌,勾勒出几十年间天津广播事业清晰的发展路径,为后文的深入探究做好铺垫。

本书第二章从法制和管控的视角分析影响天津广播发展的主因。在无线电广播诞生并传入中国以来,当时的政府采取各种法律和政令通过各种手段对广播事业进行限制和管控,目的就是为了对内实现"举国听一",将广播这种新媒体技术驯服为政府的统治工具。而日伪当局更是直接将广播电台作为其殖民统治和奴化教育的利器加以使用。在当时政府的"专营统制"下天津的广播事业发展虽起步较早但颇受限制,特别是民营广播电台的命运则完全无法掌控在自己手中。这也从一个侧面揭示了民国时期传媒业所遭受的空前压迫。直至天津解放,广播事业才获得新生,并将其经验传向全国,成为人民广播事业创立的示范和标杆。

本书第三章将研究对象着眼于近代的天津民营电台。天津的民营电台成为广播发展中的一大亮点,其发达程度和数量在全国仅次于上海。特别是在20世纪30年代中期以"仁昌""中华""青年会"和"东方"四大电台为代表,十数家民营电台风起云涌,推动了天津广播事业的发展,也带动了天津社会的近代化。民营电台虽以盈利为目标,但在社会变革和民族危亡之际却往往展现出较高的道德操守,这不同于之前相关研究中给民营电台所塑造的见利忘义形象。

本书第四章探讨广播电台与近代天津著名报刊以及《广播日报》为代表的专业报刊之间的互动关系。新老媒体之间的良性互动和共生构建了高度发展的天津新闻传媒事业。作为民国时期全国唯一一份广播类日报,《广播日报》搭建起了连接传统媒体与新媒体的平台,在电台一手节目资源难以保存及找寻的情况下为全面分析近代天津乃至我国广播事业发展变化提供了重要的一手资料和信源。

本书第五章从广播与天津城市近代化的关系上展开分析。在天津近代化及城市化的过程中,广播电台扮演了重要的角色。广播的被动收听模式改变了民众的信息接收习惯,让中下层民众第一次有机会参与社会的发展并逐渐抛弃传统的"臣民意识"而形成"公民意识"。广播电台及相关的收音机制造业推动了近代天津工商业的升级转型,最终促使天津成为近代中国收音机工业中心。广播节目对西方近代文明的传播和对科学教育的重视,加速了天津文化的近代化。同时,节目中富有地方特色的曲艺戏剧节目使得北方传统文化从军阀政客的独享堂戏走向寻常百姓的茶余饭后,推动了传统文化的发展,同时也使天津收获了"曲艺之乡"的美名。

本书第六章则从纵横两个时空维度上探究天津广播事业的历史贡献。在空间展开的横向维度上比较天津与同时期其他城市广播事业发展的异同,较之上海民营商业电台的发达和南京广州党营电台的一家独大,天津展现了兼容并包的特点,在不同时期商业电台和党营电台各领风骚,各具特色,并因此形成了一条独特的发展路径。在时间发展的纵向维度上,作为中国近代广播事业的起始点之一,天津的广播电台在实践中汇聚南北,连接中外,形成了开放包容多元的特点,并因此一直走在北方乃至全国前列,成为区域广播运营的代表。特别是各电台在政府管控下的应对有方,虽处置圆滑却也显现出天津广播电台的独特之处。

本书立足整体,突出特色,力争做到点线结合,以政府对电台的管控、民营电台的发展、广播对城市近代化的贡献等节点为轴,勾连天津广播在近代的整体发展面貌。以期尽量全面且客观地展现近代天津广播事业发展的全景,并在此基础上形成对近代天津广播事业的公正评价。

目 录

第一节　选题的原因及意义

一、本书选题原因

作为近现代中国新闻传播事业发展最成熟的城市之一,天津不仅出现过以《大公报》《益世报》为代表的知名报刊,通讯社与广播事业也在全国名列前茅。在我国境内第一座广播电台上海"大陆报—中国无线电公司广播电台"开办之后的仅仅两年,天津便出现了最早的商业广播电台。1925 年,日商义昌洋行在天津日租界旭街四面钟该洋行楼下开设了商业电台,开启了天津广播事业发展的序幕。从 1925 年广播在津出现到 1949 年天津解放这 24 年中,天津兴办的广播电台共有 39 座。①

同外人办报刺激国人自办报刊一样,上海天津等地外商电台的出现使民国北京政府逐渐认识到广播事业之于国家的重要意义,开始筹划建立官办广播电台。1927 年 5 月,官办天津广播无线电台正式开播,这是我国最早建立的官办广播电台之一。

---

① 天津地方志编修委员会办公室,天津市广播电视电影局,天津广播电视电影集团编著. 天津通志·广播电视电影志 1924—2003［M］. 天津:天津社会科学院出版社,2004:5.

1928 年国民党北伐战争的胜利和其后的东北易帜,给积贫积弱的中国带来了形式上的统一。民国南京政府相继出台一系列无线电管控条例,相对放宽了对公司团体和个人创办广播电台的限制,天津的民营电台迅速发展,并出现了以仁昌、中华、青年会和东方为代表的四家著名电台。天津也因此成为继上海之后广播业最发达的城市之一。

1937 年 7 月 30 日天津沦陷于日本侵略者的铁蹄之下。天津广播也遭受到了重创。先前曾辉煌一时的众多民营电台相继关闭,侵略者还通过种种措施妄图将天津的广播事业驯化为其殖民工具,一时间广播事业陷入一片黑暗。

抗战胜利后,民国南京政府接管了设在天津的日伪广播电台,并在此基础上逐步将其发展成为拥有四套广播的中央广播事业管理处天津广播电台。此外,还开设了隶属国民党政府资源委员会的资源广播电台和三座军用电台。这些电台开设目的虽不尽相同,但均为国民党的反动内战充当了宣传鼓动的马前卒。

在国共全面内战爆发前后,天津广播事业迎来了"第二次繁荣的时期"①。除天津广播电台外,包括中国、华声、中行、世界新闻广播社、友声、宇宙、青联、天声、青年、钟镜广播电台等在内的众多广播电台相继成立。除此之外,1946 年后天津还有 20 余家商号企业提出了设立广播电台的申请但未获得批复。但与 30 年代不同,此时的众多电台虽名为民营,但其背后与当时的政府均有着千丝万缕的联系,这也从一个侧面反映出国民党妄图全面管控天津广播事业,使其成为"私有财产"的野心。

1949 年 1 月 15 日,天津得到解放。国民党天津广播电台被天津军事管制委员会接管,改组为天津新华广播电台。同年 5 月 18 日,新华广播电台更名为天津人民广播电台。另外,民营广播电台中除部分因经济原因关闭外,包括华声、世界、青联等电台被接管;中行电台经过甄别后重新

---

① 马艺,等.天津新闻史[M].天津:天津人民出版社,2015:443.

播音,并于 1950 年 8 月被天津人民广播电台收购。至此,天津的广播事业在社会主义制度下开启了新的篇章。

有句俗话叫"近代中国看天津"。正像天津这座城市之于近代中国的特殊意义一样,近代天津广播事业的每一次发展和转折都与中国的命运休戚相关。24 年中,你方唱罢我登场的官办或民营电台为天津经济发展、社会进步、文化繁荣做出过贡献,也成为天津城市近现代化的助推器。综上所述,笔者认为本书选题的主要原因包括:

第一,天津广播在中国近现代新闻事业中占据重要的历史地位。

天津近代广播发端早、规模大、影响深远。研究中国广播事业发展,离不开对天津广播的分析和梳理。

(1)我国的近代电信事业始于天津

无线电技术是广播事业的物质基础,李鸿章和袁世凯前后两任直隶总督都曾在天津兴办电信事业。1879 年,直隶总督李鸿章在天津大沽口炮台及北塘兵营间架设了直通天津直隶总督行政总署的电报,这是中国人自己建造的第一条电报线路。[①] 次年,李鸿章在天津设立了电报总局并设置电报学堂培养电信人员。1905 年袁世凯在天津开办了培养无线电报务人员的无线电训练班并在京津两地分别购置安装了无线电收发报机。两任直隶总督在天津开创了中国近代电信事业,也为后来天津乃至全国广播事业的发展奠定了技术和人才基础。

(2)天津是最早开设官办及民营电台的城市之一

我国近代广播事业肇兴于上海,虽然天津的广播电台在国内并非首创,但根据现有史料分析,无论官办抑或民营电台,天津均在当时全国范围内名列前茅。1925 年 1 月,日商义昌洋行建立的广播电台成立,使天津成为当时中国北方第一个拥有广播电台的城市。1927 年 5 月,民国北京政府创办了我国最早官办电台之一的天津广播无线电台。但早在四年

---

① 来新夏主编.天津近代史[M].天津:南开大学出版社,1987:115.

前的 1923 年,民国北京政府就曾利用京津两地的辅助长途电话线进行了电台实验广播并获得成功。① 此后的 1925 年,民国北京政府还曾下令在京津两地实验广播收音工作,但碍于当时国内局势动荡只能作罢。由此可见,在天津尝试开设广播电台由来已久。

(3)"无线电广播"的命名与天津密切相关

广播电台在我国出现后,虽然众多外商电台涌现,可其固定名称还未确定,当时包括"空中传音""播音""传声""放送"等名称交杂使用,不利于这项新生事业的发展。1926 年,赴美国参加国际无线电信会议的时任天津电话局局长兼总工程师吴梯青在考察了世界电信事业的发展后,按照英文意译提出"无线电广播"的正式名称。这一名称最终被民国北京政府交通部批准采纳并在全国各地通用。由此,无线电广播才正式被确立为一项政府规定的新生事业,并在全国各地生根发芽逐渐发展起来。

(4)天津创办了中国最早的广播日报

1934 年 9 月,我国第一份全国性广播节目刊物《广播周报》创刊,一年后的 1935 年 9 月 1 日,天津《广播日报》创刊发行。这份报纸不同于隶属南京中央广播电台的《广播周报》,属于完全独立的广播报刊,且为日报性质时效性更强。该报发行将近两年,于 1937 年 3 月底中止。② 目前学界已有针对《广播周报》的相关研究问世,但当前国内对天津《广播日报》的研究还尚未开启。除此之外,近代天津还创办有《无线电日报》和《广播半月刊》《广播之友》等报刊,由于种种原因,均未能得到充分研究。

(5)天津是近代中国收音机工业的中心

天津作为我国近代重要工业基地,以收音机制造工业为代表的电子工业在民国期间伴随着广播事业的发展而逐渐壮大。从制造矿石收音机

----

① 天津地方志编修委员会办公室,天津市广播电视电影局,天津广播电视电影集团编著.天津通志·广播电视电影志 1924—2003[M].天津:天津社会科学院出版社,2004:78.

② 当前所见《广播日报》到 1937 年 3 月底止,日本占领天津后曾短暂出刊后被伪天津新闻检查所勒令停刊。

到再生式收音机再到可以制造超外差收音机,天津收音机制造实现了从与南京上海并驾齐驱到一枝独秀,并引领近代中国收音机工业的突飞猛进,最终成为近代中国收音机工业发展的中心,进而推动了 1949 年后我国电子工业的重新起步。

除上述五点外,天津广播的发展中还有众多值得梳理研究的内容。诸如 20 世纪 30 年代天津以仁昌、中华、青年会、东方为代表的民营电台之间的相互竞合关系、广播电台与报刊之间的互动、沦陷时期日本利用广播电台对天津进行文化侵略和殖民统治以及解放战争期间国民党对天津各民营电台无孔不入的控制及渗透等,均能反映出不同时期我国新闻事业发展和社会进程间的互动关系,也能为研究近代广播发展提供有益的镜鉴。

第二,全面梳理总结 1949 年以前的天津广播发展脉络和历程正当其时。

当前学界对近代天津广播发展的研究仍处于初始阶段。首先,从地方新闻史研究的角度上看,目前学界和业界对天津地方新闻事业的关注重点主要局限于对天津报刊史的关注和研究方面。包括《中国报学史》《中国新闻史》《中国新闻事业通史》《中国新闻事业史》《中国新闻事业史教程》《中国新闻史新修》《中国新闻传播史》《天津新闻史》等通史类专著和包括《中国近代新闻思想史》《大公报人忆旧》《大公报史》《新记〈大公报〉史稿》《〈大公报〉百年史》《中国现代新闻思想史》等专题史中,研究主体是以《大公报》《益世报》等为代表的天津报业史,针对天津广播事业进行的研究则相对较少地散见于上述著作中。

其次,从广播专门史的角度来看,较之近代广播事业同样发达的上海,针对天津广播的研究也显得远远不够。① 2004 年,在天津设卫建城 600 年及天津人民广播事业创建 56 周年之际,《天津通志·广播电视电影志》出版。书中对 1924 年以来天津广播的发展进行了简单梳理。但由于体例性质等客观原因,其中对近代天津广播发展的叙述主要停留在对重要电台的梳理上,而未能全面呈现出其广播发展的恢宏全景。除此之外,中国传媒大学段然的硕士毕业论文《抗战爆发前天津四大民营电台生存与发展研究》也是有关天津广播电台的为数不多的研究成果。除二者之外,以天津广播电台作为研究对象的专著及学术论文较为罕见。因此,从这个意义上说,全面深入细致地梳理 1949 年以前天津广播事业发展脉络是十分必要的。

最后,由于时间的推移,许多涉及近代广播事业的相关资料已难以寻觅,相信随着时间的流逝,相关资料和文献将更加难以获得,因此有必要尽快梳理抢救。基于上述三点原因,当前对天津近现代广播事业发展的研究正当其时。

第三,天津广播的发展与近代天津城市及文化的发展密切相关。

天津广播的发展,不仅是天津近代传媒业发展的一个组成部分,同时也为天津城市文化的发展和繁荣做出了一定贡献。天津曲艺之乡美名的得来,与广播也有密切的关系。广播电台借助听众对曲艺的欢迎和这种表演形式的简便性,邀请曲艺艺人进行直播,一大批著名的曲艺艺人通过电波与听众相识。他们在电台中的表演为民间传统戏剧增添了一条传播路径,对曲艺特别是曲艺音乐的普及起到了不可估量的作用。② 反而言之,曲艺通过在广播中的不断普及,也逐渐成为天津这座城市一道亮丽的文化名片。与此类似的还有话剧的普及,众多话剧社团在电台亮相,这项

---

① 上海市档案馆联合北京广播学院(现中国传媒大学)、上海市广播电视局于 1985 年合编了《旧中国的上海广播事业》一书,该书详细记录了从 1923 年上海第一座电台出现到 1949 年 5 月上海解放的广播电台发展进程。编选中外档案史料 369 件,报刊资料 157 件,共计 53 万字,成为研究上海广播事业乃至中国广播事业发展的重要专著。

② 艾红红.中国民营广播史[M].新北:花木兰文化出版社,2016:79.

艺术形式在受到听众欢迎的同时也在一定程度上提升了天津市民的文化素质。

各家电台开设的节目也为近代天津社会民智的开化贡献了力量。如广播电台对国内外流行唱片及音乐的播放推动了西洋文化在天津的落地,而广播电台中长期坚持宣扬文化的重要性、注重学术讲座的节目设置也为天津文教事业的发展做出了重要贡献。

除此之外,可以说在近代天津政治、商业、工业等多个领域的发展中广播都曾发挥过重要作用。因此,将广播电台置于当时天津社会发展的大环境中去思考和审视,便会发现其作为媒介在城市塑形和近代化发展之中的重要作用。

二、本书选题意义

天津广播史研究特别是近代天津广播史的研究目前尚处于基本空白阶段,许多问题亟须解决,许多研究值得深入。因此,本研究的意义主要体现在:

第一,弥补当前学界对天津广播历史研究的不足。

虽然部分专著和地方史志对天津广播发展的整体脉络进行了大致的梳理,但很多细节仍有待考证,很多史料尚待挖掘整理,很多空白尚待填补。特别是针对不同时期天津广播事业发展特点及近代天津广播事业独特性的研究,各时期中同类和不同类型媒体间竞合关系的研究,以及广播作为一种媒介形态对天津近代化作用等方面的研究均较为薄弱。从这个意义上讲,本研究有利于丰富天津新闻史研究的不同维度,进而在业已成型的天津报刊史研究基础上深挖广播发展历史,考量广播电台发展过程中内外部力量对其发展的影响制约及反制机制,展现天津近现代新闻事业发展的全貌。

第二,丰富区域广播史的研究内容和研究视角。

1949 年以前的天津广播史作为中国广播史的一个组成部分,可以对我国广播事业历史研究起到丰富思路开阔视野的作用。当前我国广播史研究,特别是近代广播史研究呈现出"北轻南重"的格局,上海、广州等城市的广播史研究较为兴盛,而天津、北京等地广播史的研究则相对沉寂。因此,开展天津广播史的研究,有助于丰富我国地方广播史特别是华北地区广播史的研究内容。同时,本书尝试突破传统"史料史"写作的方式,从媒介生态学和城市传播学等角度更宏观地发现和把握问题,将广播与传统媒体的竞合和广播与城市发展等议题紧密联系起来,扩展广播史研究的理论视角。

第三,改善以往研究对官办和民营电台的"刻板印象"。

传统的现代广播史研究以中国共产党广播事业演化的进程为重点,而官办广播电台和商业电台及其他形式的民营广播电台则被相对忽视。同时,由于传统刻板印象的影响,以往研究对于官办电台和民营电台长期以来形成了"有电皆啼笑,无台不说书"的相对负面评价,忽略了其在不同历史时期曾发挥的积极意义。因此,本书试图通过对以官办和民营电台作为主体的近代天津广播的研究,呈现二者的全貌以便更加客观地分析官办、民营电台在我国广播发展进程中的历史地位和存在价值。

第二节　国内外研究状况

　　当前以近代天津广播事业作为研究对象的成果在学界并不多见,与之直接相关的学术论文有 4 篇,间接涉及天津近现代广播事业发展的论文则相对较多,有数十篇,但其中有价值的内容并不多见,且较为零碎。除论文外,涉及天津近现代广播事业的专著则相对较多,除《中国新闻事业通史》《中国新闻事业史》《中国广播电视通史》《中国现代广播简史》《中国广播电视史》《中国广播发轫史稿》等通史著作外,《中国民营广播史》《中国宗教广播史》《中国广播研究 90 年》《第四战线》等专题史著作也对天津广播史的内容或多或少有所涉及。《天津通志·广播电视电影志》和《天津新闻史纲要》《天津新闻史》则相对全面地梳理了近代广播发展的基本过程。

一、以近代天津广播史为中心的文献研究

　　到目前为止对于近代天津广播发展的研究,仍停留在较为浅显的通识介绍层面上。在论文方面,周启万的《解放前天津的广播电台》较为详尽地介绍了电台发展的过程,并按照时间顺序将天津广播发展分为了1925—1933 年电台初建的第一阶段;1934—1937 年商业电台快速发展的

第二阶段;1937—1945 年日伪统治下的第三阶段和 1945—1949 年国民党统治下事业走向终结的第四阶段。① 这篇论文是现存能够反映民国时期天津广播电台发展的最全面研究。此外,赵天鹭的《天津青年会广播电台与社会服务》则全面聚焦于天津四大民营电台之一的青年会电台,以其在当时与其他电台竞合中展现的独特社会服务功能为切入点,深入分析了青年会电台在当时能够成为天津知名电台的原因。同时,文章不仅将目光聚集到青年会电台发展的广播史上,还注意到了其与《大公报》之间的互动关系,"从《大公报》对天津青年会广播电台的大量报道入手,对该电台的发展历程与社会服务加以考察"②。侯鑫的《侯宝林与天津旧电台》主要针对以侯宝林为代表的曲艺艺人在民国时期天津电台中的生存状况,特别是分析了在日本侵华期间和解放战争期间曲艺艺人在不同社会环境下委曲求全的真实状况,提出了"红角之麻烦,较黑角之无人问津更为难受"的观点。③ 该论文丰富了近代天津广播电台与曲艺之间的共生关系研究,同时也从侧面反映了近代部分民营电台在经营活动中的混乱无章。中国传媒大学新闻学院段然的硕士毕业论文《抗战爆发前天津四大民营电台生存与发展研究》是一篇对天津民营广播电台研究较有特色的论文。该论文聚焦于抗战爆发前天津广播发展的黄金时期,将研究对象瞄准了当时天津最具影响力的四个民营电台,通过对它们各自发展特点、相互竞合关系及其与报刊等不同性质媒体之间的相互关系等因素进行分析考察,梳理展现了天津四大民营电台生存的时空特点,对于研究天津民营广播电台具有重要的参考价值。

在专著方面,天津地方志编修委员会办公室、天津市广播电视电影局、天津广播电视电影集团整理出版的《天津通志·广播电视电影志

① 周启万.解放前天津的广播电台[J].现代传播——中国传媒大学学报,1985(01):71—76.
② 赵天鹭.天津青年会广播电台与社会服务——以《大公报》为中心的考察[J].文学与文化,2015(3):124.
③ 侯鑫.侯宝林与天津旧电台[J].博览群书:2007(11):73.

1924—2003》从地方志的角度较为全面地梳理了近代天津广播发展的进程，从义昌电台开播到 1949 年天津解放，基本囊括了天津广播发展的全貌。但碍于体例限制，文中的介绍总体上呈现"史料史"的形式，对重点事件和重点电台的分析并不充分。但总体来说，该专著是研究天津近代广播发展的最重要依据。马艺等的《天津新闻史》全面地梳理了天津新闻事业发展的全过程。其中对天津广播事业在不同时期的发展也进行了分章节的介绍和叙述。特别是其中添加了对清末天津电信事业起步过程的介绍，对于梳理天津广播的起源有着一定的指导作用。由于本书研究以报刊史为基础，因此广播事业发展并未占据太大比例。天津市广播电视局研究室于 1989 年、1994 年编辑出版了《天津人民广播事业四十周年回忆录》《天津人民广播事业四十五周年回忆录》等书，书中以回忆录的形式收录了很多老新闻工作者对天津人民广播事业的回顾文章。虽主要介绍 1949 年后的天津人民广播事业，但其中也有部分作者回忆了在民国时期电台中工作或接管天津官办和民营电台时的情景，其中包括赵树垣的《民主青年联盟在电台的活动》、王予的《初上征程》、林青的《从土炕到播音室》、邢正平的《我们看守电台》、罗兰的《我在天津广播电台》、冯均宜的《在国民党天津电台的一段经历》等，这些回忆录文章对于深入分析天津沦陷时期及解放战争期间天津广播事业发展和播音员生存状况以及天津人民广播事业的初建都具有重要意义。林学奇在《南市沧桑》一书中通过对一手档案信息和报刊文章的梳理还原了沦陷期间天津广播电台的发展进程。在《华安大街老电台》一文中他以图片和历史资料为依据，分析了广播电台在天津沦陷后作为日本殖民统治工具的丑恶本性和日伪当局为奴化天津人民而通过广播进行宣教的卑劣伎俩。文章史料丰富，理清了日伪时期天津广播电台从产生到最终被国民党政府接收的全过程，对于研究日伪统治下的天津广播事业具有重要的参考意义。此外，由国庆的《故纸温暖：老天津的广告》一书中也有部分文章回忆了天津部分电台中的广告宣传,并提出"短、新、快、灵"是当时广播广告的重要特点。① 在文中他分析介绍了广告的两种基本分类,并结合部分曲艺艺人在电台中做广告的实例总结了电台广告在当时的兴盛。在另外一篇文章《马三立说"广告相声"》中,作者以访谈的形式分析了以知名相声表演艺术家马三立为代表的天津曲艺艺人在天津各电台通过曲艺演出的形式口播广告的经过。由天津中华基督教青年会编著的《天津中华基督教青年会与近代天津文明》一书中,对天津青年会广播电台的创立及发展有过部分介绍。

二、涉及近代天津广播史的文献研究

关于中国广播史的研究对象,赵玉明教授曾在多篇相关文章及著作中进行过分析,并已经得出了普遍认同:"中国现代广播史是指从 20 世纪 20 年代初中国出现广播电台至 20 世纪 40 年代末新中国成立之前这一历史时期内的广播事业的历史,其研究对象若以广播电台而论,则是应以中国自办广播电台为主,兼及外国在中国办的广播电台,只要在中国境内 960 万平方公里土地上出现的广播电台,不论是何人所为,属谁所有,为何而办,即使是外国或外国人在中国办的广播电台,也均应在中国现代广播史的研究范围之内。"②赵玉明教授的观点为中国广播史,特别是近代广播史的研究提供了明确的对象。

目前学界以广播事业发展作为研究对象的论文成果较多,其中也有部分研究或多或少的涉及了天津近现代广播事业。从民国时期开始,就已有部分学者和广播工作者开始对广播事业进行研究,这其中主要包括

---

① 由国庆. 故纸温暖:老天津的广告[M]. 天津:天津古籍出版社,2015:23.

② 赵玉明. 中国现代广播史研究中的若干问题——兼答陈尔泰同志[J]. 中国广播电视学刊,2001(5):33—36.

国民党中央广播电台台长、中央广播事业管理处处长吴道一;国民党中央广播事业管理处处长、中央广播事业指导委员会副主任委员吴保丰及曹仲渊、胡道静等。在 1929 年吴道一的《我国之广播事业》一文中,其简要叙述了天津广播电台的兴办过程。"民国十六年春,北平旧交通部着手建筑天津、北平二台……是年五月,天津广播电台成立,电力为五百瓦特。"①吴保丰在《十年来的中国广播事业》一文中以表格的形式简要描述了天津中华、东方、仁昌、青年会四家民营电台的成立时间、所属机关、电力、呼号、波长、频率等信息。值得注意的是,在笔者查阅相关报刊史料的过程中,发现郑梦塘曾于天津《大公报》和《益世报》上连续发表《本市一九三四年广播回顾谈》(上中下)和《一九三五年的本市广播事业》(上下)以及《回顾一九三六年本市的广播事业》(上下)等文章,这些文章较为细致地分析了从 1934 年到 1936 年天津广播电台发展的进程,特别是以四大电台为代表的民营电台的发展进程。这些文章先前从未被发现或提及,因此有重要的首创意义,对天津近现代广播史的研究也具有重要的参考意义。

当前学界对近代广播事业的研究更加多元具体。在《我国广播事业之发轫》一文中,赵玉明梳理了中国早期广播电台创立的过程,其中提及天津曾于 1925 年筹备设立广播电台,并于 1927 年 5 月正式开设的历史过程。《抗战时期的广播事业》一文简要概述了七七事变后日伪当局对包括天津在内的"专营统制",阐释了其妄图通过强制推销收音机、强迫剪去收听短波部件、迫使市民只能收听日伪广播等方式控制民众思想,进行奴化教育的卑劣伎俩。在《旧中国的广播管理概述》一文中,赵玉明从政府对广播事业的管控手段出发,全面考察了从民国北京政府时期公布的《电信条例》到解放战争期间国民党当局设立的《广播无线电设置规则》中对广播事业发展的管理措施,其中提及 1923 年东北无线电监督处

---

① 吴道一. 我国之广播事业[M]//赵玉明主编. 中国现代广播史料选编. 汕头:汕头大学出版社,2007:55.

主管天津的广播事业,并在京津两地建立广播无线电办事处等相关史实,对研究早期天津官办广播电台的兴起有重要的指导意义。哈艳秋、何昊东、李佳在《回旋历史的声音——简论日本侵华时期的日伪广播》一文中,全面总结了日伪时期日本在我国沦陷区建立的广播电台。文章梳理了华北地区日伪广播与傀儡政权的伴生关系。1940年7月,日伪"华北政务委员会"控制下的伪"华北广播协会"成立。北平、天津等华北重镇在沦陷后其广播电台也相继落入日军手中。1938年1月,包括天津在内的各电台都已成为日伪电台。伪"华北广播协会"管辖8座电台,总发射功率100多千瓦。文章关注了日本帝国主义在侵略战争中对广播电台节目的设置与安排,特别强调了1941年日寇在华北地区五次开展"治安强化运动"的过程,在此期间日本华北方面军参谋部制订了《治安强化运动实施计划》,提出必须利用广播来"宣传东亚新秩序的观念",其时各种汉奸人物到日伪广播电台做关于"治安强化"的广播讲演,宣扬"大东亚共荣""侵略有理"等观点。[①] 庞亮、赵玉明在《弘扬抗战广播的民族精神》一文中从抗日的具体时间段深入分析抗日广播在国统区、解放区、沦陷区的宣传工作,特别是沦陷区的抗争,很有指导意义。郭薇亚在《旧中国广播电台的变迁》一文中简要概述了民国时期广播电台发展的进程,文章简单提及了天津第一座官办电台天津广播电台的开办经过。蒋伟国的论文《民国期间的广播电台》虽将主要笔墨放在对上海广播电台发展的叙述上,其中少量提及了天津官办电台的创建,但其文中对上海民营电台播出内容的分析和对民国电台政治背景的介绍为本书的研究提供了可以借鉴的研究路径。此外,朱莺也在其论文《民国时期广播事业发展状况研究》中总结了民国时期广播事业发展的进程及主要特点,她认为广播事业在中国诞生后虽有一定的发展,但由于政府管控、社会动荡等原因,广

---

① 哈艳秋,何昊东,李佳.回旋历史的声音(下篇)简论日本侵华时期的日伪广播[J].中国广播,2005(12):51—52.

播事业并未得到较好较充分的发展。①

　　在对广播电台的研究之外,部分学者也对近代广播期刊进行了研究。其中有部分研究成果也涉及了天津的几家广播类报刊。艾红红、王娟的《〈广播周报〉的历史流变与当代启迪》从办报宗旨和内容设置的变迁以及报纸自身功能和特性的演变等方面全面分析了《广播周报》的历史流变过程,《广播周报》作为当时全国最权威的广播节目报,对一年后创刊的天津《广播日报》影响非常深远,研究广播周报的发展演变历程,对进一步分析天津广播事业在民国时期的变化历程和天津《广播日报》的历史变化都有非常深刻的借鉴意义。姚璐在《〈广播无线电台年刊〉与无线电广播装备技术的传播》一文中介绍了 1927 年 5 月成立的天津广播无线电台的基本情况,包括电台呼号 COTN,波长 475 米,电功率 500 瓦特,机件构成及来源由美国西方电气公司制造。以及每日播音时长为 7 小时,电台附近的收音机数量 3000 余台。全台职员人数为 14 人,播送内容包括英语教授、时刻报告、商情广告、戏曲评书等。② 此外介绍了 1927 年 9 月成立的北平广播无线电台与天津最早的外资广播电台的关系,对早期义昌电台的后续发展提供了资料借鉴。杨旭在其硕士论文《民国时期〈广播周报〉研究》中,从历史流变、广播研究、报纸电视等媒介研究和作用及当代启示等四个方面研究了《广播周报》的价值和贡献。文章着重分析了《广播周报》对广播及其他类型媒体所做的理论和业务研究,用丰富的史料和文献介绍了《广播周报》对当时我国广播理论和业务发展所做出的探索和贡献。其中 1947 年由天津广播电台撰写的《如何导演广播剧》展现了广播剧作为一种与广播伴随而生的新兴艺术形式是如何借助广播发展起来的。这也在侧面说明了当时天津广播电台中广播剧的蓬勃发展。除此之外,韩啸、赵莹莹的《民国时期中国广播期刊编辑出版活动

　　①　朱莺.民国时期广播事业发展状况研究[J].求索,2004(3):240—242.
　　②　姚璐.《广播无线电台年刊》与无线电广播装备技术的传播[J].西北大学学报(自然科学版),2010,40(1):178.

特征初探》分析了国民党官办的广播期刊、民营广播期刊和中国共产党创办的三种不同类型广播期刊及其编辑主体的构成;同时对编辑出版内容方面进行了分析,提出了以专业普及为基础突出学理性和专业性的内容生产方式。邓明洁的《20世纪30年代中国广播期刊的特点及使命》总体上分析了民国时期,特别是20世纪30年代期间的40余种广播期刊,从刊名、封面设计、内容设计、创办者及宗旨设置等方面全面分析了当时广播期刊的编排特点,并在此基础上分析了广播期刊在当时历史环境下,特别是在抗战时期的使命和任务。王江蓬在《20世纪30年代中国广播期刊编辑研究》一文中从广播电台在当时的发展状况分析了广播期刊产生的背景,并分析了众多广播期刊的编辑理念和其命运多舛的原因。这些文章中的分析和观点都对本书研究《广播日报》有重要的参考和指导意义。

　　除上述部分涉及近代天津广播发展的相关论文外,笔者还搜集查阅了部分在研究方面较为具有代表性的成果。首先,在广播史研究的起点问题方面。近代广播主体的多元构成导致了对不同性质电台的评价问题。近代电台同近代报刊一样都是外国人引入中国的舶来品,对于外资电台的分析,应该既看到其侵犯中国无线电及广播主权的一面,同时也肯定其在客观上对中国广播事业诞生和发展所起到的推动作用,单纯强调任何一点都是片面及有失公允的。赵玉明教授认为外国人在华创办广播开阔了中国人的视野,传播了无线电知识,揭开了中国广播电视发展的序幕,因而是有进步意义的。① 在另一部英文著作《美国广播在中国:国际广播的技术和沟通挑战1919—1941》中,马克·柯思铎总结了自美国人奥斯邦在上海开设广播电台直至太平洋战争爆发美国在华电台的发展进程。文章通过回忆录式的分章节梳理,将美国在华广播事业的产生、发展和演变进行了叙述,特别是在重大时间节点上的回忆,对丰富广播史研究

---

① 赵玉明.中国现代广播史研究中的若干问题——兼答陈尔泰同志[J].中国广播电视学刊,2001(5):33—36.

的视野和路径具有很大的帮助和意义。① 罗宾斯在其著作《东京在呼唤：日本海外广播事业 1937—1945》一书中用两个章节的笔墨描述分析了日本自七七事变开始后在华的广播战策略，日本在此时期将广播战作为其对外侵略扩张的一个重要手段。文中叙述了日本在包括天津在内的沦陷区中建立广播电台传播信息，并在太平洋战争爆发后进一步通过广播加强对沦陷区民众思想控制的战争策略。②

其次，在区域史方面，上海和广州等南方城市由于经济发达以及外商较多等原因广播发展较之其他地区更快，因而这些地区的地方史研究成果也较为丰富。招宗劲在《民国时期广播事业在广州的发展》一文中总结了广州从 1929 年广播诞生到 1949 年新中国成立这段时间广播事业的状况，并指出广州的广播发展长期受到时任政府的管控和领导，虽然在一定程度上有益于当地社会发展，但长远来看限制多于引导，导致近代广州的广播事业没能像报业一样得到全面的发展。③ 华东师范大学汪英的博士论文《上海广播与社会生活互动机制研究》探讨了广播与社会之间的互动关系，为上海广播事业的研究开辟了新思路。清华大学郭镇之教授的硕士毕业论文《论旧上海民营广播电台的历史命运》对上海的民营电台进行了深入的分析。赵巧萍在《略论抗战前后广州的广播事业》一文中则探讨了在不同的历史阶段广州广播事业的发展状况，提出了广州广播电台的政府主导模式。④ 由唐山广播电视史志年鉴编纂委员会主编的《华北沦陷区日伪广播史研究》将视角集中于抗战期间沦陷于日本侵略

① Michael Krysko. *American Radio in China*：*International Encounters with Technology and communications* 1919-1941. Kansas State：Kansas State University Press，2012.

② Jane Robbins. *Tokyo Calls*：*Japanese overseas Radio Broadcasting*，1937-1945. [S. L.]：European Press，2001.

③ 招宗劲. 民国时期广播事业在广州的发展[J]. 历史教学（高校版），2008（06）：25—30.

④ 赵巧萍. 略论抗战前后广州的广播事业[J]. 今日南国（理论创新版），2009（4）：181—182.

者铁蹄下的华北各省,以翔实的史料和记录展现了包括天津在内华北多省市在本时期遭遇日伪当局统治,广播事业全面停滞的悲惨状况。

最后,在专题史方面。商业广播电台和宗教广播电台是近代广播发展过程中的一大特色,部分民营电台在追求商业利益之外,也客观上促进了近代我国戏曲、音乐、曲艺等娱乐形式和文化的发展,丰富了市民的文化生活。同时部分电台播出的教育讲座和科普知识等则为近代民众素质的提升起到了促进作用。艾红红在论文《民国时期基督教广播特色初探》中以上海福音广播电台为例,分析了其在 1933 年开播后到 1951 年被勒令禁播的过程,指出了其在华传播基督教义方面所做出的重要贡献,以及客观上为上海社会发展和市民素质提高所带来的积极影响。[①] 王文利在《民国时期国人对广播的新闻事业属性的认知》一文中总结了广播事业在民国时期的发展进程:20 世纪 20 年代广播被西方人引入中国时人们将其视作与电报、电话、无线电类似的通信手段,作为新闻机构获取和传递新闻的手段,而非新闻事业的组成部分。30 年代,广播在中国得到发展,其功能也被更多人熟知。广播事业遂成为当时中国新闻事业的组成部分之一。进入 40 年代,随着抗战中广播发挥作用的凸显,广播事业在当时中国新闻事业中的地位和作用越来越显著。[②] 华东师范大学公萍的硕士论文《北洋政府时期广播管理研究》是一篇专门研究政府广播管控的论文,该论文聚焦民国北京政府时期的各种广播管控法令及政策,全面客观地分析了我国广播事业创始之初,民国北京政府在法规建设和管理方面的各种尝试以及由此带来的利弊及对我国近代广播事业发展的影响。

除上述文章外,上海市档案馆与中国传媒大学、上海市广播电视局合

---

① 艾红红,朱丽丽. 民国时期基督教广播特色初探[J]. 国际新闻界,2010(7):104—110.

② 王文利. 民国时期国人对广播的新闻事业属性的认知[J]东南传播,2011(12):74—77.

作编纂的《旧中国的上海广播事业》一书全面整理了近代上海广播事业发展的各个历史节点所保存下来的一手档案资料。其中包含许多不同年代的广播规制及法令政策，这些政策中有很多均为全国性政策，对天津和全国其他地区广播的发展亦产生过规训和指导等深远影响，也成为本书研究中的重要参考文献之一。艾红红教授所撰写的《中国民营广播史》和《中国宗教广播史》两本著作分别对民营电台和宗教电台进行了专门且深入的分析，其中涉及了天津的众多民营电台及以青年会电台为代表的具有一定宗教性质的广播电台。书中对广播生态的建构和对民营电台及宗教电台社会影响的分析突破了传统研究的边界，具有很强的指导和借鉴意义。

　　为了更好地研究本课题，笔者亦查阅了部分其他方面的书籍。邮电史编辑室编著的《中国近代邮电史》中较为全面地介绍了我国电信事业诞生和发展的进程。其中对清朝末年我国电信事业在天津的起步和发展以及民国北京政府时期电信事业的分崩离析做了较为清楚的叙述，这些都成为介绍天津广播初创的重要参考资料。与此类似的还有天津电信史料编辑组编写的《天津电信史料》，该史料较为详尽地涵盖了近代天津电信事业发展的历史脉络，在对天津电信局不同时期发展情况的介绍中有部分内容涉及了天津广播的管控和变迁。较之这些趋向于电信业的专著，天津社会科学院历史研究所编写的《天津简史》、罗澍伟主编的《近代天津城市史》以及来新夏主编的《天津近代史》则从更加全面和宏观的视野上分析了从清朝末年到民国时期天津社会、经济、文化、政治等方方面面的发展变迁。特别是《近代天津城市史》一书，从城市变迁和发展的角度纵向建构了天津的近代化过程及都市形成过程，其中涉及对文化及传媒发展的部分叙述，对探讨广播与天津城市近代化进程之间的关系具有很大启发。

第三节　研究方法与结构

一、本书的研究方法

在研究方法的选择上,本书拟采用文献研究法、文本分析法、访谈法等定性方法对近代天津广播发展进行分析。

第一,文献分析法。文献分析法是本书在研究中采用的基本研究方法。在研究的过程中,通过搜集与天津广播事业有关的政府公开档案和不同时期以天津广播事业为研究对象的科研及研究报告,总结整理分类此类原始文献。在此基础上搜集以回忆录、集和纪念文章等在内的次级文献和以民国时期的报刊、当代报刊等为主的第三级文献。对三种文献资料进行整理与分析。本书主要涉及的文献资料包括:一、天津及北京档案馆中有关近代广播电台的相关档案资料。二、民国期间《大公报》《益世报》《申报》《广播日报》《广播半月刊》《广播周报》等报刊中涉及天津广播电台的相关报道和言论。三、1949 年以来《天津日报》《今晚报》《天津广播电视报》《人民日报》《天津广播电视史料》等有关天津广播发展的相关报道和文章。四、以近代天津广播为研究对象的相关学术和研究报告。五、涉及天津广播事业的书籍、集、回忆录等。六、对本研究有参考价值的其他书籍等。

第二,文本分析法。本方法的采用主要是针对本书研究中涉及的具体法律规章、广播文稿以及报刊中的具体报道或言论。通过分析不同时期广播文稿的文本特点、叙事技法和符号辨析等,探究天津广播事业在不同历史时期中的话语特点,并以小见大分析不同性质广播电台在各个历史节点中的生存状况。

第三,访谈法。虽然本书研究的对象距离今天已有较长时间,但笔者在前期研究中发现,仍有部分近代天津广播电台的工作人员及其后人健在。他们的记忆和阐述是本书的重要一手信源。同时,部分参与天津广播电视电影志的研究者和其他民俗学者也对本书研究的对象具有一定的研究和认识,通过对他们进行访谈,可以最大限度地补充在文献搜集中难以触及的细节问题和微观事实,这对于丰富本书研究的维度,提升研究的现实意义和可读性具有重要价值。

此外,本书还采用了交叉研究的方式,结合传播学、语言学、社会学的相关理论和方法对研究中出现的具体案例,如对不同性质电台间的相互竞合、广播与报刊的互动机制以及广播与城市近代化相互关系进行分析。

二、本书的主要结构

本书以近代天津广播发展的本体史和广播事业发展历史为主要研究对象。拟设立六个章节,以总起分述的形式全面梳理近代天津广播发展的脉络。在理清近代天津广播发展脉络的基础上,分别从政府管控对天津广播事业的影响、民营电台及其特色、广播电台与报刊的互动、广播发展与城市近代化以及天津广播事业的历史贡献等多个维度论述近代天津广播的发展演变进程,探讨其发展规律,总结其演变特点。本书的主要结构设置如下:

　　第一章主要对近代天津广播在不同历史阶段中的发展历程进行纵向梳理。根据时间变化和政权更迭等因素,本章主要分为民国北京政府时期天津广播的初现,"黄金十年"中天津广播的发展,日伪统治时期的天津广播和解放战争期间的天津广播等几个部分。勾勒出天津广播事业在近代发展的全貌,为后文的叙述奠定基础。

　　第二章主要探讨政府管控这个影响和制约天津广播发展的主动力因素,总结出不同政权对天津广播管控所呈现的具体特征,如民国北京政府期间权力操纵于国家之手、民国南京政府期间管控措施随时局转变而不断变动、日伪统治时期对广播事业的殖民统治和全面利用等。

　　第三章研究的是独具特色的天津民营广播。以个案分析的形式对"四大电台"及其节目特性进行梳理,剖析重大事件中民营电台的反应和表现,尝试打破业已形成的民营电台"重利轻别离"的刻板印象。

　　第四章探讨广播与报刊之间的互动关系,广播新媒体诞生后,传统报刊媒体并未与其产生激烈竞争,相反却形成了多维交叉的良性生态关系。特别是以《广播日报》为代表的广播类专业日报的出现展现了新老媒体之间的良性互动和共生,使得两种媒介形式共同构建了近代高度发展的天津新闻传媒事业。

　　第五章分析天津的广播事业与天津城市近代化之间的相互作用关系。从广播对天津政治、工商业和文化近代化过程中所发挥的作用等方面入手,探讨广播对于近代天津城市的塑形作用。

　　第六章尝试在近代广播事业发展的庞大坐标系中标注天津广播的具体位置。位置的呈现主要通过在横向上对天津、上海、南京等地广播事业进行对比和纵向上考量天津广播的发展转折与近代中国多舛命运之间关系来实现,并最终在此基础上提炼出近代天津广播为中国广播事业发展所做出的宏观和微观贡献。

第一章

一波三折

——近代天津广播事业的起伏发展

1923 年 1 月 23 日晚上八时许,一阵悠扬的小提琴独奏打破原本寂静的上海夜空,超过 500 架"私人接收机"[1]通过电波接收到了这段优雅的旋律以及随后播放的金门四重唱和萨克斯独奏等节目。从这一天起,西方人可以听到的"三千多英里外忠实地传来的音乐和声响"以及"剧院里纽约人的鼓掌声和不时从外面百老汇传来的汽车喇叭轰鸣声"[2]都真真切切地出现在中国人耳畔。中国境内的第一座广播电台出现了。

在这场开创历史的播音中,有幸聆听并亲耳见证这段历史发生的并非仅有居住在上海租界内的数百名听户,同时也有远在一千多千米之外的许多天津听户。按照《大陆报》的报道:"租界内 500 多架私人接收机和远至天津的许多接收机都清楚收到。"[3]虽然"昨天午夜时分未从天津收到报告","但发射台的广播如此清晰,使得无线电人员都坚信声音在

---

① 私人接收机即无线电广播收音机。

② 大陆报. 大陆报关于本报与中国无线电公司合办广播电台的报道[M]//上海市档案馆,北京广播学院,上海市广播电视局编. 旧中国的上海广播事业. 北京:档案出版社;北京:中国广播电视出版社,1985:7.

③ 大陆报. 大陆报关于本报与中国无线电公司合办广播电台的报道[M]//上海市档案馆,北京广播学院,上海市广播电视局编. 旧中国的上海广播事业. 北京:档案出版社;北京:中国广播电视出版社,1985:8.

天津一定也很清楚"。① 大陆报—中国无线电公司广播电台的建立,不仅为上海带来了中国境内的第一座广播电台,也为远隔千里的天津带来了清晰的电波和第一批电台听户。当时居住在天津的一位叫作迈伦·西蒙的西人曾向《大陆报》询问广播波长,并证实在距离上海 500 至 600 英里的地方能清楚听到电台的广播。②

　　天津与上海同为较早开放的商埠,也同为租界林立、西人横行的沿海发达城市。无线电广播在上海的出现,刺激了同样商业发达的天津,两年后的 1925 年 1 月,天津的听户终于也可以从接收机中收听到本地的广播节目。根据现有史料分析,天津也是继上海之后全国第二个出现广播电台的城市。③

　　① 大陆报.大陆报关于本报与中国无线电公司合办广播电台的报道[M]//上海市档案馆,北京广播学院,上海市广播电视局编.旧中国的上海广播事业.北京:档案出版社;北京:中国广播电视出版社,1985:8.

　　② 大陆报.大陆报关于本报与中国无线电公司合办广播电台的报道[M]//上海市档案馆,北京广播学院,上海市广播电视局编.旧中国的上海广播事业.北京:档案出版社;北京:中国广播电视出版社,1985:7.

　　③ 赵玉明主编.中国广播电视通史[M].北京:中国广播影视出版社,2014:10.

第一节 天津广播的应时而生

天津作为较早出现无线电广播的城市并非偶然。首先,这里的媒介发展有较深厚的底蕴和较长久的历史。早在 1886 年,天津便陆续出现了一批近代报刊,虽然这些报刊都是由外国人创办,但却客观上为随后包括《国闻报》《大公报》以及《益世报》等知名报刊的出现奠定了理论、思想、人力、技术、设备等多方面基础,间接促进了天津近代新闻传播事业的发展。

其次,作为洋务运动的发源重镇,天津自 19 世纪末以来技术的快速发展也为无线电广播的出现创造了条件。1872 年,直隶总督李鸿章在天津办起轮船招商局,随后又兴办了开平矿务局和机器铸钱局等,并于 1878 年在英租界中建立起"华洋书信局",也就是后来天津邮政总局的前身。[①] 一年后,我国自行建立的第一条电报线路在天津建成,中国近代电信事业在天津发端。[②] 而包括电报学堂等新式专业学堂的建立,也为天津培养了一大批掌握近代专业通信技术的先进人才。据统计,在清末首批出国留学的归国学生中,共有 50 名学生归国后留在天津水师、机器、电

---

① 马艺,等.天津新闻史[M].天津:天津人民出版社,2015:21.
② 来新夏主编.天津近代史[M].天津:南开大学出版社,1987:115.

报等部门学习当差。① 技术的发展和人才的涌现,成为推动天津近代新闻传播事业快速发展的第二个有利条件。

最后,进入 20 世纪后,天津作为北方最大港口和沿海开放商埠的区位优势开始逐渐显现,再加上其"距京甚近"的地理位置,各国纷纷强化了在天津的经济存在,天津的进出口贸易迅速升温,近代工业也在此时期中快速崛起,商品经济在天津城市经济中开始占据统治地位。② 商品经济的确立和发展,刺激了商业广告市场的活跃,而广告需要依托媒介生存,这也成为天津近代新闻传播事业发展的第三个推动条件。

在上述三点主客观条件和内外因作用的催动下,天津的近代新闻传播事业快速发展。一方面,作为传统媒体的报业发展逐渐走向成熟,另一方面作为新媒体的无线电广播也终于在 20 世纪 20 年代中期出现,二者成为推动天津新闻传播事业发展的"并蒂莲"。

天津无线电广播从产生到最终于 1949 年走向新生,其间经历了三个政权统治下的四个历史阶段,从民国北京政府时期的初创到民国南京政府时期的快速发展,从日伪统治时期的满目疮痍再到抗战胜利后的短暂膨胀和最终新生,天津广播走过了一段时起时伏的发展历程。

一、广播诞生前的天津无线电通信事业

我国无线电使用始于清末,发源于天津。1905 年,鉴于无线电关系军事、交通及政治、商务之重要,袁世凯在天津设立了无线电报学校。聘请意大利海军军官格拉斯任教员,并从当时的上海电报总局选调学生,培

---

① 董俊蓉.天津第 1、2、3 种近代报刊(中文)研究[M]//马艺,等.天津新闻史.天津:天津人民出版社,2015:22.
② 罗澍伟主编.近代天津城市史[M].北京:中国社会科学出版社,1993:365.

养无线电技术人员。① 同时格拉斯还从国外代购了数台马可尼式无线电发报机分别设置于天津、北京、保定及北洋海军军舰之上,这也成为我国军用无线电报之始。② 由于当时国人并未掌握无线电发收报技术,加之风雨飘摇的清政府已无力再进行大规模的无线电建设和应用,因此早期的无线电民间应用基本以在华西方人为主,1908 年上海英商汇中旅馆曾建立了我国境内首个私设的无线电台。③

民国成立后,交通部负责管理有线及无线电报事业。1915 年,民国北京政府出台了我国历史上第一个管控有线电和无线电的法律条款《电信条例》,规定无线电器材属于军用,严禁私自输入及设立。但各国并未对这条法令加以重视,非法电台在各地不断设立,部分军阀为了争权夺利也纷纷与外国沆瀣一气,以出卖国家利益为代价,寻求他们在无线电设置和使用等方面的资助。面对国内的电信乱象,民国北京政府曾寄希望于在巴黎和会上通过取消外国在华特权的七条条件,但并未成功。此后在1922 年华盛顿会议期间,民国北京政府再次提议要求各国"尊重中国之主权与独立,及领土与行政之完整"。美、英、法、意、日、比、荷、葡等与会国虽通过了包括撤销外国在华私设电台的《九国公约》,但条约并未得到实现。截至 1925 年,民国北京政府交通部统计确认,当时外国在华私设的电台已达 58 座,比《九国公约》签署前的 22 座还多出了 36 座。④

天津民用无线电台的创立始于 1922 年,在这一年中交通部在当时的天津大沽口附近设置了长波火花式无线电台为来往船只导航。⑤ 此外交通部还曾试图利用无线电台来增加京津之间的长途电话线路,并向中国

① 赵玉明主编.中国广播电视通史[M].北京:中国广播影视出版社,2014:4.
② 天津电信史料编辑组编.天津电信史料(第一辑)[M].天津:天津市邮电管理局资料,1990:52.
③ 赵玉明主编.中国广播电视通史[M].北京:中国广播影视出版社,2014:4.
④ 王崇植,恽震.无线电与中国[M].北京:北平国立图书馆,1931:92.
⑤ 天津电信史料编辑组编.天津电信史料(第一辑)[M].天津:天津市邮电管理局资料,1990:55.

电气公司购置两台无线电台分别安置于北京和天津。1924 年天津无线电台成立①,该电台正式确立呼号为 XOV,为收发船只和陆地官商各报使用。② 在进行商业收发的同时,安放于北京和天津的两座电台还曾进行过广播测试,结果显示这两部电台均适合应用于广播电话。③

二、外商电台拉开天津广播发展序幕

天津无线电台的设备经过测试适合于进行广播,而当时交通部确也派钟锷督同技术员于润生来到京津两地筹设广播电台。但"未一星终,政局陡变,百端停滞"④。官办电台在天津的建立因为混乱的政局而暂时停滞,但无线电广播在天津的创设已是大势所趋,天津各租界当局也纷纷申请筹设广播电台用以宣传文化事业。⑤ 然而无论官方还是租界当局,均未能成为天津第一座电台的创设者,一家经营无线电器材的日商横空出世,创设了近代天津的第一座电台——义昌洋行广播电台。

该电台的创设者义昌洋行是一家经营无线电器材的日本商号,负责人为冈崎义鹿,后为竹下太。该商号位于天津日租界旭街松岛街口,也就是今天天津和平路的四面钟下,而电台也设置在该洋行楼下。1924 年义昌洋行申请创制电台获得政府许可,1925 年 1 月该电台正式开播。该台

---

① 根据天津电话局之关防《天津电话局关于无线电台及广播办事处之沿革与现状的报告》,一说天津无线电台成立于 1925 年 4 月。

② 天津电信史料编辑组编.天津电信史料(第一辑)[M].天津:天津市邮电管理局资料,1990:56.

③ 天津电信史料编辑组编.天津电信史料(第一辑)[M].天津:天津市邮电管理局资料,1990:54.

④ 天津电信史料编辑组编.天津电信史料(第一辑)[M].天津:天津市邮电管理局资料,1990:54.

⑤ 天津电信史料编辑组编.天津电信史料(第一辑)[M].天津:天津市邮电管理局资料,1990:54.

呼号为 GEC,功率 500 瓦。如同本时期很多电台设立的初衷都是为了推销无线电器材一样,义昌洋行电台的设置也是为了推销该洋行销售的无线电器件。因此,在该电台播出的节目中,包括了推销无线电器材的广告和一些日语广播节目以及音乐节目,但播出时间并未固定。义昌洋行电台的播出,在当时的天津引起了一阵无线电热潮,由于日商无线电器件较之美商器件价格相对低廉,因而一些学生曾争相购买耳机线圈及铜线等自制矿石收音机。[①] 但相比于这些购买廉价矿石收音机的学生,当时天津最大的无线电器材购买群体还是位于租界内的各国西人,而他们更热衷于质量优良的美商设备,因而义昌洋行电台的播音并未给其销售带来太大的帮助,播出也随之时有时无,断断续续。1927 年 5 月,天津广播无线电台的建成挤压了义昌电台的生存空间,而义昌洋行电台又因涉嫌"在天津设局,接收东京大阪名古屋大连等各地之电报"和"利用放送局之名,制造规定外之机器售卖"[②]等违法行为触犯了民国北京政府颁布的《电信条例》。在内忧外困之下,义昌洋行电台最终悻悻停办。

三、最早官办电台之一
——天津广播无线电台的建立

就在义昌洋行在天津建立了第一座广播电台的同时,民国北京政府陷入了军阀混战的乱局之中,一时间"城头变幻大王旗"。北京政府后期被奉系军阀控制,其设立的东北无线电监督处则成为我国最早的广播管控机构。[③] 东北无线电监督处成立后开始在包括哈尔滨、奉天和京津等

① 天津地方志编修委员会办公室,天津市广播电视电影局,天津广播电视电影集团编著.天津通志·广播电视电影志 1924—2003 [M].天津:天津社会科学院出版社,2004:77.

② 义昌洋行主人被拘 [N].大公报,1927-12-23(7).

③ 赵玉明主编.中国广播电视通史 [M].北京:中国广播影视出版社,2014:15.

地筹设广播电台。1927 年 3 月东北无线电监督处于天津和北京分别设立了广播无线电办事处并拨款一万元用以筹备两地建台事宜,两个月后的 5 月 15 日,天津广播无线电台正式成立。该台建设于当时天津电话局南院内,所使用的机件则为先前天津无线电台原本使用的收发报机。该台主任为当时天津电话局局长耿劢,副主任为电话局副局长吴越。组织机构中下设业务主任、工程主任、调查主任及节目主任各 1 名,办事员 6 名、技工 3 名、调查员 5 名、差役 3 名及信差 1 名。(图 1-1)

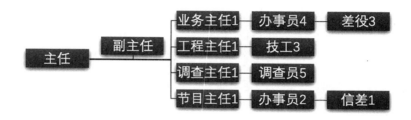

图 1-1 天津广播无线电台组织结构图

该台呼号为 COTN,波长 450 米,功率 500 瓦,基本可以覆盖当时的天津市区,偶尔还可以传到大沽口等地。[①] 电台的节目甚至还曾被远在美国和日本的听户所接收。身处美国芝加哥的听户拔司甘氏和来自日本神奈川县的中村氏曾致信天津广播无线电台表示"贵台放音既大,并甚清楚"[②]。该电台播出的时间一般为每日下午三点至六点,以及每日晚间六点至九点四十五分。主要放送的节目为本埠及北京商情信息、音乐及戏曲等。当年 9 月 1 日北京广播无线电台建成后该台每天在固定时间段通过京津之间的长途电话线路转播北京节目,主要包括当时北京开明戏院

---

① 天津地方志编修委员会办公室,天津市广播电视电影局,天津广播电视电影集团编著. 天津通志·广播电视电影志 1924—2003[M]. 天津:天津社会科学院出版社,2004:78.

② 日美收听本埠广播无线电[N]. 大公报,1928-1-2(7).

的戏曲、六国饭店的舞蹈音乐及商业行情和新闻信息等。此后,天津广播无线电台还曾利用沈阳到天津的长途电话线路转播沈阳电台的节目。[①]起初电台未播放广告,后来逐渐增加,但时长仅为30分钟。[②] 从1928年1月1日刊登于《大公报》的该电台节目预告可知,每天下午及晚间该台两次固定转播北京戏院的戏曲节目,其他节目则有苏滩(今苏剧)、中西唱片、西乐等休闲娱乐节目以及京津商情、气象预告、国内新闻等。(图1-2)

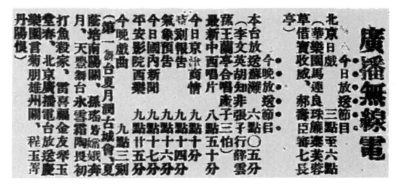

图1-2　天津广播无线电台放送节目表

天津广播无线电台开启了官办广播的序幕,同时它的命名也颇具意义。在当时广播电台虽然已在许多城市出现,但其叫法和名称却说法不一。一时间包括"空中传音""播音""传声""放送"等名称交杂使用。这种状况一直延续到1926年,当时民国北京政府派员参加了在美国华盛顿举行的国家无线电信会议,时任天津电话局局长兼总工程师的吴梯青也作为代表参加了本次会议。在参会及随后对英、美、法、德、苏、丹以及日

①　天津地方志编修委员会办公室,天津市广播电视电影局,天津广播电视电影集团编著.天津通志·广播电视电影志1924—2003[M].天津:天津社会科学院出版社,2004:78.

②　天津地方志编修委员会办公室,天津市广播电视电影局,天津广播电视电影集团编著.天津通志·广播电视电影志1924—2003[M].天津:天津社会科学院出版社,2004:78.

本等多国进行考察后,他一方面提议政府收购上海美商电台,另一方面又提出在京津两地试行播音。此外,鉴于当时播音事业的混乱命名状态,吴梯青按照英文"broadcasting"的意译提出了定名为"无线电广播"的建议。这一名称最终被民国北京政府交通部批准采纳并在全国各地通用。① 从此之后,无线电广播的命名正式确定下来并一直沿用至今。

电台播音后,"每日发放音乐戏曲等项,颇为各界人士所欢迎"②。开办不到半年,注册听户就已经达到了四千余户。③ 电台开办一段时间后,"听户、商铺注册纳费者颇为踊跃,收支两比,尚有余裕"④。天津广播无线电台是当时全国最早一批兴建的官办电台,在为天津听户带来了当时世界上最先进的"空中传音"之外,该电台的开设对于民国北京政府的无线电管控乃至当时国人对无线电技术的认知都具有重要的开创意义。

① 吴梯青.有关北洋时期电信事业的几件事[M].中国人民政治协商会议全国委员会文史资料研究委员会编.文史资料选辑(第六十六辑).北京:中华书局,1979:158.

② 日美收听本埠广播无线电[N].大公报,1928-1-2(7).

③ 天津电信史料编辑组编.天津电信史料(第一辑)[M].天津:天津市邮电管理局资料,1990:54.

④ 天津电信史料编辑组编.天津电信史料(第一辑)[M].天津:天津市邮电管理局资料,1990:56.

第二节 "黄金十年"间天津广播的快速发展

　　1927 年 8 月 19 日武汉国民政府迁都南京后,民国政局逐渐趋向稳定。一年后张学良在东北易帜,经历了数十年军阀割据的中国终于迎来了形式上的统一。从 1927 年到 1937 年抗日战争全面爆发前的这十年时间,被认为是我国近代发展较快的一段时期。在此期间,政治、外交、军事、经济、文化、教育、社会等诸多方面较之从前都有一定进步,取得了不少建设成绩。英国史学家罗世培(P. M. Roxby) 曾在著作中写道:"自1928 年至 1937 年,民国南京政府有过九年建设事业……确有甚大成就,在行政、司法、金融诸方面均有改革,颇有为西方国家所赞许者。铁道、公路、航空线之开拓,于中枢行政工作,甚有裨益。"二战盟军中国战区参谋长,史迪威的继任者美国人魏德迈(A. C. Wedemeyer)于 1951 年在美国国会做证时曾将这十年称之为中国现代史上的"黄金十年"[①]。

　　民国南京政府成立后,天津也随之进入了一个新的发展阶段。1928年 6 月天津被确认为直属民国南京政府管辖的特别市。虽然此后天津的城市定位和隶属关系经历过多次更迭:曾作为河北省省会,也曾作为河北省省辖市,后又重新确认为特别市。但反复的更迭却也在一定程度上说

---

　　① 叶兆言.南京传[M].南京:译林出版社,2019:479.

明了天津基于中华民国整个城市系统中的特殊重要地位。①

十年中,天津就如同全国发展的一个缩影。一方面天津的民族资本和民营企业借助本段利好时机建立和发展了起来。另一方面,作为中国北方最大商埠的天津成为西方人在华投资的首选。资料显示,仅1936年一年,英、美、法、德、日五国在津投资分别达到了5319.5万美元、1638.1万美元、1061.4万美元、707.2万美元和2423.8万美元。加上其他国家的投资,几国在天津仅一年投资就超过1亿美元。② 投资的提升直接导致了天津城市空间中心的位移,原本位于老城里的市中心开始向租界区发展。本时期在天津诞生的众多民营电台中有大部分也诞生在这九国租界当中。

在天津这样一个当时商业繁盛、西人众多、五方杂处且媒介相对发达的城市中,无线电广播一经出现便展现了"听户、商铺注册纳费者踊跃"的魅力。因此虽然早期的广播电台在发展中遇到了这样或那样的问题,但无线电广播还是在天津生根发芽,并随着政局的稳定和经济社会的发展而呈现出勃勃生机。一方面,官办的天津广播无线电台在经历了归属权的更迭后继续播出;而另一方面以"四大电台"为代表的民营电台也纷纷出现并呈现出后来居上的态势。天津在此时期中一跃而起,成为继上海之后当时全国无线电广播事业发展最为兴盛的地区。

一、官办电台遭遇民营台竞争

天津广播无线电台的播出为民众带来了获取信息和休闲娱乐的崭新体验。但随着1928年前后天津政局的再次动荡,天津广播无线电台也开

---

① 罗澍伟主编. 近代天津城市史[M]. 北京:中国社会科学出版社,1993:501.

② 李洛之、聂汤谷. 天津的经济地位[M]//罗澍伟主编. 近代天津城市史. 北京:中国社会科学出版社,1993:502.

始出现运营问题。先是正副台长接连离任,管理和归属权也数易其主,电台一下子陷入了"主持无人,渐形停顿"的状态。再加上电台位于市电话局内,与电话交换台等设备距离很近时而出现电波与电话相互干扰的情况,"嘈杂的声浪比起音乐戏曲来得热闹"①。致使电台发展出现了"衙门化"的趋势。② 这一切都使得听户意见很大。

此外,民营广播电台的出现也对天津广播无线电台形成了直接的冲击。在天津广播无线电台建立后的第二年,天津出现了历史上第一家民营电台。1929 年秋,当时全球知名的无线电器材公司——美国 RCA 公司在中国的独家代理,天津中国无线电业股份有限公司开始在天津筹备建立无线电台。中国无线电业股份有限公司创办于 1928 年,公司地址位于当时法租界福煦将军路旁基泰大厦内。作为当时天津规模最大的民营无线电企业,该公司与京奉铁路局关系密切,最初的 30 多名员工大多是京奉铁路局员工,经理则是铁路局考工科科长,著名实业家周学熙的女婿胡光彪。③

经过一段时间的筹备后,1930 年 1 月 25 日中国无线电业公司广播电台正式开始试验播出。电台台址设立在基泰大厦 308 室。④《大公报》当天的新闻中对该台的开设进行了较为细致的报道。该台电力为 750 瓦特,波长 370 米,呼号为 CRC。每天播出时间为 11:45—13:00,19:00—21:00,周日则为 15:00—18:00,20:00—24:00。播出的节目"商情、教育、社会、游艺均加注意",并时常邀请名人到台演讲、名票到台助兴。在当天的节目中,我们可以看到包括唱片、商情报告、本埠新闻、名人演讲、名

---

① 广播无线电听户不及从前起劲[N].大公报,1930-6-20(7).
② 广播无线电听户不及从前起劲[N].大公报,1930-6-20(7).
③ 网信天津.会说话的机器——收音机(二)[EB/OL].[2018-6-22]. https://www.sohu.com/a/237190853_9990604.
④ 天津地方志编修委员会办公室,天津市广播电视电影局,天津广播电视电影集团编著.天津通志·广播电视电影志 1924—2003[M].天津:天津社会科学院出版社,2004:79.

票清唱等节目。① 播出一段时间后,该台因节目"极为听户所赞许"便在每日报告金银行市信息外增添了每日下午及晚间的津市体育及交际筵席等相关资讯。②

中国无线电业公司广播电台的横空出世曾一度引发了天津广播无线电台的恐慌和不满。由于节目类型趋同,天津广播无线电台认为民营电台与其"权利抵触"因此要求天津市社会局对民营电台的播音进行限制。③ 但实际上本时期中民国南京政府早已出台了有关民间设立广播电台的条例,1928 年 8 月及 12 月,民国南京政府建设委员会先后颁布了《中华民国无线电台管理条例》及《中华民国广播无线电台条例》,明确指出"广播电台得由中华民国政府机关公众或私人团体或私人设立"④。

两家电台在当时形成了明显的互相竞争关系,但进入 20 世纪 30 年代后天津广播无线电台渐显疲态,而中国无线电业公司广播电台也遭遇了许多实际困难。该台在成立之初曾表明广播电台系由美国购置,但实际上这台机器是使用过的旧设备改装而成,很多元件设备都是义昌洋行使用过的旧设备,甚至连天线都是自制的笼式天线。⑤ 设备设施的先天不足给电台的长期运营带来了影响,再加上该电台并未尝试通过积极的广告播出来获取收益,因而在开办一年后便停止播出,其后虽偶尔短暂播

---

① 中国无线电业公司广播今日开始试验[N].大公报,1930-1-25(10).

② 无线电业公司广播电台除每日报告金银行市外,尚拟报告体育交际消息[N].大公报,1930-2-23(9).

③ 无线电业公司放送该台呈请予以制止[N].大公报,1930-3-3(10).

④ 建设委员会颁布中华民国广播无线电台条例[M]//上海市档案馆,北京广播学院,上海市广播电视局编.旧中国的上海广播事业.北京:档案出版社;北京:中国广播电视出版社,1985:173.

⑤ 天津地方志编修委员会办公室,天津市广播电视电影局,天津广播电视电影集团编著.天津通志·广播电视电影志 1924—2003[M].天津:天津社会科学院出版社,2004:79.

放节目,但未曾正式复播。① 中国无线电业公司也在 1936 年南迁上海。②

天津首家国人自办民营电台与官办电台的竞争虽未能冲垮早已"渐形停顿"的天津广播无线电台,但却让听户有了在官办电台之外的选择。而民国南京政府的一纸政令则成为压垮天津广播无线电台的最后一根稻草。

1928 年后,根据交通部统一安排天津广播无线电台在民用播音之外还承担起了军用中波电台的作用,元件的老化加上资金的缺乏使得天津广播无线电台在进入 20 世纪 30 年代后多次出现因故障停播的状况,经过一段时间的艰难维持,该台最终于 1933 年 10 月 20 日奉交通部命令进行改组,转为海岸电台并停止播音。

作为天津第一家官办电台,天津广播无线电台的停播并未在听户心中掀起太大的波澜,这其中一方面原因是该电台在后期发展中疲态尽显、捉襟见肘;另一方面也是由于在它之后众多民营电台如雨后春笋般争奇斗艳,天津迎来了广播事业发展的高峰。

二、民营电台助推天津广播攀上高峰

中国无线电业公司广播电台的播出虽然时间短暂,但却为民营电台在天津的开设探索了道路,华北的民营电台也以此为先声。③ 在 1932 年 11 月交通部颁布《民营广播无线电台暂行取缔规则》的促使下,全国各地民营电台在规则的支持下纷纷筹设,天津也迎来了民营广播电台发展的

① 天津地方志编修委员会办公室,天津市广播电视电影局,天津广播电视电影集团编著. 天津通志·广播电视电影志 1924—2003[M]. 天津:天津社会科学院出版社,2004:79.

② 网信天津. 会说话的机器——收音机(二)[EB/OL].[2018-6-22]. https://mp. weixin. qq. com/s/x9TsCkeduC5nPz7yBNTf4Q.

③ 曾虚白. 中国新闻史[M]. 台北:台湾中正书局,1977:615.

一个高峰。

20世纪30年代中期,各种商业类、教育类以及宗教类电台相继开播。在这些民营电台中,除了大部分为以售卖广告寻求营利的商业性电台外,还有大学设立的教育试验用广播电台、基督教青年会设立的宗教电台、为某项活动而设立的专门性电台、铁路电台以及私人电台,从形式上讲可谓多种多样。另有《益世报》广播电台和西沽工学院广播电台因种种原因未能实现播出。(除此之外,1934年12月初胜利公司广播电台①开播,是当时天津唯一一家外商电台。②)这些电台的出现,极大丰富了天津及周边地区听户的生活,也在一定程度上推动了天津这座城市的发展。从1934年春仁昌广播电台正式播音开始,在短短的三年多时间中,天津先后出现了16家民营电台,其中正式播出的有12家。

1933年11月9日,《大公报》上刊载了一条《天津仁昌绸缎庄广播电台代报广告简章》,第一次让天津读者看到仁昌电台的名字。这也是20世纪30年代中期天津最早出现的民营电台。仁昌广播电台是由天津本地的商户仁昌绸缎庄设立的,呼号为XQKC。最初该电台开设于东马路附近,后搬迁到法租界梨栈即现天津和平路和长春道交口处的仁昌绸缎庄楼上。该电台起初使用的7.5瓦设备是由天津第一家外商电台义昌洋行提供的,即当时义昌洋行电台所使用过的发射电台。因仁昌绸缎庄和义昌洋行关系较好且曾于义昌洋行电台中播放广告因而义昌洋行便将设备转让给了仁昌广播电台。③ 在其他民营电台纷纷建立后,为了与之竞争仁昌台先后多次斥资更换设备。"在二月里(1935年)改装一座五十瓦

---

① 胜利公司广播电台位于英租界中街胜利公司内,电力15瓦,播出时间为12:00—14:00,18:00—21:00,21:15—23:00,节目以西乐为主。

② 梦塘.本市一九三四年广播回顾谈(下)[N].大公报,1934-12-31(13).

③ 天津地方志编修委员会办公室,天津市广播电视电影局,天津广播电视电影集团编著.天津通志·广播电视电影志1924—2003[M].天津:天津社会科学院出版社,2004:81.

新机,在六月间再增强一倍,在十二月十五日又完成了二百瓦特新广播机。"①在从中华无线电研究社购入这部功率达 200 瓦的新机器后,仁昌电台成为当时天津功率最强的民营电台之一。

虽然仁昌电台的播出功率强劲且资金较为充裕,但在节目设置上并未有过人之处,甚至有些"低俗"。该台最初播送的广播节目质量不是很好,除了在白天播放唱片之外,在夜间有时也会播放一些戏剧票友的清唱,节目"没有什么意义,只是介绍仁昌的货物如何的好而已"②。而后来为了增强竞争力,经常播放天津市中华茶园的游艺节目,其中充斥着"骄淫的歌曲以及奇异的捧叫",使得电台节目整体上评价不高,社会价值较低。

日本侵华导致天津沦陷后,仁昌电台因位于租界区内暂时得以保全,但不久后绸缎庄发生火灾,电台随即搬迁至法租界紫竹林庆丰里并与仁昌绸缎庄脱离关系独自经营,后随着日伪对天津广播事业的管控不断强化,仁昌电台最终关闭。

在仁昌电台开播不久后,上海中华无线电研究社天津中华广播电台也于 1934 年夏试验播出。中华广播第一次亮相是在当年 5 月北平举办的第三届铁展会上。中华无线电研究社"在会场上装置广播电台及中华通有声电影,各界人士颇加赞许"③。7 月 15 日中华无线电社天津分社开幕,其所属中华电台亦于 9 月 1 日正式开播。该台隶属于上海中华无线电研究社天津分社,因而建台目的也是为了扩大该社影响进而促进无线电零件的销售。④ 该台呼号 XHKA,台址位于法租界四号路,后迁往意租界大马路 29 号美最时洋行处。成立时该台发射功率为 50 瓦,后经过两

① 梦塘.一九三五年的本市广播事业下[N].益世报,1935-12-22(14).
② 梦塘.本市一九三四年广播回顾谈上[N].大公报,1934-12-29(13).
③ 中华无线电社天津分社今日开幕[N].大公报,1934-7-15(15).
④ 天津地方志编修委员会办公室,天津市广播电视电影局,天津广播电视电影集团编著.天津通志·广播电视电影志 1924—2003[M].天津:天津社会科学院出版社,2004:81.

次升级改造,功率增加为 200 瓦。①

在当时仁昌电台独霸天津广播市场的情况下,中华广播电台的出现一方面打破了其垄断,另一方面也提高了广播电台的播出质量。在其刚刚播出时,人们对其评价极高,"播音之清晰,效力之好,堪称华北之冠"。与仁昌电台相比,其播出内容在初期也较之更具新意,"他的节目亦是由简至繁,使听众感到满意,这是津门播音电台中最成功的一个"②。但是随后中华广播的节目颇有些高开低走的态势,一年后虽然其经营上"获得了可夸耀的胜利",但"在文化的努力上则不敢妄加赞美"。当时中华电台的节目"每天的早晨从七时半起直到深夜一时停播,在这么长的时间里,放出的声浪,都是些大鼓、游艺、唱片、广告,使人感到单调,厌烦"③。

中华电台在天津沦陷后也遭到了日伪的破坏。当时日本宪兵队将中华电台设备砸毁并将一些重要机件掠去,还不断派便衣人员侦查骚扰,造成了电台的停播。在这种情况下中华电台被迫于 1937 年 8 月 18 日向当时的伪天津市治安维持会恳请"予以保护,并准予迁移,以便复台广播"④。

和仁昌电台、中华电台的纯商业化运作模式不同,1934 年 11 月 10 日成立的天津青年会广播电台则是一家性质介于宗教电台和商业电台之间的民营电台。该台坐落于比邻日租界的东马路天津青年会楼上,呼号为 XQKB,最初功率为 50 瓦,后逐步扩充为 150 瓦。之所以说该台性质复杂,一方面是由于该电台创办之初设备和经费均借贷自当时天津四家知名厂商,包括东亚毛纺公司、天津国货售品所、正兴德茶庄和盛锡福鞋帽

---

① 天津地方志编修委员会办公室,天津市广播电视电影局,天津广播电视电影集团编著. 天津通志·广播电视电影志 1924—2003[M]. 天津:天津社会科学院出版社,2004:81.

② 梦塘. 本市一九三四年广播回顾谈中[N]. 大公报,1934-12-30(13).

③ 梦塘. 一九三五年的本市广播事业上[N]. 益世报,1935-12-21(14).

④ 林学奇. 南市沧桑[M]. 天津:天津古籍出版社,2014:575.

店,这四家公司也在青年会电台开办的四年时间中获得了免费且优先播出广告的权利。① 另一方面,该台成立之初隶属于天津基督教青年会,但随着电台经营的不断深入,其逐渐开始向一家面向市民的商业性电台转化,实现了"由青年会的附属电台逐渐转变为天津市的民营商业电台"②。

创立之初,青年会电台的目的在于"发挥电台的独特优势,配合天津青年会从事的各项社会事业,树立青年会的社会形象,扩大其社会影响"③。当时的民众也认为其是"阐发文化事业的广播电台"④。由于电台隶属于天津基督教青年会,因而青年会电台在播放娱乐节目及广告以追求盈利之外,也格外重视文化和教育类节目的播出。自该台于1935年1月开始固定节目播出后,中西乐曲、商情会务报告、气象报告、名人讲演、生活常识、科普知识及戏剧曲艺等节目均有所涉及,其中新闻节目的播报在当时的天津还属首家。⑤ 此外它还承担着宣传天津基督教青年会各项重大活动的任务,并通过德育演讲等多种形式宣扬基督教义。各种节目编排丰富合理以及对社会服务的重视使得当时听众对其"不能再过分的挑剔","值得对他们感谢"⑥。因节目设置注重教育且"播音节目之宗旨与指导委员会颁布之功令相符",青年会电台曾于1937年2月底得到中央广播事业指导委员会的嘉奖,允许其"对于艺人播音之脚本,自行严加选择"⑦。

---

① 天津地方志编修委员会办公室,天津市广播电视电影局,天津广播电视电影集团编著.天津通志·广播电视电影志1924—2003[M].天津:天津社会科学院出版社,2004:82.

② 赵天鹭.天津青年会广播电台与社会服务——以《大公报》为中心的考察[J].文学与文化,2015(3):127.

③ 赵天鹭.天津青年会广播电台与社会服务——以《大公报》为中心的考察[J].文学与文化,2015(3):125.

④ 梦塘.本市一九三四年广播回顾谈下[N].大公报,1934-12-31(13).

⑤ 赵天鹭.天津青年会广播电台与社会服务——以《大公报》为中心的考察[J].文学与文化,2015(3):125.

⑥ 梦塘.一九三五年的本市广播事业下[N].益世报,1935-12-22(14).

⑦ 中央广播指导委员会嘉奖青年会电台[N].广播日报,1937-2-28(4).

虽然青年会电台在听众之中口碑较好且经营有道,但由于其位于东马路天津青年会楼上,此地属于"华地"且靠近日租界。因而天津沦陷后,青年会电台成为第一个被迫关闭的知名电台,并且最后其所有电台播报设备均被日伪当局以极低的价格买走。

1935年1月25日,天津第四家商业性电台成立,该台为东方贸易公司成立的东方广播电台,坐落于法租界32号路,后搬迁至位于法租界2号路的大陆银行货栈,呼号为XQKA,发射功率起初为100瓦,后提升至150瓦。东方电台在四大商业电台中开播最晚,因而留给他们占据的市场份额也就最小,但"他们的地位一直也没有动摇"。究其原因是东方电台较多地关注了当时在天津居住的西方人群体,将其作为主要的听户和受众。在节目设置中东方电台大量播放各类西洋音乐并部分穿插广东音乐进而形成"中西碰撞",因为排列匀和,使得"西人和中国爱好音乐的人们都感到极大的趣味"①。

在1927年至1937年期间,以仁昌、中华、青年会和东方为代表的四家商业电台互相竞合,形成了"四台并立"的局面。除了它们四台之外,天津在本时期内还出现了十余家性质不同、风格各异的民营电台。其中较有代表性的主要为教育类的南开大学广播电台。该台创立于1934年春,是南开大学理学院电机系师生日常学习和试验所使用的电台。同年11月16日,该电台正式对外播音。南开校长张伯苓曾在开播仪式上致辞。② 该台播出时间为每周五晚7点到8点,内容主要包括一周间时事纪要及说明、一周间经济新闻说明、普通科学讲演、文学艺术介绍等。由于该台功率较小只能在天津市内收听,因而在开播当天其还曾请中华电台代为向外转播。③ 该台播出不到一年,由于学校放假及经费等原因停播,

---

① 梦塘.一九三五年的本市广播事业下[N].益世报,1935-12-22(14).

② 天津地方志编修委员会办公室,天津市广播电视电影局,天津广播电视电影集团编著.天津通志·广播电视电影志1924—2003[M].天津:天津社会科学院出版社,2004:84.

③ 南开大学广播电台今晚播音[N].大公报,1934-11-16(6).

后曾于 1935 年 10 月计划重新恢复但未能实现。① 与南开大学广播电台类似,西沽工学院(现河北工业大学)广播电台也曾于 1935 年 10 月计划播出,但由于种种原因该计划并未实现。②

在 1934 年 5 月的天津矿石展和同年 10 月的第十八届华北运动会期间,天津亦曾出现过两家特殊的电台,一为好莱坞广播电台;一为华北运动会广播电台。这两家电台都因具体活动而设立,当活动结束后随之停播。好莱坞电台功率 30 瓦,在矿展会进行期间"播音成绩尚佳",但是随着矿展会的闭幕,"该电台随之夭亡了,为期甚短,好似火花的一现而已"③。华北运动会广播电台则是当年 10 月在位于北站外的河北省体育场专设的,其目的是为全市转播运动会的情况。该台是由中国无线电台代为播放的,因而当时也被称为"中国无线电台"。

广播电台影响日益显现,以至于当时天津部分报刊及报人也开始考虑创建广播电台。其中比较知名的有《益世报》和刘髯公。从 1929 年开始,《益世报》就对天津的广播事业进行持续关注,特别是 1934 年天津诸多电台纷纷设立后,《益世报》更是每期均在报上开辟《广播电台播音》专栏,刊登天津各电台当日节目,1935 年《益世报》亦产生了自办电台的意愿,但迫于购置设备缓慢和天津局势的骤变,这一设想没能成行。与《益

① 天津地方志编修委员会办公室,天津市广播电视电影局,天津广播电视电影集团编著.天津通志·广播电视电影志 1924—2003[M].天津:天津社会科学院出版社,2004:84.
② 段然.抗战爆发前天津四大民营电台生存与发展研究[D].中国传媒大学,2016:7.
③ 梦塘.本市一九三四年广播回顾谈上[N].大公报,1934-12-29(13).

世报》一样,天津知名报人,《新天津报》创办人刘髯公①在本时期内也曾创建电台,1936 年 3 月其在家中自设小型电台一座,但播出不久便在同年冬停播。

除上述电台外,1935 年 9 月到 10 月期间,天津市内还出现了两座功率较小的电台,分别是当年 9 月创办的北宁铁路局广播电台和 10 月份创办的中原公司广播电台。其中北宁铁路局广播电台为自行安装,其计划"全路各车辆内,均设有收音机,专能收听本路局放送之节目,借以报告本局所有之事项,作为宣传"②。该台设置初衷较好,但受限于经济技术等多方面原因,于同年 12 月停播。③ 而中原公司广播电台则直接将播放话筒安置在了当时天津最大的百货商店——中原公司④五楼的"巴黎跳舞场"之中,专门用来播送舞场的音乐。但由于该电台功率只有 15 瓦,因此播音质量较差,接收稍差的收音机就无法收到该电台信号。⑤

通过对现有史料的整理分析,自 1934 年到 1937 年间天津共出现各类民营电台 12 座(见图 1–3),按照时间顺序排列,包括仁昌广播电台、好

---

① 刘髯公原名刘学庸,字仲儒,笔名髯公,曾于 1900 年任天津法租界工部局侦探长。面对被列强瓜分的天津和痛不欲生的百姓,其于 1923 年 8 月创办并发行平民化报纸《新天津报》,主张"大公对外,忠实服务,倘有陨越,上帝临汝。"意在替百姓说话,大抒中国人民的志气。该报刊登大众关注的新闻,突出真实性、通俗性,起初日发行量 500 份。后陆续创办《新天津晚报》《文艺报》《新天津画报》《新月刊》等报刊并设立电台,《新天津报》发行最高曾达 5 万份。天津沦陷前,《新天津报》被迫停刊。刘髯公拒绝日伪当局高官厚禄诱惑拒绝参加伪治安维持会,后被日本宪兵秘密逮捕并遭遇残酷刑讯,虽经各方营救获释,但几个月后因受伤严重伤及内脏不幸去世,年仅 45 岁。

② 电台拾零[N].广播日报,1935-9-19(2).

③ 天津地方志编修委员会办公室,天津市广播电视电影局,天津广播电视电影集团编著.天津通志·广播电视电影志 1924—2003[M].天津:天津社会科学院出版社,2004:82.

④ 罗澍伟.商业繁华耀眼北方经济中心[M]//贾长华主编.六百岁的天津.天津:天津教育出版社,2004:105.

⑤ 天津地方志编修委员会办公室,天津市广播电视电影局,天津广播电视电影集团编著.天津通志·广播电视电影志 1924—2003[M].天津:天津社会科学院出版社,2004:84.

莱坞广播电台、中华广播电台、华北运动会广播电台、南开大学广播电台、青年会广播电台、胜利公司广播电台、东方广播电台、北宁铁路局广播电台、中原公司广播电台、刘髯公小型广播电台、朱传渠①小型广播电台以及三家未能实现播出的广播电台包括:正兴德广播电台、《益世报》广播电台、西沽工学院广播电台。这些广播电台在当时互竞且共生,共同见证了天津民营广播电台发展的最高峰,同时也推动了天津的文化、商业和社会的全面进步。

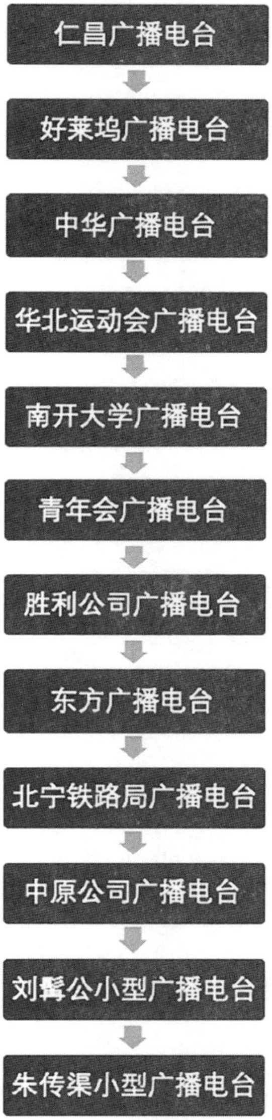

仁昌广播电台
好莱坞广播电台
中华广播电台
华北运动会广播电台
南开大学广播电台
青年会广播电台
胜利公司广播电台
东方广播电台
北宁铁路局广播电台
中原公司广播电台
刘髯公小型广播电台
朱传渠小型广播电台

图 1-3 本时期天津各类民营电台示意图

---

① 朱传渠生于天津,1939 年赴美留学并于 1946 年在宾夕法尼亚大学与另外 5 人共同发明了世界上第一台计算机,被称为"计算机先驱"。

第三节 广播电台沦为日伪统治
天津的工具

1937年7月7日,日本帝国主义发动卢沟桥事变,将战火扩大到华北地区。7月27日,日军占领天津东、西、北三个火车站,切断了天津与其他城市的联系。当时驻守天津的中国军队仅5000余人,虽拼死抵抗无奈寡不敌众,最终于7月30日天津沦陷于日军铁蹄之下。

天津沦陷后,日本及其扶持建立的伪政权立即着手对天津的文化和宣传事业进行控制利用。他们建立伪天津新闻管理所,对当时天津各家报纸进行审查,并以"新闻统制"的名义强行取消了所有私人通讯社和超过半数的报刊,《益世报》经理生宝堂因宣传抗日被折磨致死,报纸也被迫停刊;《大公报》被迫南下开始颠沛流离……当时的天津仅剩下《庸报》《东亚晨报》《东亚晚报》《新天津报》《新天津晚报》《天声报》《国强报》《天风报》《大北报》《中南报》《兴报》《民强报》《博陵报》《亢报》《晨报》《快报》《银线画报》等17家报刊和博闻通讯社、中华新闻通讯社2家通讯社。[1] 其中《庸报》作为日本华北侵略军的机关报[2]通过所谓伪天津记

---

① 马艺,等.天津新闻史[M].天津:天津人民出版社,2015:369.

② 天津地方志编修委员会办公室,天津市广播电视电影局,天津广播电视电影集团编著.天津通志·广播电视电影志1924—2003[M].天津:天津社会科学院出版社,2004:370.

者协会控制了各报的活动,统一口径充当日伪当局的传声筒。①

电台的境遇也是一样,天津沦陷后,以仁昌电台、中华电台、青年会电台、东方电台为代表的民营电台也成为日伪当局管控的对象。青年会电台因台址比邻日租界而被日军掌控,不仅电台停办器材也被日军强行收买。而另外三家电台虽在一段时间内仍坚持播音,但日方一面对其进行电波干扰,一面也对广播事业进行专营统制,终于使得三家电台无法坚持经营。

在日伪当局的殖民统治下,天津的广播事业全面崩溃,经过十数年悉心经营培育的无线电广播顷刻瓦解。在全面封停天津民营广播电台的同时,日伪当局也不忘像控制报刊一样将广播置于自己的卵翼之下使其为殖民统治服务。于是乎,数家服务于日伪当局,充当殖民宣传和奴化工具的电台应运而生。

一、公会堂电台在日租界非法播音

在天津沦陷前,一家日本电台就曾长期非法存在,这就是公会堂电台。根据1932年交通部《民营广播无线电台暂行取缔规则》之规定:"非完全华商之公司及非完全华人国籍之团体,须经在民国政府注册领有注册证书者始得请领许可证,在中国境内设立广播电台。"②1937年春,国民党中央常务委员会第三十九次会议通过的《广播教育实施办法》进一步规定:"绝对禁止外国人在中国境内设立广播电台。"③但由于该办法出台

---

① 罗澍伟主编.近代天津城市史[M].北京:中国社会科学出版社,1993:706.
② 民营广播电台暂行取缔规则[M]//上海市档案馆,北京广播学院,上海市广播电视局编.旧中国的上海广播事业.北京:档案出版社;北京:中国广播电视出版社,1985:185.
③ 赵玉明主编.中国广播电视通史[M].北京:中国广播影视出版社,2014:29.

时已是政局动荡国难日深,加上许多外商电台都开办在租界内,因而该《办法》并未能够对外商电台的开设起到切实的管控作用。仅上海一地在淞沪会战前夕就仍有四家外商电台播出。[①]

公会堂电台就是在这样的情况下非法建立并长期运营的。1936 年日本驻津领事馆在日租界福岛街大和公园公会堂内设置了这家广播电台并长期运营,该电台所用的设备是沈阳广播局已拆卸掉的 500 瓦广播机器。[②] 在天津沦陷前该台主要是对东京电台的日语节目进行转播并播出少量中文节目。在日本帝国主义攻占天津的 1937 年 7 月底,该电台还曾被用来广播安民告示。伪天津广播电台成立后,两家电台曾一度设立在公会堂内。后公会堂电台于 1939 年被伪天津广播电台所代替。[③]

二、伪天津广播电台垄断播音

天津沦陷后,日伪当局不满足于仅依靠公会堂电台一家来进行殖民奴化宣传。他们一方面对天津的各家民营电台进行破坏,另一方面也在筹划建立新的功率更大的广播电台。他们首先在公会堂内建立了第二家电台,这家电台起初被命名为华北广播电台,呼号为 XGPT,功率为 1000瓦。该台 1937 年 8 月开始筹设,1938 年 1 月正式播出。[④] 日伪当局在北平建立伪中央广播电台后,该电台随即改名为伪天津广播电台。

两家日伪电台同时位于公会堂内且发射功率平平,这使得日伪当局

---

① 赵玉明主编. 中国广播电视通史[M]. 北京:中国广播影视出版社,2014:29.

② 天津电信史料编辑组编. 天津电信史料(第二辑)[M]. 天津:天津市邮电管理局资料,1990:14.

③ 天津地方志编修委员会办公室,天津市广播电视电影局,天津广播电视电影集团编著. 天津通志·广播电视电影志 1924—2003[M]. 天津:天津社会科学院出版社,2004:88.

④ 林学奇. 南市沧桑[M]. 天津:天津古籍出版社,2014:575.

开始考虑扩建电台并为此筹措新址。在寻找新址过程中,伪天津特别市公署及伪警察局、伪财政局奴颜婢色,竭尽全力为电台选址效劳。他们先是翻查天津县城董事会公产房清册,又从伪财政局官产清册中进行选择,反复数次终于挑选出包括老爷庙、火神庙两处,并提出船捐处亦可作为备选。① 但奴才的反复挑选还是没能得到主子的赏识,日本人对三处地点均不满意。

新成立的伪天津广播电台发射功率小,节目编排亦十分生硬。以当时仍在刊行的《银线画报》于 1938 年 7 月 16 日刊发的当天电台节目预报来看,每日广播节目从早 9 点至晚间 10 点,其间除了三个半小时播放包括曲艺、戏曲及西乐等娱乐节目外,均是由日伪当局炮制的所谓新闻、商业信息、时事评述等,其中仅日语新闻每天就有三档,晚间还有日语教授节目。② 除了节目设置生硬外,伪天津广播电台的节目收听效果不理想最大的原因在于天津听户和民众对侵略者抱有刻骨仇恨,他们不愿意收听这些日本电台的播音。天津沦陷初期,中国电台仍然是天津市民的精神寄托。③

1939 年 6 月,伪天津广播电台新增加了一套广播专门用于转播东京电台的日语节目,被称为"第二播音台"。在此之前的 1938 年 8 月 10 日,伪天津电台也曾对节目进行调整,制订新的播音计划。④ 第二播音台台址选定在南市华安大街 55 号,该台频率为 1110 千赫,呼号 XGBP,每日用日语播送经济商情、新闻、演艺节目。该套节目与先前的第一套新闻及综合节目并称伪天津广播电台。1940 年伪华北广播协会建立后,日本方面

---

① 天津市档案馆档案[Z]. 401206800-J0001-2-00002-037;林学奇. 南市沧桑[M]. 天津:天津古籍出版社,2014:575.

② 天津地方志编修委员会办公室,天津市广播电视电影局,天津广播电视电影集团编著. 天津通志·广播电视电影志 1924—2003[M]. 天津:天津社会科学院出版社,2004:89.

③ 罗澍伟主编. 近代天津城市史[M]. 北京:中国社会科学出版社,1993:706.

④ 林学奇. 南市沧桑[M]. 天津:天津古籍出版社,2014:576.

再次提出要按照伪华北广播协会的要求对伪天津广播电台进行扩建。在此过程中他们强行租借了第二播音台台址旁的华安大街 54 号原天津市警察局房产,这座房产占地 175 平方米,为二层小楼且拥有 14 个房间,小楼以外还有两间平房和三间条子房。这样的房产日伪当局仅花费每月国币 100 元的租金就轻松得到。① 1941 年,伪天津广播电台再次扩容扩建,原先位于公会堂的第一套节目也搬迁到华安大街。

太平洋战争爆发后,日伪当局出于奴化民众意志,冲淡反日情绪等多方面的考虑,再次于华安大街伪电台大院内筹建新电台。该电台效仿已在北平成立的所谓"特殊电台",专门播出各种曲艺节目和商业广告,因此被称为伪天津商业广播电台,又称为伪天津广播电台特殊电台。该电台的成立和播出得益于一个名为"北京广益公司"的组织。该公司经理杜颖陶通过各种关系结识了当时伪华北广播协会会长、汉奸周大文。在其和其背后日本人的支持下,广益公司得到了开办伪天津商业广播电台的许可。他们在此后聘请了多名熟悉天津商业及广播事业的人士来运作电台,其中就包括前《无线电日报》编辑王子庵。1942 年 2 月 1 日该电台正式开播,频率为 820 千赫,播出时间为每天早晨 6 点到凌晨 2 点,共计 20 个小时。②

伪天津广播电台的成立,基本垄断了沦陷时期天津上空的无线电播音。广播成了日伪当局控制人民的工具,炮制的虚假新闻、蛊惑人心的造谣报道、培养顺民的奴化教育以及低俗刺激的娱乐节目充斥在电台之中。特别是伪天津商业广播电台,为了蒙蔽天津听户和民众,他们将过去在民营电台中较有声望的艺员悉数请出表演相声、大鼓、梅花调、评书、太平歌词、单人话剧等。从 1944 年 3 月的该台节目单中可以看到,包括王佩臣、

---

① 林学奇.南市沧桑[M].天津:天津古籍出版社,2014:577.
② 王木.日伪时期天津商业广播电台成立经过[J].天津广播电视史料,1993(1):17.

小蘑菇、赵佩茹、侯宝林、马宝山等知名艺员都曾在该台表演节目。[①] 泛滥的娱乐休闲节目虽然给当时生活困难的艺员带来了些许收益,使他们可以"到电台去说相声,挣点钱贴补生活"[②],但与伪华北广播协会有千丝万缕联系的广益公司因此也赚得盆满钵满。更可怕的是,娱乐节目的泛滥对民众的抗日情绪产生消极麻木影响,而这也正中日伪当局的下怀。

　　天津沦陷期间日伪当局对天津的广播事业进行所谓"专营统制",他们一方面对电台节目进行管控,奴化、麻痹民众思想;另一方面又通过强制登记和限制收听等方式对听户严格控制。日伪当局最终将无线电广播异化成了他们的法西斯统治工具,天津的广播事业进入最为黑暗的一段历史时期。

---

　　① 艾红红.中国民营广播史[M].新北:花木兰文化出版社,2016:133.
　　② 侯鑫.侯宝林与旧天津电台[J].博览群书,2007(11):71.

第四节　天津广播在抗战胜利后的
短暂复苏与畸形发展

　　1945 年 8 月 15 日,日本宣布无条件投降。经过了 14 年的艰苦抗战后,中国军民终于迎来了抗日战争的最终胜利。但长期的战争给国家带来了深重的灾难,神州大地满目疮痍,百废待兴。我国的无线电广播在此时期中也如所有遭受日军蹂躏后重新恢复的事业一样,开始了逐渐的复苏。作为接收工作的一个重要组成部分,国民党政府对全国沦陷区日伪广播电台进行了接收,他们拟定了《广播复员紧急措施办法》,企图独占日伪广播事业,排斥共产党军队对日伪电台的接收。① 此后,国民党政府又相继出台了《管理收复区报纸通讯社杂志电影广播事业暂行办法》和所谓"广播事业接收三原则",妄图将全国广播事业全部纳入其管控之下。

　　在华北地区,在国民党政府主持的所谓"接收"之下,原伪华北广播协会下属的北平、天津、青岛、济南等地的广播电台悉数被国民党政府接收,华北地区的原日伪广播电台仅有张家口和烟台两处被共产党军队接收。从抗战胜利后的 1945 年 8 月到 1946 年 5 月间,国民党政府共在全国范围内接收日伪电台 21 座,广播发射机 41 台。② 这些电台的接收,也

---

　　① 赵玉明主编.中国广播电视通史[M].北京:中国广播影视出版社,2014:82.
　　② 赵玉明主编.中国广播电视通史[M].北京:中国广播影视出版社,2014:83.

为其后国民党政府妄图党化无线电广播事业埋下了伏笔。

一、对伪天津广播电台的接收和官办广播的重建

　　日本投降后,国民党政府迅速在天津组织人员对伪天津广播电台进行接收。但由于种种原因,天津伪电台的接收工作迟迟无法展开。在中央广播事业管理处派员来津正式接收电台之前,伪天津广播电台曾先后由所谓"华北先遣军"和登陆天津的美军控制。其间美军军乐团曾利用携带的钢丝录音带在电台播放爵士乐,美军也曾赠送一台 RCA 钢丝录音机和几盘录音带,但因质量较差没有正式使用。① 1945 年 10 月 10 日,在经历了管控机构的数次更迭和接任台长的两次变更后,中央广播事业管理处、平津接收专员办事处正式对伪天津广播电台进行了接收,并将其改名为中央广播事业管理处天津广播电台,呼号为 XRPA,台长由孙国珍担任。② 该台设备仍为日伪时期伪天津广播电台发射机和增音设备。该电台将原伪天津广播电台第一、二套节目和特殊电台进行了改革,重置为天津广播电台第一台、第二台和第三台。其中,第一台首先恢复播出,该台频率为 620 千赫,功率 500 瓦。该台每天上午 7 点开始播音,到午夜 12 点结束,播出分早中晚三段,每天播出时间近 9 小时。③ 开始时期先是转播北平广播电台节目,1946 年 6 月后恢复了自编节目,包括地方新闻、儿童节目和部分娱乐节目。④ 但节目设置偏重教育性,新闻讲座等节目的

---

①　陈宝珍.解放前的天津广播电台[J].天津广播电视史料,1994(2):19.

②　天津市档案馆档案[Z].401206800-J0025-2-002728-014.

③　天津地方志编修委员会办公室,天津市广播电视电影局,天津广播电视电影集团编著.天津通志·广播电视电影志 1924—2003[M].天津:天津社会科学院出版社,2004:80.

④　王木.国民党接收日伪天津广播电台概况[J].天津广播电视史料,1994(11):48.

播音时间占据 62.2%,戏剧音乐仅占据 10%左右。[①]

1945 年底,天津广播电台第二台恢复播出。该台频率为 1110 千赫,功率 100 瓦,后提升为 500 瓦,播出时间为早 9 点至午夜 12 点。在复播之初主要播放英语类节目,后改为以商业广播和娱乐节目为主。同时也在节目中穿插一些新闻、科学知识及讲座等节目。[②] 其后第三台也恢复播出,频率 820 千赫,功率 100 瓦,该台性质及播出时间和内容与第二台相似,讲述和新闻只占全部节目的 15.5%和 19.4%,戏剧音乐类节目占到了 71.1%和 75.3%,广告约占游艺节目的五分之一以上。[③]

1947 年 4 月,天津广播电台"为抵张务(账务)"[④]又开设了第四广播台。该台初期为短波电台,没有具体节目,时而与第一台联播,时而用来联络其他地区电台。到当年 7 月份,改为中波广播,频率为 1290 千赫,[⑤]每日从下午 2 点至晚上 10 点间播出,以商店自包节目自请演员为主。[⑥]

当时天津广播电台的运营收入基本都靠第二和第三台来赚取,第一台因为"以教育为目标,且没有广告收入"因而被称之为"赔钱台"[⑦]。虽然是"赔钱台",但第一台在追随国民党政府的各项政策指令方面非常积极。如 1946 年底宣传节约运动;1947 年 12 月配合天津市议员选举为候选人开设讲演节目;1948 年 4 月奉令推行全国标准时间管理办法;1948 年 6 月奉令转播全国各大江河汛期水位情况;9 月增辟"勤俭建国"讲话;

① 天津广播电台内幕[N].大公报,1947-7-10(5).
② 天津地方志编修委员会办公室,天津市广播电视电影局,天津广播电视电影集团编著.天津通志·广播电视电影志 1924—2003[M].天津:天津社会科学院出版社,2004:80.
③ 天津广播电台内幕[N].大公报,1947-7-10(5).
④ 天津电台增设第四广播台[N].大公报,1947-3-19(5).
⑤ 天津地方志编修委员会办公室,天津市广播电视电影局,天津广播电视电影集团编著.天津通志·广播电视电影志 1924—2003[M].天津:天津社会科学院出版社,2004:80.
⑥ 王木.国民党接收日伪天津广播电台概况[J].天津广播电视史料,1994(11):48.
⑦ 天津广播电台内幕[N].大公报,1947-7-10(5).

11 月播讲全市禁烟报告和禁毒报告等。[①] 该台在 1948 年前后曾压缩播出时长,从以前的早 7:30 到午夜 12:00 改为早 8:00—晚 11:30;第二、三台的播出时间则相对扩展,由每日早 9:00 提前到早 8:00。[②] 此后的 8 月 1 日和 9 月 20 日,电台节目及播出时间又进行了几次更改。第一台改为每天 18:25 分播出至 23:00 停止播音。第二、四台则改为每天 7:55 播音,第三台为每天 7:00 播出。第二、第三、第四三台均在每日 24:00 结束播出。[③]

1948 年 11 月底,平津战役打响,天津被解放军团团围住,平津之间的交通亦被切断。此时天津广播电台仅能保留第一台维持播出,随后电台整体划归国民党军方管理。[④] 1949 年 1 月 14 日,解放军对天津发起总攻,在解放军四野战士的英勇作战下 15 日清晨国民党天津广播电台已被接管。其间,潜伏在电台中的新民主主义青年建国联盟成员还曾阻止了受骗市民对电台资产的抢劫,完整的保全了电台设置设备,保障了当晚 8:10 天津新华广播电台的顺利播出。[⑤]

二、短暂复苏却面目全非的民营电台

在接管日伪广播重建官营电台的同时,抗战胜利后天津的众多民营电台也看到了复苏的希望。1946 年 2 月交通部制定的《广播无线电台设置规则》出台,规则说明"允许中国公民及完全华人组织的公司、厂商、学

---

① 林学奇.南市沧桑[M].天津:天津古籍出版社,2014:586.
② 林学奇.南市沧桑[M].天津:天津古籍出版社,2014:585.
③ 天津广播电台一日起变更播音时间[N].大公报,1948-7-29(5).
④ 陈宝珍.解放前的天津广播电台[J].天津广播电视史料,1994(2):19.
⑤ 天津地方志编修委员会办公室,天津市广播电视电影局,天津广播电视电影集团编著.天津通志·广播电视电影志 1924—2003[M].天津:天津社会科学院出版社,2004:96.

校和团体设立广播电台"①。在该项规则的鼓动下,全国多地的众多民营电台渴望重振旧业,纷纷提出建台或复台申请。但此时的环境与十年前早已不可同日而语,国民党政府虽然在名义上支持民营电台建立,但实际上却在电台的设置、分布、数量、功率、内容等多方面对民营电台进行限制,甚至通过各种方式对民营电台进行控制。这使得本时期的民营电台束手束脚,面目全非。

天津的民营广播电台从1946年底开始陆续提出设台或复台申请。有的电台更是一边申请建立,一边开始播出。但是根据《设置规则》,全国当时除上海外的其他城市民营电台数量不得超过3家,功率不得超过500瓦。在这种严苛的限制下,从1946年到1949年,天津仅有三家电台获得合法播出资格,它们分别是中国广播电台、中行广播电台和华声广播电台。

中国广播电台建立于1946年11月12日,其台址设立在原义昌洋行电台旧址。作为日资企业,义昌洋行在抗战胜利后一度被国民党当局接管改组为"军委会天津无线电厂"随后又改名为"中美无线电厂",而中国广播电台就设立在该厂的门市部内。中美无线电厂厂长楼兆棉担任台长,其妻担任经理。该台呼号为XPCA,后来改为XLMC,发射功率500瓦,节目以曲艺为主,同时招揽广告。(图1-4)但由于该台知名艺员较少,因而经营状况并不理想。该电台的主要功能是台长楼兆棉夫妇借助其弟,时任天津警备司令部稽查处处长的楼兆垣的势力向银行借款进行投机经营。中国广播电台与军统关系密切,其董事长为当时天津警备司令部参谋长严家诰,而台长楼兆棉本身也是军统分子。②

---

① 赵玉明主编.中国广播电视通史[M].北京:中国广播影视出版社,2014:83.
② 王木.中国广播电台设立经过[J].天津广播电视史料,1993(3):13.

中國廣播電台 XLMC
週率880千週　　波長340.9公尺

號碼	時間	佔時	節目	藝員	每日價目	
	8.00-8.05	5	國歌 預報本日節目			
	8.05-8.10	5	西樂 國樂			1
	8.10-8.20	10	國內外新聞			
1	8.20-8.50	30	各項最新唱片		170,000.—	2
2	8.50-9.20	30	平劇清唱	李硯香	200,000.—	3
3	9.20-10.00	40	評戲	劉銀芳	250,000.—	4
特1	10.00-10.40	40	西河大鼓	馬連登	聯合特定	5
4	10.40-11.20	40	梅花大鼓	丁鳳寶	250,000.—	6
特2	11.20-12.00	40	輪轉曲藝節目 梅花大鼓 / 河南墜子 / 西河大鼓 / 對口相聲	丁鳳寶 / 蕭桂枝 / 馬增蕙 / 高德明緒德貴	每日價目 400,000.—	7
特3	12.00-12.40	40	特定唱片		平津特定	8
5	12.40-13.20	40	單弦	小映霞	250,000.—	9
特4	13.20-13.40	20	特定唱片		滿西樂房	
6	13.40-14.15	35	電影歌曲	吳曉霞	300,000.—	11
7	14.15-14.55	40	平劇清唱	張碧蘭	300,000.—	12
特5	14.55-15.30	35	特定唱片		平津特定	
	15.30-16.00	30	民聯營播曲三電輪台流節目 電影歌曲 / 梅花大鼓 / 二簧清唱 / 河南墜子 / 單弦	李蒙 / 花五寶 / 張碧華 / 蕭桂枝 / 石慧儒		聯播小廣告
	16.00-18.30	150	各台聯播雜耍		每月價目 59 520,000.—	13
	18.30-19.10	40	休息			
8	19.10-19.50	40	秦腔清唱	韓金聲	300,000.—	14
特6	19.50-20.30	40	平劇清唱	連笑邦楊笑墨	聯合特定	
	20.30-21.00	30	天津之聲	本市公民聲廣播電台聯合廣播		
	21.00-	0	對時	轉播南京中央電台		15
9	21.00-21.35	35	評戲唱片		180,000.—	16
10	21.35-22.15	40	對口相聲	四蘑菇康立本	350,000.—	17
	22.15-22.20	5	地方新聞商情行市			
11	22.20-23.00	40	文明單弦	張伯揚	350,000.—	18
特7	23.00-23.40	20	掌故講述	馮文符大夫		19
		20	評書	顧存德	400,000.—	20
12	23.40-0.15	35	歌曲唱片		200,000.—	21
特8	0.15-0.55	40	特定唱片	咭古堂		22
	0.55-1.00	5	預報明日節目國歌			

備註：
（1）甲種整條十二節定價九千三百萬元（限九十字）
（2）乙種全條二十二節定價壹億元（限七十字）
（3）乙種小廣告限收十一條，第一個報出加二成，第二個報出加一成，呼號後報出加二成。
（4）各台聯播雜耍節目，各台均可收稿共限六十個。
（5）民營三電台聯播之輪流節目定價四千萬元限收二十家。輪流後轉播前聯播小廣告定價二千萬元（只限五個）
（6）繳款日期：廣告社統限每月十日以前付清。

台址：第一區羅斯福路251號　　電話：二周一二〇六 三四四三

图1-4　中国广播电台 1948 年 8 月节目单

第二个开设的电台是中行广播电台。该台于 1946 年 12 月 15 日开始播音,全名为"中行贸易公司附设广播电台",台址位于大沽路 151 号。该台呼号为 XLMB,也曾用过 XTCH 的呼号,功率 500 瓦。节目以游艺和商业广告为主,辅之以家庭、科学、医药、英文讲座和商业常识,同时每日五次播报商业行情并转播经济新闻。[①] (图 1-5) 1948 年初,该台与中行公司分离,开始独立经营。新中国成立后,该台因没有国民党军统、中统及其他反动会道门背景[②]而成为唯一一个没有被接管的私营电台,1950年 8 月,该台被天津人民广播电台购买,成为天津人民广播电台经济台。[③]

---

① 中行电台明日正式播音[N].大公报,1946-12-14(5).

② 该台台长陈树铭为三青团成员,但并未参与实际工作,电台由副台长凌廷璋负责。

③ 天津地方志编修委员会办公室,天津市广播电视电影局,天津广播电视电影集团编著.天津通志·广播电视电影志 1924—2003[M].天津:天津社会科学院出版社,2004:99.

中行廣播電台

週率1020千週　XLMB　波長2941公尺

編號	時　間	節　目	演播者	日　價
1	7.45-7.50	音　樂	傳音員	
2	7.50-7.55	新　聞	傳音員	
3	7.55-8.00	社會服務	〃　〃	
4	8.00-8.20	講　座	特　請	
5	8.20-8.40	特　定		
6	8.40-9.20	清唱單弦	張相宏・張劍萍	150.000
7	9.20-9.50	特定相聲	高德明・緒德貴	
8	9.50-10.10	國劇唱片	傳音員	150.000
9	10.10-10.40	特定歌曲	徐　明	五洲白酒
10	10.40-11.15	評　戲	劉銀芳	250.000
11	11.15-11.45 11.45-12.15	秦　腔	筱翠雲・梁達子	源合時特定 450.000
12	12.15-12.55	醫生演唱	文硯書	350.000
13	12.55-13.35	滑稽談唱	三蘑菇・劉桂田	500.000
14	13.35-14.05	特定清唱	蓮笑萍	聯　合
15	14.05-14.35	時代歌曲	李　蔓	300.000
	14.35-15.25	休　息		
16	15.25-15.30	音　樂		
17	15.30-16.00	甲　三輪台流聯播播曲	歌曲　李　蔓 梅花大鼓　花五寶 平劇清唱　張碧華 河南墜子　董桂枝 單弦　石慧儒	
18	16.00-18.30	五台聯播雜要節目		
19	18.30-18.50	特　定		聯　合
20	18.50-19.20	特　定		
21	19.20-19.55	時　調	王碗寶	350.000
22	19.55-20.30	單　弦	石慧儒	450.000
23	20.30-21.00	天津之聲	各台聯播	
24	21.00-21.35	播音劇	藝華劇團	250.000
25	21.35-22.10	特　定		義堂橡膠廠
26	22.10-22.15	經濟短評	本　台	
27	22.15-22.45	滄寧大鼓	馬寶山	源合時特定
28	22.45-23.15	特　定	四蘑菇，康立本	五　洲
29	23.15-23.45	太平歌詞		平津特定
30	23.45-0.15	各類最新唱片	傳音員	200.000
31	0.15-0.45	特　定		
32	0.45-1.15	特　定		普通

備註：1．甲種全條計十一節，每日共價三百四十萬元（限九十字）
2．節目間小廣告日報二十二次每日一億二千萬元只限十戶不收零稿（限七十字）
3．節目間小廣告指定在呼號後或優先報出者照價加收二成第二報出者加一成
4．各台聯播雜要節目，各台均可收稿共限六十個
5．民營三電台聯播之輪流節目定價四千萬元（只限收二十家。輪流後轉播前聯播小廣告定價二千萬元（只限五個）
6．繳欠日期：廣告社統限每月十日以前付清

台址：十區大沽路161號　電話：三局五七五三

图1-5　中行广播电台1948年8月节目单

华声广播电台于 1946 年 12 月 20 日开播,台址在杜鲁门路寿德大楼二楼。该台呼号为 XPBC(后改为 XLMA),功率 500 瓦,是当时天津民营电台中功率最大、设备最全、收听率最高的电台,当时除平津外,河北、山东、山西甚至陕西四川等地均能收到该台广播。[①] 该台播出时间为早 6 点至午夜 12 点,以游艺节目为主,节目设置上与中行电台类似,但该台却网罗了当时天津知名的曲艺和戏曲艺员,包括侯宝林、小蘑菇、王佩臣等都在该台播音,这也增加了该台的广告收入。(图 1-6)1948 年,该台还曾开办导航业务引导天津至上海的飞机飞行。[②] 该台背景较为复杂,董事长兼台长舒季衡为国民党军统局成员,河北平津敌伪产业处理局专门委员,长期在军统的指示下从事秘密潜伏电台工作。[③] 天津解放后,华声电台因其军统背景而遭到军管会没收,其设备被当时电台内的新民主主义青年建国联盟成员保护下来,为后来天津人民广播电台经济台创立时使用。[④]

---

① 王木. 华声广播电台及其背景[J]. 天津广播电视史料,1993(2):13.

② 天津地方志编修委员会办公室,天津市广播电视电影局,天津广播电视电影集团编著. 天津通志·广播电视电影志 1924—2003[M]. 天津:天津社会科学院出版社,2004:99.

③ 舒季衡. 国民党军统局在天津的特务活动[M]//杨大辛,方兆麟编. 天津历史的转折——原国民党军政人员的回忆. 天津:天津市政协文史资料研究委员会资料,1988:173.

④ 陈广智. 我所了解的华声广播电台[J]. 天津广播电视史料,1994(1):34.

華聲廣播電台　XLMA
週率920千週　波長326公尺

編號	時間	佔分	等級	節目	播演職員	每日價目
	7.45	5	丙	國歌 預告節目	傳音員	
號	7.50	5	"	領袖言論		
	7.55	5	"	社會服務		
1	8.00	20	"	罦弦	張劍平	150.000
	8.20	25	乙	遼寧大鼓	馬寶山	特定
	8.45	25	"			"
2	9.10	40	"	京東大鼓	劉文樺	500.000
	9.50	30	"			特定
	10.20	10	甲	國內外新聞	傳音員	
	10.30	30	"	相聲	常寶堃趙佩如	特定
3	11.00	40	"	相聲大會	常寶堃 趙佩茹侯活如	1,500.000
	11.40	20	"	平劇清唱	蔣燦彩	特定
	12.00		"	轉播南京中央電台對時		
	12.00	40	甲	評戲	劉銀芳	(450.000)
4	12.40	40	"	秦腔	筱翠雲筱連子	特定
5	13.20	35	乙	梅花大鼓	花五寶	450.000
	13.55	50	"	本台休息		
	14.45	5	"	開始晚間播音固定音樂預告晚間節目		
6	14.50	40	"	罦弦	石慧儒	500.000
7	15.30	30	甲	三輪台流聯輯播曲：歌曲 李鳴／梅花大鼓 花五寶／平劇清唱 張翠華／河南墜子 曹桂枝／罦弦 石慧儒	每月價目 4000萬	不在全條內
	16.00	150	"	本市各台聯播	本市各團鑼要	每月價目 5,952萬
8	18.30	30	"	平劇清唱	林幼甫	400.000
	19.00	30	"	罦弦	張伯揚	特定
9	19.30	30	"	歌曲	李鳴	300.000
	20.00	30	"			特定
	20.30	30	"	天津之聲	本市各台聯播	
	21.00	20	"	各類講座	特約名人	
10	21.20	35	"	平劇清唱	文砚雲	350.000
	11.55	30	"	"	筱紅梅	特定
11	22.25	45	"	播音劇	藝光劇團	400.000
	23.10	40	"	樂曲唱片	北華剪輯	特定
	23.50	10	"	本市新聞當日行情	傳音員	
	0.00	60	"	西河大鼓	田起山田蔭亭	特定
	1.00	5	"	預報次日節目	傳音員	

備註：（一）甲種全條十節定價一億五千萬元（限九十字）
（二）乙種全條二十二節定價一億五千萬元限收十一個第一個報加二成第二個報加一成呼號後報加二成（限七十字）
（三）各台聯播鑼要節目各台均可收稿限六十個
（四）民營三電台聯播之輪流節目定價四千萬元限收二十家。輪流後轉播前聯播小廣告定價二千萬元（只限五個）
（五）繳款日期：廣告社統限每月十日以前付清。

台址：第一區壽德大樓　　電話：三局○三六六

图1-6　华声广播电台1948年8月节目单

1946 年 2 月民国南京政府交通部颁布了抗战胜利后全国广播电台管理的指导性文件《广播无线电台设置规则》,在该规则中明确规定设立广播电台需要书面申请经交通部审核通过后方可架设,同时规定除上海外其他城市的民营电台数量不得超过 3 座,功率最高不得超过 500 瓦。这一规定无疑给当时正要重振的天津民营广播事业蒙上了一层阴影,于是民营电台中便出现了两种截然不同的情况。中国、中行、华声三家电台得到了交通部的批准,领取了执照,但更多电台却无法获得合法身份,可它们虽没能获得批准却仍在进行播音。

世界电台就是这些"非法"电台中成立较早的电台之一。该台创办于 1946 年 12 月 28 日,全称为世界新闻广播社广播电台。该台位于罗斯福路中原公司对面,功率 200 瓦,呼号为 XNBA,节目设置中有包括法律问答、名人演讲等文化节目,同时也有京剧、曲艺及商业广告。每日播音15 小时。该台内容设置杂乱,因而收听率不高。1947 年 6 月,该台因非法播音被天津市政府查封,但该台背后也有较为复杂的中统背景。一年后,世界新闻广播社与天津市政府达成协议,利用原世界电台设备和频率共建文化广播电台,播出时间仍为 15 小时,其中五小时为天津市政府文化节目时间,十小时为世界电台商业经营时间。① 该台虽经过调整,但在当年下半年便因经营困难陷入停顿。② 1948 年 9 月 12 日,该台曾"试播新声","以纯文化立场加强空中文化宣扬,报告市府施政方针,工作概况"③。

友声广播电台也是类似情况。该台于 1947 年 1 月 3 日开始播出,呼号为 XPBA,以"侧重社会教育,宣扬文化"为宗旨,辅以通俗娱乐节目。④

---

① 天津市档案馆档案:401206800-J0002-2-001667-022.

② 天津地方志编修委员会办公室,天津市广播电视电影局,天津广播电视电影集团编著. 天津通志·广播电视电影志 1924—2003[M]. 天津:天津社会科学院出版社,2004:86.

③ 文化电台今试播新声[N]. 大公报,1948-9-12(5).

④ 友声电台今日正式开张[N]. 大公报,1947-1-3(5).

该台位于陕西路安养里胡同内一间不起眼的楼房内,台长郑晓帆,经理孙圻,该二人均是国民党军统成员。由于经营不佳,友声广播电台在 1948 年下半年停播,1949 年后其台长郑晓帆也因从事特务活动被处以死刑。①该台停播后,其设备被迪明无线电行和野玫瑰无线电行集资收购,进而设立了钟镜广播电台,钟镜电台延续了友声电台的呼号和频率,播出半年后因无法领得执照而停播。

1947 年 2 月 2 日,宇宙广播电台开播,该台台址在和平区万全道 87 号一座两层楼房内,呼号为 XTYC,功率 200 瓦。该台背后虽有国民党十一战区支持,但却无法与中国、中行、华声等几家规模较大的电台抗衡,开播半年多后宣告停播。

1947 年 3 月青联广播电台短暂开播,该台台址位于日租界常盘街常盘大楼内,于当年下半年停播,组织者高枫在天津沦陷期间曾参与伪天津商业广播电台的运营。虽然该台仅开播半年,播出节目不精且广告收入较少,但该电台背景复杂,它是军统天津站学运组青年联谊会的一部分。②

三个月后的 1947 年 6 月天声广播电台成立,该台位于锦州道宁静里 4 号,功率 500 瓦,但因无法领到执照,两个月后就中断播出。同年 9 月 5 日,该台与三青团合作重建,改名为青年广播电台,节目除商业广告外,还特意辟出时间为三青团进行宣传,直至 1948 年 6 月 10 日因无证播出而被查封。③

除了这些合法或非法播音的广播电台外,在新中国成立前天津还曾有数十家电台提出设立申请,包括原四大电台之一的仁昌广播电台,但均被驳回。

---

① 王木.在友声广播电台的背后[J].天津广播电视史料,1993(3):14.
② 王木.青联广播电台的一些情况[J].天津广播电视史料,1994(1):33.
③ 天津地方志编修委员会办公室,天津市广播电视电影局,天津广播电视电影集团编著.天津通志·广播电视电影志 1924—2003[M].天津:天津社会科学院出版社,2004:5.

在当时的复杂情况下,民营电台如果想不依靠各种关系而保持独立经营显然已不可能。为了能够拿到执照并顺利经营,在天津本时期的民营电台中出现了严重的官商勾结、彼此渗透的现象。这导致这些电台的实际身份介于公营与私营之间,很难判断性质。① 名为民营,实则具有各种官方背景成为天津"民营电台"在本时期的一个基本色调。

本时期最早播出的中国电台具有浓厚的军统背景。日寇投降后,国民党军统局接收了日本在津设立的电讯器材工业。后来经过多次扯皮,军统获得了日商东京芝浦电器工业株式会社天津分厂及其门市部,也就是之前天津的第一家外商电台所有者义昌洋行,并由军统人员楼兆棉担任厂长。楼兆棉于1945年冬招募了部分商股后将工厂改名为"中美无线电厂",并在原义昌洋行旧址设立了中国广播电台。中国广播电台的所有权也较为复杂,其董事长为当时天津警备司令部参谋长严家诰,他是当时天津军统的最高负责人,同时台长楼兆棉的弟弟又是天津警备司令部稽查处第三任处长。②

另一家较早开设的华声电台在当时属于功率最大、设备最全、收听率最高的民营电台,除平津外,河北山西山东乃至陕西四川都能听到其广播。但其背后亦有国民党军统的影子。电台创办人、董事长兼台长舒季衡在军统中工作十一年,曾担任国民党军统局天津独立潜伏台台长、河北平津区敌伪产业处理局专门委员。他此时表面的身份是华声台的董事长兼台长,实际上也曾为军统天津站的秘密地下电台搜集革命进步人士的情报进而加以迫害。③ 与之相似,另一家获得批准合法播音的中行广播电台其台长陈树铭也为国民党三青团成员,但陈为挂名台长,中行电台实际上并未与三青团有太多交叉。

---

① 艾红红. 中国民营广播史[M]. 新北:花木兰文化出版社,2016:175.

② 王木. 中国广播电台设立经过[J]. 天津广播电视史料,1993(3):13.

③ 舒季衡. 国民党军统局在天津的特务活动[M]//杨大辛,方兆麟编. 天津历史的转折——原国民党军政人员的回忆. 天津:天津市政协文史资料研究委员会资料,1988:173.

世界新闻社广播电台在其位于罗斯福路百货大楼对面的台址处，悬挂着"中国国民党海员党部"和"世界新闻广播社"两块牌匾，后门处还有《星期六画报》社的牌匾。从牌匾的悬挂就可以看出其背后关系复杂。世界新闻社广播电台背后有国民党中统局的身影，"中国国民党海员党部""世界新闻广播社"和《星期六画报》的背后领导都是中统局"华北区专员"李实斋。①

另一家友声广播电台，其台长郑晓帆，经理孙圻。主管技术的孙圻正是当时的天津警备司令部稽查处电台台长。而郑晓帆则从天津沦陷时期开始就一直为军统刺探情报，其间还曾投靠日伪做过汉奸。由他和李杰三、杨杰荣、章国栋等人成立的友声电台，"名义上是商业广播电台，实际则是进行特务活动的通讯工具"②。

诸如此类的电台还有很多，如宇宙广播电台由国民党第十一战区设立；青联电台由国民党军统局天津保密组经营；青年广播电台背后则有三青团的资助等。

可以说，在抗战胜利后政治经济格局经历了颠覆性变化的天津，民营电台早已失去了其先前自由且开放的生存土壤。国民党当局对党营电台的扶持和对国民经济的官营化改造，使得民营电台的独立经营、自负盈亏成为一句笑谈。为了生存，部分民营电台不得不依附各种势力部门，成为其发声工具。而一些国民党公职人员为了混淆视听、左右舆论也借助民营之名创办电台，国民党当局对此也多睁一眼闭一眼，为的就是借助这些所谓"民营电台"加强对民间舆论的控制和监督③，将其完全置于自己的管控之下。

这些"真党营假民营"的电台与天津广播电台一起，成为国民党本时期控制天津广播事业的棋子。而在二者之间进行联系的，则是成立于

---

① 王木.世界电台的内幕[J].天津广播电视史料，1993(2)：15.

② 王木.在友声广播电台的背后[J].天津广播电视史料，1993(3)：14.

③ 艾红红.中国民营广播史[M].新北：花木兰文化出版社，2016：176.

1948 年 5 月的"广播从业员联谊会"。在这家由党营的天津广播电台和各家民营电台联合建立的机构成立后,一个名为"天津之声(SLM)"的节目问世,这在当时全国各大城市电台的节目中尚属首创。[①] 该节目每天晚上 8:30—9:00 播出,较之以往党营电台的说教色彩和民营电台的娱乐色彩来说更具特点,其"采用一些最生动、最有趣、最活泼的内容,配以旋律最轻松、曲调最美妙的音乐来充实,在很短十几分钟时间内告诉听众一些必须知道的新闻和地方政府的行政措施以及一切政令"[②]。《天津之声》的节目主要包括 5 分钟的本市新闻、音乐欣赏节目 15 分钟以及每日轮流播出的专家讲演及座谈集锦节目,各台轮流担任的对社会贤达和重大事件的访问节目以及探索各地风土人情的科普节目。其中访问节目或对社会达人进行访问或对重大事件探寻真相,该节目中各台轮流担任的访问记具有新闻记者采访稿件的属性,改变了以往电台使用通讯社供稿而自身不设采访人员的传统,是我国广播电台实现自主采访的重要一步。

三、天津广播在解放号角中迎来新生

进入 1947 年后,解放战争局势转变,刘邓大军千里挺进大别山,人民军队开始了战略反攻。国民党政权到了在大陆统治的最后阶段。全国局势的转变也直接影响了国民党广播事业的部署。在天津,一些国民党党营及军队电台在此时期粉墨登场,扮演着跳梁小丑的角色。

最先出现的是隶属于民国南京政府资源委员会的资源广播电台,该台是资源委员会下属中央无线电器材公司天津营业处开办的,功率 500瓦,台址位于罗斯福路 197 号中央无线电器材公司天津营业处楼上。该台设立的目的在于销售收音机,因而对节目设置并不在意。主要是播放

---

① 林学奇.南市沧桑[M].天津:天津古籍出版社,2014:583.
② 林学奇.南市沧桑[M].天津:天津古籍出版社,2014:584.

一些中西乐和京剧唱片,每周六播放一些舞曲,至天津解放前夕该台最终停播。

在天津解放前夕,国民党政府还曾在天津建立过多个军队电台。这其中主要包括军友广播电台、军声广播电台、阵中广播电台等。在这些军队电台成立之前,天津曾于1945年抗战胜利后出现过一家军队电台,即登陆天津的美军所创立的美军广播电台。这家电台于1945年10月对伪天津广播电台接管期间创立,台址位于美军驻军营盘内,功率为500瓦,呼号为XONE,主要播放美军自带的爵士乐钢丝录音带,1946年美军撤离时停办。①

三家国民党军队电台均成立于1948年下半年至1949年1月天津解放前夕。军友电台成立最早,于1948年6月,地址在辽宁路91号,由国民党天津警备司令部政工处主办。该台功率300瓦,主要播出军队日常生活和训练指导以及军乐等,偶尔播出商业广告。该台播出仅3个月便因经营困难宣告停播。该台停播后,国民党天津警备司令部政工处又联系了因没有执照而停播的钟镜广播电台,二者合作利用钟镜电台的设备建立了军声广播电台,该台节目以之前钟镜电台的商业广播为主,播出时间由早8点一直到午夜12点,呼号XMLA,功率200瓦,在天津解放后被查封。最后一个设立的军队电台名为阵中广播电台,该台设立于1948年底,此时天津已经被人民解放军团团包围。该台的设立者同样是国民党天津警备司令部政工处,他们利用原青年广播电台设备办起了这个临时搭建的电台。但该台只存在了14天,伴随着天津解放的炮火声,该台于1949年1月14日告停。

随着天津解放局势的明朗,国民党当局及其所控制的几家电台成为困兽,此刻的他们内外交困。外有人民解放军的围困,内有潜伏其间的地

---

① 天津地方志编修委员会办公室,天津市广播电视电影局,天津广播电视电影集团编著.天津通志·广播电视电影志1924—2003[M].天津:天津社会科学院出版社,2004:78.

下党员和新民主主义青年建国联盟成员的反抗。虽然在天津解放前夕国民党天津广播电台曾利用无线电设备对当时位于河北胜芳的新华广播电台进行干扰,但这种伎俩已如螳臂当车。从 1949 年 1 月 12 日解放军对天津发起总攻开始,面对解放军战士的势如破竹,国民党军队的防线一溃千里。到了 1 月 14 日晚,从天津广播电台中听到的声音,只剩下了"中国人民解放军平津前线指挥部请注意,我已派出谈判组,按照你们指定路线和地点挥动白旗标志,请你们接待……"①以及诸如此样的投降谈判。1月 15 日上午 10 点,解放军第三十八军占领位于华安大街的国民党天津广播电台,军管会随即对电台进行了正式管制。随后,世界新闻广播社文化广播电台、中国广播电台、华声广播电台等于当日即被查封②,这些电台在三月份先后被接管,仅剩中行广播电台一家因无国民党背景而准许继续播出,而该台也于 1950 年 8 月被天津人民广播电台购买。被接管的国民党天津广播电台,则在 1949 年 1 月 15 日当天就被改组为天津新华广播电台,并于当晚 20∶10 由林青和贾惠璞播出了第一条声音:"天津新华广播电台,天津新华广播电台,现在开始播音。"③至此,天津广播终于第一次属于了人民,天津的无线电广播事业迎来了新生。而此时,据天津新华广播电台的不完全估计,天津市民中已拥有收音机约 10 万台。④ 另一种统计数字更加精确,1949 年初天津约有 12.4 万台收音机。⑤ 以 1948年底天津近 200 万人的城市人口总量计算,天津市民中平均每 20 人就能拥有一台收音机,无线电广播在天津经过了 24 年的发展后,终于新生,成为真正在受众之中实现相对普及的大众媒介。

---

① 卢佑民.解放前夕天津广播电台的最后一夜[J].天津广播电视史料,1993(1):16.

② 卢佑民.天津新华广播电台的第一次播音[J].天津广播电视史料,1993(1):15.

③ 卢佑民.天津新华广播电台的第一次播音[J].天津广播电视史料,1993(1):15.

④ 鲁荻.天津新华广播电台一个半月工作总结[M]//中共天津市委党史资料征集委员会,天津市档案馆编.天津接管史录(上卷).北京:中共党史出版社,1991:369.

⑤ 马艺,等.天津新闻史[M].天津:天津人民出版社,2015:453.

小　结

从 1925 年 1 月义昌洋行广播电台的开设到 1949 年 1 月天津新华广播电台的播音,近代天津广播走过了整整 24 年的历程。回首天津近代广播事业走过的 24 年,伴随其发展的既有值得纪念的里程碑,也有无法避免的荆棘路。正是在这种喜忧交织的进程中,天津近代广播事业逐渐形成了自己的独特风格,走出了一条颇具代表性的曲折道路。

作为全国范围内第二个拥有广播电台的城市,天津擎起了近代中国北方广播发展的大旗。"无线电广播"的称谓从这里诞生并得到官方认可进而走向全国。我国第一批官办电台也在这里诞生。20 世纪 30 年代中期,这里出现了代表民营电台发展最高水平的四大民营电台。新中国成立前夕,公私电台之间的合作促成了全国首屈一指的独特节目"天津之声",其中的访问节目创新进行了访谈新闻的制作。从这些点点滴滴所搭建的里程碑中,天津广播事业从无到有,从小到大,走出了一条官办与民营均高度发展且又相互协作的特色发展道路。这使得天津成为当时中国北方广播发展最为兴旺的城市,甚至一度与上海一道引领着近代广播电台的发展。

作为从民国北京政府时期开始就受到各种全国性和地方性广播法规管控制约的城市,天津亦是在近代广播发展遭遇管控最为严格的城市之一。从民国北京政府到南京政府再到日伪政权,天津在近代历史上统治政权的多变使得这里成为经历广播管控措施最繁复的城市之一。东北无线电监督处、国民政府交通部、建设委员会无线电管理处、中央广播事业管理处、中央广播事业指导委员会、伪华北广播协会等一系列国家及地区性广播管控机构都曾从宏观上对天津广播的发展进行"塑身",而天津市政府、天津市警察局、天津市社会局、天津市教育局等地方行政机构也曾出台各种措施从微观上形塑天津广播发展。在长达 24 年的时间中,冗繁重叠的管控机构和令出多门的条例办法规约着天津广播事业的发展,并逐渐形成了一种为官办电台塑身形,为民营电台扎篱笆的畸形管控态势。这种态势在抗战胜利后发展到顶峰。官办电台一家独大,占尽资源;民营电台举步维艰,依附求存。

　　近代天津广播的发展,因其中推动力量和限制阻碍的双重影响和相互交叉而呈现出了一种起伏发展的前进态势。统治政权的兴衰更迭和由此带来的管控措施的多变约束了天津广播发展的路径,使其呈现出一种政策主导下的规定节目演绎。而在这一套规定节目之中,民营电台的发展和尝试,却又像一组勇于尝试突破管控边界的自选动作,它让天津广播事业的发展充满了色彩,并使其走上了一条不同于沪宁穗的发展道路。更重要的是,公私电台几十年间的相互竞合发展不仅成就了天津的广播电台,更深刻地推动了天津这座城市在诸多方面的近代化,广播媒介和其所在的城市就在这连绵不绝的电波中被紧紧凝合在了一起,你中有我,不可分割。

第二章

政府管控

——天津广播起伏发展的主动力分析

1920 年 8 月，被誉为 1949 年以前最长寿期刊的《东方杂志》刊登了题为《用无线电传达音乐及新闻》的报道。文中对无线电广播的特点进行了生动的描绘：

　　"如晚间 8 时半，为人民音乐跳舞之时间。此后可由中央无线电局于此时自无线电传出音乐。……跳舞者可以应声而舞，不必更雇音乐班矣。"

　　"晨间由中央无线电局将是日所得新闻，发出报告。则家家仅需开动受音机。即可琴聆新闻……较诸批阅报章，便利多矣。"

　　"此种受音器，行用及便，虽无机器智识者亦可应用自如。此器接收音浪能达十五里之广，故在一都市中用之极便。"①

不到三年之后，文章中的"受音器"便出现在了中国人面前。"大陆报—中国无线电公司广播电台"的建立在上海引发了众多报刊的争相报道。

除了引发报纸杂志的竞相报告和中外听众收听热潮外，第一座广播

---

　　① 科学杂俎[J]. 东方杂志，1920(15)：80.

电台的出现也吸引了革命领袖的关注。1923 年 1 月 27 日《大陆报》便发表了孙中山祝贺广播电台开播的报道。在文中,孙中山表示:

> 吾人以统一中国为职志者,极欢迎如无线电话之大进步。此物不但可于言语上使中国与全世界密切联络,并能联络国内之各省各镇,使益加团结也。①

孙中山的祝贺,表现了其作为革命领袖对广播这一新兴传播手段出现及普及的期待。另一方面,一项刚刚在中国问世仅 3 天的新鲜事物就得到了革命领袖的关注,这也说明了广播的政治属性和社会属性在当时已被有识之士关注。时任南洋大学无线电专科教授的李熙谋在 1926 年 1 月 9 日应邀到上海另一家外商电台开洛公司广播电台进行演讲时曾明确地阐述了无线电广播对于教育、军事和国家发展的重要意义:

> 无线电对于教育之传布,亦有莫大影响……设若名人演讲可以布送,各地听者数十百万人。军中以传送消息迅速为贵,军用电话则有线,若用无线电话,则器具轻便,运用自如……无线电既有如此伟大之魔力,足以翻腾世界一切,则世界各国之欲争富强之地位者,何一不专心研究之乎。②

孙中山和李熙谋的言论,表明了当时政界和学界对于广播的重视。作为一种新兴媒体,广播具有"翻腾世界一切"的力量,因此在应用的同时对其加以管理控制,就更显得名正言顺和顺理成章了。

---

① 大陆报.孙逸仙博士祝贺大陆报广播[M]//上海市档案馆,北京广播学院,上海市广播电视局编.旧中国的上海广播事业.北京:档案出版社;北京:中国广播电视出版社,1985:10.

② 李熙谋讲演无线电信[N].申报,1926-1-11(17).

天津的广播电台也是如此,从诞生之初就处在中央政府及地方部门的严格监管之下,不论是出现在民国北京政府时期的官办天津广播无线电台,还是在 20 世纪 30 年代中期活跃于天津的各大民营电台,抑或是抗战胜利后并行的党营电台及各大"准民营"电台,它们的生存和发展均受到不同时期政府各种相关政策的节制和调控。而日伪政权出于殖民统治的需要,其更是将天津广播事业完全置于其卵翼之下。可以说,不同阶段执政政府管控紧张与宽松的变化成为近代天津广播发展起伏发展的最主要原因。

第一节　民国北京政府的高度集中管控

　　无线电作为电信事业的一个重要组成部分,虽然被引入我国的时间较之有线电报和电话事业相对较晚,但亦得到了清末民初政府的重视。1904年俄国曾试图在烟台设立无线电发报接收装置筹建无线电台,清政府对此明确加以拒绝,并表示"任何一国在中国土地上设立无线电设备都将认为是不友好的行为和违犯中立的"①。清廷对无线电台设置的基本立场是原则上若非经过政府批准,任何外国或外国人都不得在中国设立无线电台,不得私自收发无线电报。②

　　电信事业对国家内政外交国防商业等方面的重要意义已经在清末民初几十年的时间中淋漓尽致地显现出来,因而辛亥革命胜利后民国北京政府在一定程度上继承了清末对于无线电事业的严格管控,并进一步将这些管控措施以法律法规的形式确定了下来。在民国北京政府掌权时期,其对电信事业的管控较为严格,并设置了包括电政局、交通部电政司、邮传局等多个部门进行管理,使得电信事业"未曾因政潮而致分裂,为国营事业中最能保持其统一者也"③。这些部门的建立也为政府对后来出

---

①　邮电史编辑室编. 中国近代邮电史[M]. 北京:人民邮电出版社,1984:116.
②　赵玉明主编. 中国广播电视通史[M]. 北京:中国广播影视出版社,2014:11.
③　公萍. 北洋政府时期广播管理研究[D]. 华东师范大学,2017:24.

现的无线电广播进行有效管控奠定了基础。

一、广播管控规制在摸索中初创

民国北京政府对无线电通信一概采取严格的管控措施,同时对在 20 世纪 20 年代刚刚出现在中国的无线电台也采取了同样的态度。究其原因,一方面是由于电信事业涉及国家生存命脉,不可假人;同时另一个原因则在于当时的民国北京政府尚无法区别无线电通信与无线电广播之间的区别。1923 年到 1924 年期间,当外商电台在上海租界出现时,民国北京政府对其一无所知,他们把广播电台与用于通信联络的无线电台等同看待,严加管理;同时由于无法分清广播用收音机和无线电收发报机之间的区别,对于收音机同样要求禁售。①

正是基于上述原因,民国北京政府对在华外商电台或是采用外交手段要求其拆除,或者通过经济手段限制其商品来源从而让其"自生自灭"。上海的奥斯邦电台、新孚洋行电台以及天津最早的日商义昌洋行电台其设置均主要是为了推销无线电器材,当民国北京政府对其进口的器材进行严格管控时,这几家电台均逐渐无法维持。奥斯邦电台仅仅维持了两个月,而天津的义昌电台"播音时间没有形成规律化,时断时续"②。

外商电台和民国北京政府之间形成了一种猫和老鼠的关系:一方面是民国北京政府制订严格法令,从经营管控和设备来源等方面严格限制外商电台,严令其停办拆除或促使其自行停业;另一方面外商电台却在此

---

① 赵玉明主编. 中国广播电视通史[M]. 北京:中国广播影视出版社,2014:6.

② 天津地方志编修委员会办公室,天津市广播电视电影局,天津广播电视电影集团编著. 天津通志·广播电视电影志 1924—2003[M]. 天津:天津社会科学院出版社,2004:77.

期间显现出了蓬勃的生存欲望,在以上海和天津为代表的沿海港口城市租界内越开越多,这使得上海天津及江浙民众"对于无线电话之观念与兴趣,在三年之中深切有味"①。"沪地人民装设颇广"②。

随着民众对广播电台的兴趣日益浓厚加之民国北京政府对无线电广播性质的逐渐熟悉,要求政府开放收听及兴办广播的声音也越来越强。曹仲渊在《三年来上海无线电话之情形》中写道:"回视吾国,无线电报及无线电话既无一定法律可守,政府对于人民,无论其为试验或娱乐,又无一定条例颁行。无怪乎不能依照科学轨道进行,与人媲美。"③在这种情况下,民国北京政府也逐步认识到了广播电台与一般无线电台的区别,在《交通部致沪护军使咨稿》中,交通部提出"为谋中外人民幸福起见,对于广播无线电话正在积极筹备,厘定规则,不日公布"④。这说明民国北京政府开始筹划以更加积极的态度来对待新出现的广播电台。在于1924年发布文件公开取缔申报与开洛公司联合经营的开洛电台后,交通部电政司开始筹划对无线电广播管理法令进行修订。

在修改法令的过程中,电政司对于无线电广播应该官办抑或商办、收音机应该专卖还是零售、是否需要征收广播收听费等问题进行了反复讨论。最终于1924年8月公布了《装用广播无线电接收机暂行规定》,这也是我国历史上第一个关于无线电广播的法令。⑤《暂行规定》共23条,其中最主要的便是对收音机的申请安装、使用范围、使用途径和收费标准等进行了规定,包括:

---

① 曹仲渊.三年来上海无线电话之情形[J].东方杂志,1924(21):50.
② 交通部致沪护军使咨稿[M]//上海市档案馆,北京广播学院,上海市广播电视局编.旧中国的上海广播事业.北京:档案出版社;北京:中国广播电视出版社,1985:45.
③ 曹仲渊.三年来上海无线电话之情形[J].东方杂志,1924(21):49.
④ 交通部致沪护军使咨稿[M]//上海市档案馆,北京广播学院,上海市广播电视局编.旧中国的上海广播事业.北京:档案出版社;北京:中国广播电视出版社,1985:45.
⑤ 赵玉明主编.中国广播电视通史[M].北京:中国广播影视出版社,2014:12.

装用接收机须先呈请交通部核准,发给执照;

凡装用接收机者,应先具请愿书并依照规定附具证书呈请交通部核给执照;

中国人安装接收机者,应由其同乡委任以上职官一人或六等以上殷实商号一家出具证书,以证明其请愿书内所列各项均属实在;外国人装用接收机,请愿书内所列各项应由其本国公使或领事或同国籍之殷实商号两家为之证明;

接收机装用地点只限于通都大邑及繁华市镇,军事边防、海防及政府或地方官厅等区域不得装设;

接收机只准接受音乐、新闻与气象、时刻、汇兑之报告以及演说、试验之用,不得借以谋利,并不得将所收任何电信私自泄露;

装用及其每付每年应按照下列规定预缴执照费暨印花税费:

接收机不用真空管者,每年应缴纳执照费银圆四元,印花税费四分。用真空管者,每年应缴纳执照费银圆六元,印花税费四分;

执照有效期一年,期满前两个月须纳费换领新执照;

装用接收机者,如经交通部查有违背规定时,应处以五元以上,二百元以下之罚金或没收其机器。①

由于最初国内的广播电台均为外商电台,因此《暂行规则》主要针对的是装用广播接收机的用户来规范其安装和使用行为。虽然这个规则在一定程度上被认为是对外商电台的默许和对广播主权的放弃,但也应看到民国北京政府对于广播的性质已经有了更为深入的认识,而相应的其管控措施也从最初的"堵"变成了"疏",即由无条件地取缔改为有条件地

---

① 交通部公布装用无线电接收机暂行规定[M]//上海市档案馆,北京广播学院,上海市广播电视局编.旧中国的上海广播事业.北京:档案出版社;北京:中国广播电视出版社,1985:47.

限制。①

《装用广播无线电接收机暂行规定》实施后,一些有识之士开始向民国北京政府建议收买外商电台或自主兴办官办电台。这其中最具代表性的人物便是时任天津电话局工程师兼局长的吴梯青。1926 年,其作为民国北京政府的代表参加了美国华盛顿举行的国际无线电信会议,回国后向民国北京政府建议收购美商电台并同时在北京天津两地电话局内利用原有无线电话机件改装并进行播音。②

其实在这之前民国北京政府考虑到天津的特殊地理位置和"商货辐辏、外侨麇集"的商业地位,就曾于 1923 年前向中国电气公司订购了两台无线电台用以增加京津长途电话线路。建成后经过试验发现该电台适合广播。民国十三年,天津租界内多国当局申请建设广播电台,而交通部则派遣钟锷和技术员于润生一同筹备自建电台,但"未一星终,政局陡变,百端停滞"③。

当时中国北方混乱不堪,直系军阀、皖系军阀、奉系军阀相继掌控民国北京政府大权,而原本可以在 1924 年前后便设立的官办天津电台和北京电台,就在一片"城头变幻大王旗"的乱象中暂时搁置了下来。与此同时,深耕东北数年的奉系军阀张作霖则出于军事需要设立机构、制订政策,在东北地区大力发展无线电事业,客观上促进了民国北京政府时期我国官办广播事业的发展。

---

① 赵玉明主编. 中国广播电视通史[M]. 北京:中国广播影视出版社,2014:12.

② 吴梯青. 有关北洋时期电信事业的几件事[M]. 中国人民政治协商会议全国委员会文史资料研究委员会. 文史资料选辑(第六十六辑). 北京:中华书局,1979:158.

③ 天津电信史料编辑组编. 天津电信史料(第一辑)[M]. 天津:天津市邮电管理局资料,1990:54.

二、奉系军阀与北方广播管控规制的完善

第一次直奉战争后,奉系军阀张作霖因战败退往关外。在东北重整军队厉兵秣马的过程中,受到日本人支持的张作霖出于军事战略和发展东北经济等方面的综合考量,开始大力在东三省发展电信事业。他们先是在 1922 年收回了由俄国控制的一座哈尔滨无线电台并将其改名为东三省无线电台,随后又建立了包括奉天、长春、齐齐哈尔三个分台。经过一系列的新建和改造后,东北地区已经建有近 20 座电台,为广播事业的发展创造了条件。

为了统一管辖东三省的电信事业,1923 年奉天设置了东北无线电长途电话监督处(简称东北无线电监督处),这是我国早期的地方性广播管理机构。① 但随着 1924 年奉系军阀在第二次直奉战争中的胜利,他们成为民国北京政府后期中国北方的实际掌控者,而东北无线电监督处也成为与北京交通部电政司并存的两个无线电广播管理机构。②

东北无线电监督处建立后,为了建设并发展东北地区的无线电广播事业,其于 1926 年经镇威上将军公署批准,相继颁布了《无线电广播条例》《装设广播无线电收听器规则》和《运销广播无线电收听器规则》三个涉及无线电广播的法律法规。

《无线电广播条例》对广播电台、收听者和无线电器材经销商均做出了相应的规定。其主要内容如下:

> 设立广播电台的目的是为了普及文化、传播商情;
> 广播电台须在每日规定时间内用无线电传播新闻、商情、音乐、

---

① 赵玉明主编.中国广播电视通史[M].北京:中国广播影视出版社,2014:12.
② 公萍.北洋政府时期广播管理研究[D].华东师范大学,2017:35.

歌曲、演讲等;

居住在东三省境内者,均可装设收听器收听,但须绝对遵守《装设规定》;

中外商行可运输销售东三省境内所需收听器材及附属品和零件,但须遵守《运销规则》;

任何个人和机关不得在东三省境内私运、私售或私设任何无线电机器或经营无线电广播;

私人及团体须借广播电台向公众宣告或讲演,须将底稿商得该台许可并交纳费用;

销售收听器材之商行及装设收听器材之用户需交纳执照费,违规者没收机器并处以罚金。①

《装设广播无线电收听器规则》在一定程度上与先前交通部电政司于 1924 年出台的《装用广播无线电接收机暂行规定》有相似之处,均属于对广播收听用户的管理和制约。不同的是,较之《暂行规定》,《装设规则》取消了对收听用户在申请装设收音机时的"连坐保甲"政策,取而代之的是在注册后向收听器发放执照并进行标记。在对收听者收听信息的管控方面,《装设规则》较之《暂行规定》也有了明显的进步,后者说明"只允许接收音乐、新闻与气象、时刻、汇兑之报告及演说、试验"②,而《装设规则》虽未强调使用范围,但明确规定"只能收听一百米达以上六百米达以下之无线电波"。这表明在无线电广播技术的使用和管控上此时期的东北无线电监督处较之两年前的交通部电政司已有了较大提升。此外,《装设规则》对收音机的缴费标准也在《暂行规定》的基础上有所提高,规

---

① 赵玉明主编.中国广播电视通史[M].北京:中国广播影视出版社,2014:12.

② 交通部公布装用无线电接收机暂行规定[M]//上海市档案馆,北京广播学院,上海市广播电视局编.旧中国的上海广播事业.北京:档案出版社;北京:中国广播电视出版社,1985:45.

定矿石收音机执照费为六元,真空管式收音机执照费为十二元。

《运销广播无线电收听器规则》则是主要针对无线电设备经销商进行的规定。较之先前对于无线电器材在进口和管控方面的严格限制,《运销规则》开宗明义地表示"准许国内外各商行输入或销售任何工厂或公司所制广播无线电收听器或附属品或零件等项",但前提是需要申请并在东北无线电监督处注册,在缴纳执照费和保证金并获取营业执照及标记后方可经营。《运销规则》对进口的无线电收听器材制订了较为详细的监管规则并对收听装置的配置有明确的要求。

《无线电广播条例》《装设广播无线电收听器规则》和《运销广播无线电收听器规则》这三项法规相辅相成、互相配合,很好地填补了先前广播管理方面只重视收听用户管控而欠缺对运销商和广播电台经营者等方面进行管控的不足,并且这三项规定伴随着东北无线电监督处在东三省乃至后来北方地区电信事业的建设而被引向全国,成为在一定范围内付诸实施的无线电广播法规。①

三、东北无线电监督处对天津官办电台的创建和监管

东北无线电监督处成立后,除了制订相应的法律规范来管控无线电广播事业外,还分别在天津和北京设立了广播无线电办事处筹划广播电台的建设事宜。实际上在这之前,时任民国北京政府交通部长的叶恭绰就曾在奉系军阀的支持下组建了"无线电广播公司"用以统筹京津两地广播无线电建设。② 东三省及京津等地兴建的多处广播电台也成为我国

---

① 赵玉明主编.中国广播电视通史[M].北京:中国广播影视出版社,2014:15.

② 吴梯青.有关北洋时期电信事业的几件事[M].中国人民政治协商会议全国委员会文史资料研究委员会编.文史资料选辑(第六十六辑).北京:中华书局,1979:158.

第一批自办的广播电台。

1927年5月15日,天津广播无线电台建成并开始播音。在其兴办及运营的过程中,处处可见东北无线电监督处和天津广播无线电办事处对其的管控和制约。

在建设过程中,天津广播无线电台利用了位于天津电话局南院中的通讯用无线电台。[①] 按照公署的指令,天津电话局须每日规定若干开放时间,在此期间空出京津长途电话线路供天津广播无线电台使用。"用原电力每日抽出数小时为广播之用。"[②] 电台竣工前,东北无线电监督处将电台收信处设置在天津一家有奉系军阀背景的东方时报馆内,并安排报务员进行新闻接收。电台投入使用后,收信处从报馆搬离,报务员亦被改派为天津电台收信处领班。[③]

在运营过程中,"镇威上将军公署"规定天津广播无线电台需暂时实施其先前设置的《装设广播无线电收听器规则》和《运销广播无线电收听器规则》。天津广播无线电台在日常工作中所需要的各种播音收音机件由东北无线电长途电话监督处负责提供;在天津运销无线电器材的商户亦需要向监督处注册并领取执照标记;天津听众若想收听天津广播无线电台的节目,需要首先向京津两地的广播无线电办事处进行申请注册并领取购机凭证,之后持凭证向"钉有东北无线电监督处所发执照标记的商行购买收音机,装好后还要再申请执照,由天津广播无线电办事处检验合格后发给执照并登记"[④]。在这一系列步骤完成之后,方可以收听。

---

① 这座电台是先前北洋政府计划在津建设广播电台使用的。吴梯青海外考察归国后,向政府建议对其进行改造,计划得到了"无线电广播公司"和"镇威上将军公署"的许可。

② 郑永良.中国无线电广播事业之经过及将来[J].兴华,1930(25):9.

③ 天津电信史料编辑组编.天津电信史料(第一辑)[M].天津:天津市邮电管理局资料,1990:56.

④ 天津地方志编修委员会办公室,天津市广播电视电影局,天津广播电视电影集团编著.天津通志·广播电视电影志 1924—2003[M].天津:天津社会科学院出版社,2004:77.

在人员设置方面,为了便于管理,天津广播无线电台的主要负责人均由天津电话局负责人担任。其中,电台主任为天津电话局局长耿勋、副主任为电话局副局长吴樾,"办事人员多由电台暨话局中遴选兼充,仅支车马,不另支薪"[①]。此外,镇威上将军公署规定由天津电话局收租员承担无线电收费工作,海关方面的无线电检查员也由天津广播电台派员兼任,监督无线电器材的进口。[②] 选派电话局负责人及电话局人员在天津广播无线电台中担任职务,一方面是出于便于管理的目的;另一方面,电台作为一种对电信技术极为依赖的新兴媒介,其对内部管理者的技术素养要求较高,"只有领导层能够正确认识广播,才能带领电台人员发展好广播"[③]。

在财政管理上,东北方面的奉系军阀张学良和杨宇霆为了表示对京津建立电台的支持,从东北拨款一万元用于两座广播电台的建设。[④] 这实际上属于政府拨款的一种形式,这使得天津电台在建立之初就被东北无线电监督处握紧了经济命脉。按照当时电台的运营成本计算,天津广播无线电台每月固定的运转费用大约在 1000 元上下[⑤],而这些费用除了先期的政府拨款外,主要是依靠收取听众执照费、运销商执照费以及电台自筹等方式支撑。当时的天津电台在最初开办的一年多时间里虽然没有播出广告,但"所有经费,系由电料商执照费、无线电料进口护照费及收音机装户缴纳费用内拨充,每月所征三项之款,约达四千元"。且天津电台偶尔还会向各商号提供收音机、大喇叭、蓄电池等收音器材并从中收取

---

①　天津电信史料编辑组编.天津电信史料(第一辑)[M].天津:天津市邮电管理局资料,1990:57.

②　天津地方志编修委员会办公室,天津市广播电视电影局,天津广播电视电影集团编著.天津通志·广播电视电影志 1924—2003[M].天津:天津社会科学院出版社,2004:78.

③　公萍.北洋政府时期广播管理研究[D].华东师范大学,2017:35.

④　吴梯青.有关北洋时期电信事业的几件事[M].中国人民政治协商会议全国委员会文史资料研究委员会编.文史资料选辑(第六十六辑).北京:中华书局,1979:158.

⑤　赵玉明,艾红红,刘书峰主编.新修地方志早期广播史料汇编(上)[M].北京:中国广播影视出版社,2016:208.

一定的租金。① 当时天津电话局的负责人员认为"收支两比,尚有余裕,倘能加以扩充,进益未可限量"②。

综上可知,在天津广播无线电台开办和经营的过程中,东北无线电监督处通过政策、人事及财政方面的多项措施牢牢地对电台进行着管控。这种管控一方面是由于天津电台作为官营电台必须在经营管理等大政方针上与政府保持高度一致;另一方面也说明了政府已经初步认识到了广播这种新兴传播媒介的重要作用并开始有计划地加以引导。

根据《中央广播无线电台年刊》统计,到1929年天津的广播收音机数量已达到了约3000台。③ 可以说天津的无线电广播事业正在蓬勃发展,虽然天津广播无线电台的收支两比尚有余裕,但由于长期以来天津电台位于电话局之内,与电话交换台等设备过于接近,造成干扰以致播音质量较差,影响了听众的收听意愿。这也成为天津广播无线电台后来停播的原因之一。④ 可见,民国北京政府虽然在天津电台的兴建和管理上颇费心思,但对于其长期发展并未展现出应有的远见。伴随着1928年北伐的结束,中国在形式上达成了统一,天津广播无线电台也因政权的更迭而走向没落。1928年6月国民党北伐结束,同年10月天津广播无线电台由民国南京政府行政院交通部派员接收并划归交通部管理。1933年10月,交通部责令天津广播无线电台改组为海岸电台,专供船舶通信使用。⑤

① 天津地方志编修委员会办公室,天津市广播电视电影局,天津广播电视电影集团编著.天津通志·广播电视电影志1924—2003[M].天津:天津社会科学院出版社,2004:79.

② 天津电信史料编辑组编.天津电信史料(第一辑)[M].天津:天津市邮电管理局资料,1990:57.

③ 赵玉明主编.中国广播电视通史[M].北京:中国广播影视出版社,2014:16.

④ 天津地方志编修委员会办公室,天津市广播电视电影局,天津广播电视电影集团编著.天津通志·广播电视电影志1924—2003[M].天津:天津社会科学院出版社,2004:79.

⑤ 中广研委会唐山课题组.华北沦陷区日伪广播史研究[J].中国广播,2005(12):56.

第二节　民国南京政府的
与时俱变管控

　　就在天津的无线电广播事业在奉系军阀的管控下从无到有逐渐发展起来的时候,民国北京政府却即将迎来自己的历史性终结。1928 年蒋介石领导国民革命军继续北伐并于 6 月 8 日占领北平。在此之前统治平津及直隶的奉系军阀张作霖在向东北撤退途中于皇姑屯被日本关东军炸死。随后的 12 月 29 日,张学良在东北通电宣布易帜,效忠南京政府,至此北伐战争结束,南京国民政府在形式上实现了全国范围的统一。

　　政权的更迭使刚刚发展起来的天津广播前途未卜。不过由于 1928 年 2 月蒋介石宣布中华民国进入了所谓"训政"时期,民国南京政府开始实行"依法治国"并组建中央法制委员会统筹管理监督各项社会事业,因而天津广播迎来了一段相对自由的发展时期,民营电台在各项法律规范的支持下迅速发展起来。但好景不长,随着日本对华侵略的步步逼近,民国南京政府对于有着重要国防战略意义的广播管控开始越发严格且苛刻。随着抗战军兴,天津的官办及商业电台在日寇的铁蹄下纷纷倒闭破产。抗战胜利后,国民党收复平津,在接管日伪广播电台的基础上重新恢复天津的广播事业。但此时的国民党已越发显现出反动本质,一方面大力扩张官办广播,另一方面通过各种措施政策重新为民营广播制订规划,确立方向。① 但这些措施严重挤占了民营电台的生存空间。伴随着解放战争形势的发展和国民党各项社会改革措施的连连失败,国民党在大陆的统治走向终结。而天津广播也在解放的炮火声中迎来了新生。

在民国南京政府执政时期,政府对广播事业的管控呈现出明显因时而变的态势。这种态势的出现,一方面是因为广播在 20 世纪 30 年代发展迅猛,另一方面也是因为抗日战争的爆发和后来解放战争等诸多复杂因素的影响。因此,本节对民国南京政府管控的分析将以七七事变为轴进行划分,分别讨论。

一、七七事变前天津广播管控的逐步趋紧

伴随着北伐军的节节胜利,民国南京政府统一中国的脚步越来越快。在北伐进程不断加快的同时,位于南京的国民党政府也在加快建设广播电台,以实现其与国民党中央通讯社和国民党《中央日报》三驾马车并行统领全国新闻宣传的目的。1928 年 8 月 1 日,国民党中央广播电台在南京建成并开始播音,此后"所有中央一切重要决议、宣传大纲以及通令通告等,统由本电台传播"②。

在国民党中央广播电台成立的同时,南京政府也开始在民国北京政府相关广播管控规则的基础上进一步细化规则,建立主管机构以配合其在全国范围内实施"训政",进而在经济、政治、军事、文化等诸方面"形成一党专政的政治体制"③。

---

① 艾红红.中国民营广播史[M].新北:花木兰文化出版社,2016:155.

② 中央宣传部中央广播无线电台通告第一号[N].中央日报,1928-8-1(2).

③ 艾红红.中国民营广播史[M].新北:花木兰文化出版社,2016:155.

（一）全国性管控机构的重叠设置

民国南京政府成立之初,为了统一管控全国上下的广播电台于 1928 年 7 月设立了无线电管理处,这个隶属于民国南京政府建设委员会的机构负责"管辖中国境内及国际间包括广播电台在内的全部无线电事业"①。其成立的初衷是为了将无线电这种重要的资源进行单独管理以便更好地应用。但这种初衷显然与当时的实际情况产生了冲突,因为在此之前全国范围内的无线电广播均由交通部管理,包括原民国北京政府管控的京津和直隶在内亦是如此。且在 1927 年 5 月,民国南京政府交通部在上海设立电政总局统管全国电话电报和无线电事业。

建设委员会无线电管理处成立后,迅速出台了管控全国广播无线电台的法律规章。1928 年 12 月 13 日,《广播无线电台条例》颁布。条例规定"广播电台由中华民国政府机关公众或私人团体或私人设立,但事前须经民国南京政府建设委员会无线电管理处之特许"。"凡公众团体或公司或私人之欲设立广播电台者,应备文向无线电管理处请求核准。"②这样的规定显然与交通部的管辖职权相冲突,这便导致了交通部与无线电管理处之间矛盾冲突的出现。而民国南京政府在一方面建立新的管控机构电信管理处的同时,却没有剥夺交通部原来的管理资质。交通部组织法第六条"电政司掌管全国电报电话无线电"的规定仍然合法有效。③这让夹在二者中间的全国各地方电台,无论官办商营均显得不知所措。

在这段时期中,交通部与电信管理处在究竟由谁管理的问题上形成了尖锐的冲突,双方互不相让。交通部指责电信管理处:"阳以建设之

---

① 艾红红.中国民营广播史[M].新北:花木兰文化出版社,2016:38.

② 建设委员会颁布中华民国广播无线电台条例[M]//上海市档案馆,北京广播学院,上海市广播电视局编.旧中国的上海广播事业.北京:档案出版社;北京:中国广播电视出版社,1985:173.

③ 艾红红.中国民营广播史[M].新北:花木兰文化出版社,2016:39.

名,阴做破坏之事,紊乱系统,争夺权利……驯至国家营业,被其摧残,交通专权,骤见分裂。"①面对二者日益升级的冲突和矛盾,国民党最终在其三届二次会议上以"法律基础模糊,难以鉴定,人事关系纷杂,无线电技术不完善,并与数万有线电人员的生计相关"②为由,剥夺了电信管理处对无线电的管控权利,规定无线电事业仍归由交通部管理,并从 1929 年 8 月 1 日起移交。8 月 5 日,民国南京政府公布《电信条例》规定:"凡装设电信实业(包括有线电、无线电通信在内)皆须经交通部或其委托的机关核准。"③就这样,广播电台的管理权又重新回到了交通部的手中。

在这次事件中,交通部和电信管理处各自为政,互相指责,在很大程度上影响了刚刚统一后全国无线电广播事业的进一步发展。虽然问题得到了暂时解决,但是民国南京政府依旧热衷于进一步加强对广播事业的管控。1931 年国民党召开会议通过了《改进宣传方略案》和《改进中央党部组织案》,规定广播电台由之前隶属于中央宣传部转而独立,直属常务委员会。④ 一年后中央广播无线电台管理处成立(1936 年后改称中央广播事业管理处,以下简称"中广处"),中广处成立后,除了直接负责国民党中央广播电台的日常运营外,还在多地管辖地方电台。

(二)在混乱管控中衰落的天津广播无线电台

七七事变爆发前,由于国家经济的相对稳定以及民国南京政府对广播事业的高度重视,全国多地兴办起了一批地方性电台。官办电台在此时期中呈现出较好的发展态势,但同时管控上的新问题也开始出现。

---

① 江西全省同人电[M]//艾红红.中国民营广播史.新北:花木兰文化出版社,2016:39.

② 张云燕.论 1928—1929 年国民政府建委会的无线电管理[J].河北大学学报(哲学社会科学版),2006(6):109.

③ 赵玉明主编.中国广播电视通史[M].北京:中国广播影视出版社,2014:32.

④ 赵玉明主编.中国广播电视通史[M].北京:中国广播影视出版社,2014:19.

中广处成立后,全国上下形成了复杂的广播电台管控体系,包括交通部、中广处和部分省市地方政府以及国民党地方党部都有旗下管辖的广播电台。其中中广处管理福州台、河北台、西安台、南昌台、汉口台和南京台;交通部则管辖北平台、上海台及成都台;地方政府主管的电台则包括浙江省广播电台、山西省广播电台以及云南、四川、山东、广西、福建、河南、江苏等省的广播电台和上海、广州两地的市政府广播电台;此外江苏武进及浙江嘉兴的国民党党部也建立了电台。① 一时间,全国各地电台纷纷如雨后春笋般建立,但中广处、交通部以及各地方政府和党部的复杂管控关系交织在一起,使得全国广播事业发展虽表面上红红火火,但却因为机构冗繁而无法形成合力,这也为后来国民党对全国广播电台在播放内容及播出时间等方面的进一步严格管控埋下了伏笔。而天津广播无线电台的多舛命运就是这种机构冗繁,互相掣肘现象危害的最集中体现。

在民国北京政府管控时期,天津广播无线电台归属东北无线电监督处下属的天津广播无线电办事处管理。1928 年 6 月国民党北伐占领京津后,同年 10 月天津广播无线电台由民国南京政府行政院交通部派员接收并划归交通部管理,此后交通部在天津设立"广播无线电话局"管理天津广播无线电台。但由于平津政局突变,该台又短暂地由国民党平津卫戍总司令部管辖。民国十八年(1929 年)8 月 18 日,因"卫戍总部缩小,不便统辖,按二中全会决议,属市公用事业,由市政府监理"②,天津广播无线电话局又更名为"天津特别市广播无线电话局"。但仅仅 5 天后,交通部发布训令"津台方面因借口无线电管辖问题尚未解决抗不交代,现在建会无线电台既经本部完全接收津台事同一律亟应派员接管"③。

在短短的一年多时间里,天津广播无线电台的管理和归属权就数易其主,而这期间电台的播音质量却被完全忽略。在《谈广播无线电》一文

---

① 赵玉明主编.中国广播电视通史[M].北京:中国广播影视出版社,2014:21.

② 广播电台由市府接办[N].大公报,1929-8-18(11).

③ 令无线电管理处派人接收天津广播无线电台[J].交通公报,1929(73):4.

中,金声论及天津广播无线电台时表示"仍旧死气沉沉,毫无改良之处,岂大人先生们无暇及此耶?"①在另一篇《广播无线电听众不及从前起劲》的文章中则表示"讲到天津的无线电事业,在前几年很有积极向上的态势,当也可以说是一种狂热……不幸这种无线电的狂热,近来似乎已经慢慢地消沉下去……近来的听户比以前两年来减少得很多,并不见得增加"且"他们并不会替听户设想,怎样的增加些新鲜的节目,而且放送的时候,嘈杂的声浪比起音乐戏曲来得热闹"。至于原因,文章认为"这多半是广播电台归官办,电台也渐渐的衙门化,所谓放送不过是照例的公事而已"②。可见在管理权频频易手的情况下,天津广播无线电台仅能维持正常播音,而提升质量或改进设备根本无从谈起。③ 这样艰难维持的情形一直持续到1933年,由于长期资金不足且设备老化,天津广播电台多次以设备故障需要维修为理由发放启事暂停播音。最终在10月20日,电台在《大公报》上发布了一条紧要启事,声明奉交通部指令撤销并于当日起停止放送。④

(三)民营电台管控逐步缩紧

建设委员会无线电管理处建立后,虽然与交通部在管理职能和机构设置等方面产生了重叠,但是于1928年12月13日出台的《广播无线电台条例》却为随后中国民营广播电台在各地的蓬勃发展奠定了基础。

《条例》将全国电台分为两类,甲类为经费完全自给,不再向听户征收听费者;乙种电台则以营业为目的,须向本地有收音机执照的听户征收听费者。条例规定乙种电台每地限设一台。同时,条例还明确规定广播

---

① 金声.谈广播无线电[N].大公报,1928-12-16(11).
② 广播无线电听户不及从前起劲[N].大公报,1930-6-20(7).
③ 1929年9月天津特别市政府曾欲装设广播无线电台,仅有预备金3000元,但实际却需4万元。
④ 交通部天津广播电台紧要启事[N].大公报,1933-10-20(10).

电台由中华民国政府机关公众或私人团体或私人设立,但事前须经民国南京政府建设委员会无线电管理处之特许。①

《广播无线电台条例》的出台为民营电台提供了生存的可能。在此之前,广播电台一直是由官方经营,民国北京政府出于军事外交等多方因素的考量一直拒绝由民间自办电台。而这项条例的出台无疑为民营电台松开了手脚,同时对于营业性电台每地限设一台的决定,也最大限度地避免了官办电台与民营电台之间可能产生的矛盾和冲突。虽然条例中还包括诸如严格限制广播电台业务范围、不得拒播政府紧急事件、无线电管理处稽查员可随时进入广播电台进行检查等规定显现出"限制民营电台权利,而对政府权责范围界定又较为笼统",并会"为政府管理者随意处置民营电台提供依据"②,但《条例》的推出却"体现了政府欲以法制手段管理广播事业的初衷"③。

虽然在 1929 年 8 月,交通部又重新恢复了对全国无线电广播事业的管控,但由交通部无线电报话管理处制订的《电台机器装设及使用暂行章程》和《广播无线电话收听机装设及使用暂行章程》却将对民营电台的支持保留了下来。

在《电台机器装设及使用暂行章程》中说明"凡完全华商之公司或制造工厂,资本在二十万元以上设立广播无线电台以供广播之用者,其装设及使用均依本章程之规定"④。而在《广播无线电话收听机装设及使用暂行章程》中也对广播听户做出了明确的规定"装设收听机者为中国人民时,应开具姓名、籍贯、年龄、职业、住址并取具殷实铺保,呈请交通部注

---

① 建设委员会颁布中华民国广播无线电台条例[M]//上海市档案馆,北京广播学院,上海市广播电视局编.旧中国的上海广播事业.北京:档案出版社;北京:中国广播电视出版社,1985:173.

② 艾红红.中国民营广播史[M].新北:花木兰文化出版社,2016:39.

③ 艾红红.中国民营广播史[M].新北:花木兰文化出版社,2016:39.

④ 交通部无线电报话管理处拟定广播无线电台机器装设及使用暂行章程[M]//上海市档案馆,北京广播学院,上海市广播电视局编.旧中国的上海广播事业.北京:档案出版社;北京:中国广播电视出版社,1985:176.

册,核发执照及注册证""外国人民应开具姓名、国籍、年龄、职业、住址并取具该馆领事证明书,呈请交通部注册,核发执照及注册证"①。

1932 年 11 月,交通部国际电信局出台了《民营广播电台暂行取缔规则》更加明确地对民营电台的设置和取缔进行了规范。其中包括:

> 凡中华民国之公民,完全华商之公司,经在国民政府立案之学校、团体或其他合法之组织,得在中国境内设立广播电台,但须呈由交通部领得许可证后始得装置。非完全华商之公司及非完全华人国籍之团体,须经在国民政府注册领有注册证书者,始得请领许可证在中国境内设立广播电台。
>
> 广播电台之执照不得移转、顶替或租让。
>
> 广播电台之呼号须由交通部指定之。
>
> 广播电台之业务以公益演讲;新闻报告(必要时交通部得以制止);音乐、歌曲及其他节目;商业报告为限。
>
> 广播电台不得扰乱或妨害国有海陆空及公众通讯电台之业务;不得不服从交通部所派检查员之指导与监督;不得播送不真确之消息或新闻;不得与任何一电台之叫通有类如通报情事;不得传递私人信息;不得播送危害治安或有伤风化之一切言论、消息、歌曲、文词;不得扰乱其他广播电台的播音。
>
> 违反本规则之任何一条者,交通部得按其情节之轻重予以停止播音、取消执照、没收机件及处以五十元以上、二千元以下之罚金。②

---

① 交通部无线电报话管理处拟定广播无线电台机器装设及使用暂行章程[M]//上海市档案馆,北京广播学院,上海市广播电视局编.旧中国的上海广播事业.北京:档案出版社;北京:中国广播电视出版社,1985:179.

② 交通部国际电信局为抄送民营广播电台暂行取缔规则致工部局公函[M]//上海市档案馆,北京广播学院,上海市广播电视局编.旧中国的上海广播事业.北京:档案出版社;北京:中国广播电视出版社,1985:185.

《暂行取缔规则》的出台,使得想要设立民营广播电台的公私团体和个人更加跃跃欲试。从 1934 年起,天津多个公私团体以及包括知名报人刘髯公在内的众多个人纷纷申请设立广播电台,一时间天津的民营广播电台如火如荼地发展起来。

天津的民营广播电台以教育性电台、宗教性电台和商业性电台为主。[①] 这些电台在播出内容管理等方面均隶属于管理全市社会福利、社团与工商登记、地方自治、劳工、农业经济和文化事业等事项的天津社会局。在众多民营电台中,最具代表性的就属于以仁昌、中华、青年会和东方等为代表的"四大电台"。

民营广播电台的兴旺,为天津广播在 20 世纪 30 年代的大发展带来了契机。当时听众对广播的态度可以用痴迷来形容,甚至出现了诸如"那群人们都在痴痴地望着无线电收音机,在发呆地听着微妙的歌声"这样的情景,更有甚者一家装有收音机的商店竟在木匣子上张贴了一张"听众里站,留神电车"的纸条。[②] 据 1936 年 3 月南京中广处调查数字显示,当时全国登记在案的收音机用户已超过七万余户。[③]

但民营电台的发达也带来了新的问题,听众们只关注"曼妙的歌声动听的音乐",而"广播电台播送讲演或者关系文化的节目之时,人们渐渐的散了……引不起人们的兴趣来"[④]。此外,一些民营电台为了吸引听众,"广播那些淫词污曲"[⑤]"但见凝脂之红唇,敲传令人魂销之软语;或驼背之老夫,正述荒诞不经之故事"[⑥]。电台节目质量的低下和内容的庸俗引起了广泛的批评,报纸上甚至刊发了请求电台在孙中山先生逝世纪念

---

① 天津地方志编修委员会办公室,天津市广播电视电影局,天津广播电视电影集团编著.天津通志·广播电视电影志 1924—2003[M].天津:天津社会科学院出版社,2004:80.

② 梦塘.期望本市当局取缔闹事播音[N].大公报,1935-2-15(16).

③ 交部整顿广播事业[N].大公报,1936-3-6(4).

④ 梦塘.期望本市当局取缔闹事播音[N].大公报,1935-2-15(16).

⑤ 现代家庭怎样利用无线电[N].大公报,1936-6-21(12).

⑥ 徐韦立.实施广播无线电之统制[N].大公报,1936-10-10(11).

日当天停止播放游艺节目,请几位名人演讲一些先总理伟大事迹的消息。①

除此之外,一些民营电台为了扩大影响,提升收音质量和范围,自行扩充电台功率。仁昌电台就曾于 1935 年 12 月 5 日发布告示,为增加播音广告效率准备将功率扩充至 200 瓦特。②

一方面是为了制止在快速发展中出现的种种野蛮生长乱象,另一方面也为了加强对广播电台管控以应对日益紧迫和危急的社会问题和日寇侵略,国民党于 1936 年 2 月由中广处、宣传部、交通部、教育部和内政部等多个部门联合成立了"国民党中央执行委员会广播事业指导委员会",其主要任务在于"为谋广播事业之统一运用,整齐其步伐,健全其组织。"③指导委员会成立后,迅速出台一系列政策开始对全国范围内的广播电台加以管控。先是以"防止发生电波互扰情事,整理困难,殊足以妨碍整个广播事业之发展"为由禁止全国范围内的民营电台增加功率④;其后又责令上海国际电信局和天津、杭州等地的电报局添购收音机对广播电台的节目进行察听。在当年 4 月,指导委员会会同交通部向全国各省市政府广播电台及在交通部登记备案的民营广播电台发布命令,要求从 20 日开始每日 20:00 至 21:05 除星期日外一律须转播中央广播的六项节目,包括简明新闻、时事述评、名人演讲、学术演讲、话剧、音乐。并规定若电台没有转播设备则需在该时段停播。⑤

在两项专门措施出台后,1936 年 10 月 28 日,由指导委员会制订并由交通部颁布的《指导全国广播电台播送节目办法》出台,《播送办法》从节目编排、节目内容、播送时间等三个方面对电台的播出进行了严格的管

---

① 玫.写给广播电台[N].大公报,1935-3-11(16).
② 仁昌广播电台暂停播音[N].大公报,1935-12-5(11).
③ 吴保丰.十年来的中国广播事业[M]//赵玉明主编.中国广播电视通史.北京:中国广播影视出版社,2014:33.
④ 艾红红.中国民营广播史[M].新北:花木兰文化出版社,2016:39.
⑤ 全市广播电台转播中央台节目[N].大公报,1936-4-15(6).

控。在编排方面,办法规定各电台需要将节目播出计划、节目标题、内容及担任人员和节目时间表提前送呈广播事业指导委员会。在内容方面,办法规定公营电台节目以宣传教育为主,民营电台中相关节目不得少于40%,娱乐节目不得超过60%且包含不超过娱乐节目总量三分之一的广告;宣传、教育、演讲类节目需用国语播出;不得播送有干禁例或偏激言论、诲淫诲盗、迷信荒诞之故事及歌曲唱词。① 一年后,广播事业指导委员会又在《播送办法》的基础上相继出台了包括《暂定民营电台播音节目时间标准表及说明》《播音节目内容播查标准》《民营广播电台违背〈指导全国广播电台播送节目办法〉处分简则》等一系列更加详尽且复杂的管控制度。②

除了要应付广播指导委员会和交通部铺天盖地的各种法规和制度,天津民营电台此时还要面对若干地方性法规的管理和限制。如1935年交通部电令全国各地民营广播电台在节目中取缔"淫词邪曲"并安排时间播送宣传"党义"等教育类节目,天津市社会局和电报局根据交通部相关命令先后多次对电台播出内容及时间进行了限制。无独有偶,从1936年7月开始,天津特别市社会局先后发布命令要求民营电台禁止播出河南坠子、评剧以及中华落子馆的戏曲节目,并规定每晚7点至10点不得播放低级趣味节目且每晚12点以后停止播音。③

为了最大限度地在交通部、社会局命令与商业利益之间寻求平衡,天津的四大民营电台一方面遵行交通部制订的相关规定,将播出计划及内容等按时上交,另一方面又适时新增教育节目,降低肤浅娱乐节目的比重,同时他们也采取了一些措施与社会局等主管部门进行协调,商量沟

---

① 交通部公布指导全国广播电台播送节目办法[M]//上海市档案馆,北京广播学院,上海市广播电视局编.旧中国的上海广播事业.北京:档案出版社;北京:中国广播电视出版社,1985:227.

② 艾红红.中国民营广播史[M].新北:花木兰文化出版社,2016:39.

③ 周启万.解放前天津的广播电台[J].现代传播——中国传媒大学学报,1985(01):73.

通。诸如经过与社会局沟通,四大电台在转播南京中央台节目方面采取了每周一台转播并由四台轮流交替的灵活方式进行播出。①

民国南京政府在 20 世纪 30 年代的广播立法及管控措施呈现出明显的前松后紧状况。虽然较之民国北京政府时期,这种"从广播传输端一直到接收端全部立法"②的管控形式有着明显的进步性,既符合了国民党寻求"训政"、依法治国的原则,同时也为民营电台的发展划出了明确的生存和成长空间。但同时也应看到,30 年代后期,特别是七七事变爆发前的一两年间,民国南京政府频繁出台各种管控措施对全国电台进行"规驯",不仅严重打击了电台的自主性,也极大地消耗了人力物力和行政资源。而由于当时的民营电台多处于租界当中,一些地区也出现了"政令不出交通部"的情况。这其中以对外商电台的禁令最为明显。

早在 1932 年交通部颁发的《民营广播无线电台暂行取缔规则》中就明确提出外国人在华兴办电台需经过民国南京政府注册并领取许可证。且在此后特别是 1936 年后,伴随着日本对华侵略的步步加深,民国南京政府加紧对外商电台进行处置。1936 年 9 月 3 日,中央广播事业指导委员会决定收回及撤销外国人在中国境内所设广播电台以杜隐患;一年后的《广播教育实施办法》中又再次强调"绝对禁止外国人在中国境内设立广播电台"③。但此时在天津日租界内,日本殖民当局将民国南京政府的禁令置若罔闻,建立了公会堂广播电台并公开转播东京台日语节目,这座电台也成为天津沦陷期间日伪当局在天津设立的第一个广播电台。

---

① 天津地方志编修委员会办公室,天津市广播电视电影局,天津广播电视电影集团编著. 天津通志·广播电视电影志 1924—2003[M]. 天津:天津社会科学院出版社,2004:80.

② 艾红红. 中国民营广播史[M]. 新北:花木兰文化出版社,2016:42.

③ 广播教育实施办法[J]. 广播周报,1937(134):22.

二、抗战胜利后天津广播管控的集权专制

抗战胜利后,面对满目疮痍,重建国家是摆在政府面前最急迫的任务。在沦陷期间被日寇占据并被利用做战争殖民工具的广播电台同样需要政府对其进行收复和重建。但此时的国民党政府一心独霸广播事业,他们一方面通过大量接收沦陷区敌伪广播电台和扩张官办电台重建"广播统制",另一方面又通过各种条例制度对民营电台的复建和发展进行规驯,妄图将民营电台纳入其专政体系。可以说,在1945年到1949年这短短的数年时间中,国统区的广播事业经历了从收复到重建,从短暂复苏到膨胀崩溃,最终走向新生的跌宕命运。

(一)接管日伪广播电台

日本投降后,国民党政府迅速展开了对原日伪控制地区电台的接收工作。中央广播电台曾通过广播电告日伪广播电台的人员保管好机件器材,听候政府派员"接收"[1]。面对当时遍布东北、华北、华东、华中等地的大范围收复区,国民党政府为了独占这些日伪广播资源,迅速由中央广播事业管理处拟定了《广播复员紧急措施办法》,随后又在9月20日发布了由行政院颁布的《管理收复区报纸通讯社杂志电影广播事业暂行办法》。在这项指导对敌伪新闻宣传事业进行收复的办法中规定:"敌伪机关或私人经营之报纸、通讯社、杂志及电影制片厂、广播事业一律查封,其财产由宣传部会同当地政府接受管理。"[2]同时为了显示"公正",办法还明确强调:"其中原属未附逆之私人及非敌国人民财产而由敌伪占用者,经查

---

① 赵玉明主编. 中国广播电视通史[M].北京:中国广播影视出版社,2014:82.

② 赵玉明主编. 中国广播电视通史[M].北京:中国广播影视出版社,2014:82.

明确实,并经中央核准后得予归还。"①在此基础上,"收复区全国性事业接收委员会"出台了更加细致的所谓"广播事业接收三原则"规定了各种类型电台的具体接收机构,主要内容包括:

> 1. 凡广播电台原系国营或者敌伪设立者,由中央广播事业管理处接管运用;
> 2. 凡广播电台原系省(市)经营者,由各省(市)政府接管运用;
> 3. 凡广播电台原系民营者,暂由中央广播事业管理处会同原主接收。②

在相关办法和原则发布后,国民党开始对包括华北地区在内的全国各收复区广播电台进行接收。中广处总工程师兼国际广播电台台长冯简被任命为特派员主持北方多地的广播电台接收工作。

在天津,国民党派员对原日伪天津广播电台和伪天津广播电台特殊电台进行了接收。1945年8月24日,民国南京政府政务院给天津市政府发布训令,要求天津特别市政府对两家电台进行统一接收,并要求两台各派一到二名原工作人员随同政府进行接收工作。③ 但此时的天津特别市政府并没有余力派员接收电台,这种情况下,在日本投降后被国民党政府收编为所谓"华北先遣军"的原日伪治安军控制了天津广播电台并安排台内留守人员转播南京中央台节目。10月1日美军在天津登陆后也曾短暂控制电台。④ 此后,国民党中宣部部长吴国桢又向天津特别市政府发函表示,中广处已经委派接收专员黄念祖到平津等多地对敌伪电台进

---

① 赵玉明主编. 中国广播电视通史[M].北京:中国广播影视出版社,2014:82.
② 赵玉明主编. 中国广播电视通史[M].北京:中国广播影视出版社,2014:83.
③ 天津市档案馆档案[Z].401206800-J0002-2-000658-001.
④ 周启万.解放前天津的广播电台[J].现代传播——中国传媒大学学报,1985(01):75.

行接收,要求天津市政府予以配合。①

　　根据"广播事业接收三原则",伪天津广播电台被中广处接收改名为中央广播事业管理处天津广播电台(简称天津广播电台),接收专员黄念祖被任命为天津广播电台台长。后黄又被任命为北平电台台长,最终天津广播电台由孙国珍代行台长职责并于 10 月 21 日正式就职。② 1946 年 10 月 31 日,历时一年多的平津地区广播电台接收工作以接收专员办事处任务结束而告一段落。在此期间,天津广播电台先后由所谓"华北先遣军"、美海军陆战队和中广处管控,而就在中广处接收的过程中,还出现了刚刚任命台长又被迅速调往他处的情况。这种混乱的接收局面从一个侧面显现了当时国民党在全国范围内接收电台的乱象。

　　据统计,从 1945 年 8 月到 1946 年 5 月期间,国民党在全国范围内共接收日伪电台 21 座,广播发射机 41 部,总发射功率达到 274 千瓦。除了东北地区的部分电台和张家口、烟台两处电台被中国共产党接收外,东北、华北、华东、华中等地的大部分电台都被国民党所控制。③ 而接收过程中,国民党当局各派系以及地方政府出于自己的利益考虑,互相扯皮分赃不均的现象屡禁不止,"相关机关之间函电交驰、案牍盈尺,殊费周折"④。

(二)重构党营广播体系

　　民国南京政府交通部一方面在混乱中对全国电台进行接收管控,另一方面又开始重新制订管制政策,企图恢复和发展其在 20 世纪 30 年代所设立的广播统制政策。1946 年 2 月,交通部公布了《广播无线电台设

①　天津市档案馆档案[Z].401206800-J0002-2-000782-007.
②　天津市档案馆档案[Z].401206800-J0025-2-002728-014.
③　赵玉明主编.中国广播电视通史[M].北京:中国广播影视出版社,2014:82.
④　艾红红.中国民营广播史[M].新北:花木兰文化出版社,2016:42.

置规则》(此后经过了五次修正),此项规则成为本时期指导全国广播电台建设和运营的基础。其主要内容包括:

> 凡中华民国政府机关所办广播电台,除交通部所办者系属国营电台外,其余均称为公营广播电台。
>
> 凡中华民国公民或正式立案完全华人组织设置之公司、厂商、学校、团体所设广播电台,均称为民营广播电台。
>
> 凡外籍机关人民、非完全华人组织设置的公司、厂商、学校、团体,一律不准在中国境内设立广播电台。
>
> 凡欲设立广播电台者,需填具申请书登记表,并叙明申请人情况、设台目的、电台名称、组织概算及经费来源、发射机和播音室情况,送请交通部审核通过后方可架设。
>
> 凡公营广播电台,如系地方政府所设者,应以供所辖区域内公众收听为目标的,其电力以100—5000瓦特为限;民营广播电台应以所在市县内公众收听为目标的,其电力为50—500瓦特为限。
>
> 电台之分布,每省不得超过10座,并以散布各市县为原则;特别市除上海市不得超过10座外,其余每市不得超过6座。民营广播电台在上列各项数字中不得超过半数。[1]

《设置规则》的出台,成为本时期国民党管控广播电台的一个风向标,虽然规则制止了外商在华创办电台是一个巨大进步,但规则中的诸多以权谋利、倚强凌弱的条款还是为后来广播电台发展中出现的诸多乱象埋下了祸根。首先,国营公营电台的区分虽然较之从前一律称之为"官办"的电台划分模式更加具体且明细,但国民党官办广播事业的主要部

---

[1] 中央广播事业管理处为抄发广播电台设置规则致上海广播电台函[M]//上海市档案馆,北京广播学院,上海市广播电视局编.旧中国的上海广播事业.北京:档案出版社;北京:中国广播电视出版社,1985:568.

分实际上都是国民党的党营广播事业。① 其次，对电台数量和电力的管控过于严格，且分配给民营电台的数量和电力都与其实际需要严重不符，这也导致了后来全国多地非法电台频出，政府顾此失彼，疲于应付。

对民营电台严格的管控和明显偏袒于党营电台的各项政策均表现了国民党当局在本时期妄图独霸中国广播事业的意图。中广处在本时期内根据蒋介石的指示制订一系列措施，并成立了"中央广播电台扩充工程处"，企图"建立庞大而周密的全国广播网"。到1947年底，这项计划初见成效，中广处在全国范围内管控的电台已达42座，发射总功率达到了423千瓦，全国收音机数量约达到了100万架。②

天津在收到了交通部部长俞飞鹏发来的《为广播电台设置规则事致天津市政府的公函》③后，也开始着手对天津的广播事业，特别是天津广播电台进行扩张和改革。经过改革后的天津广播电台已经成为拥有第一广播、第二广播、第三广播和第四广播四套节目，每天平均播音10—14个小时，最大发射功率达到500瓦的大型国营电台。④

（三）限制民营电台复建

与大规模扩展并形成全国广播网络的国民党党营电台相比，民营电台的命运可以用所谓"回光返照"来形容。一方面，在抗战胜利后，民营广播电台展现出了比官办电台更加迫切的复播愿望。以上海为例，1945年被民国政府接收后一些民营电台在未经允许的情况下便开始播音，而

---

① 赵玉明主编.中国广播电视通史[M].北京:中国广播影视出版社,2014:150.
② 赵玉明主编.中国广播电视通史[M].北京:中国广播影视出版社,2014:84.
③ 天津市档案馆档案[Z].401206800-J0002-2-000782-005
④ 天津地方志编修委员会办公室,天津市广播电视电影局,天津广播电视电影集团编著.天津通志·广播电视电影志1924—2003[M].天津:天津社会科学院出版社,2004:79.

直到 1946 年 3 月上海重新允许民营电台登记时，提出申请的多达 106 家。[①]

本时期的上海只是民营电台积极复播的一个缩影。包括北平、无锡、苏州、南京、杭州、宁波、嘉兴、温州、湖州、绍兴、重庆、昆明、武汉、沈阳、青岛、南昌等地陆续重建或新建起一批民营电台。但民国南京政府交通部于 1946 年 2 月公布的《广播无线电台设置规则》却给这些准备在战后重塑辉煌的民营电台以沉重的打击，设置规则中对于党营电台的宽松扶持以及对民营电台的处处打压限制使得民营电台在本时期的发展从一开始就笼罩了一层阴影。

作为 20 世纪 30 年代全国民营电台发达程度仅次于上海的城市，抗战胜利后的天津民营电台也在重新恢复。但与上海不同，天津民营广播电台虽有所复苏，但其中却略显苦涩。

第一，申请期限短促。与上海 1946 年 3 月恢复民营电台登记申请不同，天津民营电台恢复申请时间较晚。现有资料显示，天津的民营广播电台在 1946 年 11 月和 12 月期间集中出现，而根据 1946 年 11 月 25 日《大公报》上刊载的一条天津电信局津机字第 3168 号公告显示，天津电信局奉电信总局转交通部规定，民营电台的设置申请于当年 11 月底截止。[②]根据天津特别市政府接收到的平津区广播电台接收专员办事处公函显示，直到 1946 年 10 月 31 日接收专员办事处任务才告一段落。照此推断，天津民营广播开始申请的期限应就在 1946 年 11 月前后，且为时很短。这种情况不仅迟于上海，甚至也远在苏州、无锡、南京等城市之后。同时，由于申请期限较短，先行播出的只有华声广播电台、中国广播电台、

---

① 艾红红.中国民营广播史[M].新北:花木兰文化出版社,2016:166.
② 交通部天津电信局为截止接收声请设置民营广播电台公告[N].大公报,1946-11-25(4).

中行广播电台以及世界新闻社广播电台和友声广播电台五座。^① 而这些电台均在未将执照手续办理妥当的情况下先行播音。

第二，生存空间狭小。本时期众多民营电台虽然都标榜其民间身份，但其背后却与国民党从中央到地方众多部门有着千丝万缕的联系。在20世纪30年代于天津创办的首家民营广播电台仁昌广播电台在本时期内亦申请重建播出，但竟未能获得批准。^② 而在1946年到1949年的数年间，天津有超过20家商号提出开设电台的申请却均未获批准。^③ 这说明在当时复杂的情况下，民营电台所面对的生存空间早已不是十年前的状况。加之《设置规则》等条款的出台对民营电台的设立、电力和数量等都有着非常严格的管控，致使民营电台的开设遭遇了空前的困难。在这种情况下，一些民营电台中便"出现了官商勾结，彼此渗透的现象。民营电台借此寻找政治靠山，政治权力则顺势渗透到了民营广播领地"^④。

第三，电台背景复杂。在天津众多的所谓民营电台中，没有一个是"清清白白"的，其背后或多或少都有国民党成分的参与，"名曰商业广播电台，但多是以商业电台的名义为掩护，而为特务组织搜集情报和进行其他的罪恶活动"^⑤。这一点得到了当时天津市政府文件的确认，在1947年1月31日天津市政府《管理民营广播电台会议记录》中显示，"现在津市广播电台逐渐增加，计有友声、华声、中国、中行、世界新闻五台已经播音。尚有宇宙、青联两家即要播音，但经调查各电台均未取得合法手续。

---

① 世界新闻社广播电台曾因手续办理不齐而被交通部下令取缔，但国民政府北平行辕暂准其继续播音，后被天津市政府收购，改为文化广播电台。

② 天津地方志编修委员会办公室，天津市广播电视电影局，天津广播电视电影集团编著. 天津通志·广播电视电影志 1924—2003［M］. 天津：天津社会科学院出版社，2004：87.

③ 天津地方志编修委员会办公室，天津市广播电视电影局，天津广播电视电影集团编著. 天津通志·广播电视电影志 1924—2003［M］. 天津：天津社会科学院出版社，2004：87.

④ 艾红红. 中国民营广播史［M］. 新北：花木兰文化出版社，2016：174.

⑤ 王木. 华声广播电台及其背景［J］. 天津广播电视史料，1993（2）：13.

似未经许可应不准其营业,但经核查各电台内幕多有其立场任务及背景"①。以当时天津民营电台中功率最大、设备最全、收听率最高的华声广播电台为例,其机器安装和管理由时任天津警备司令部稽查处电台台长负责,与很多国民党军统电台都有密切联系,是军统分子直接控制的电台。② 而世界新闻社广播电台背后则是国民党中统势力的资助。③

由于在申请期间及申请期结束后天津有多家民营电台提出申请或直接开始播音,为此民国南京政府北平行辕于 1946 年 12 月 4 日发布通告,要求天津各家民营电台在办理相关登记手续并拿到执照前不准装置播音设备并试验播出。④ 为了整肃天津民营广播电台秩序,同时在一定程度上保持民营电台的稳定恢复,1947 年 1 月 16 日天津市政府秘书处曾提出了《民营广播电台管理要则》⑤,其中主要内容包括:

1. 在电台呈请交通部查验给照期间如欲先行播音,市政府需酌事实批复;

2. 电台取得交通部执照后方可登记,播音内容由社会局负责检查,如有违反《设置规则》则必须予以取缔,由市政府协同警察局负责执行;

3. 呈请设置的电台若超过规定数目,天津市政府得向行政院申请变通。

这项要则的提出目的在于为当时天津民营广播事业的发展和恢复留出一定的时间,同时也为今后设置更多的民营电台留出空间。但提案在

---

① 天津市档案馆档案[Z].401206800-J0002-2-000583-040.
② 王木.华声广播电台及其背景[J].天津广播电视史料,1993(2):13.
③ 王木.世界电台的内幕[J].天津广播电视史料,1993(2):15.
④ 国民政府主席北平行辕通告[N].大公报,1946-12-4(1).
⑤ 天津市档案馆档案[Z].401206800-J0002-000583-020.

1947 年 1 月 31 日的"管理民营广播电台会议"中并未能获得通过。2 月 13 日,交通部天津电信局发布命令,由社会局、电信局对天津民营广播电台开业情况进行调查,未依照法规进行登记的全部予以取缔;同时要求天津市各部门官员不准参加未经核准的电台举办的开幕仪式并不准去该电台广播。① 2 月 25 日,天津警备司令部发布命令不再接受民营电台的申请,未经呈报的电台需停止筹设并撤除机件。②

在这种情况下,原本寄希望于能够暂时播音且拿到更多注册资格的民营电台希望落空。到 1949 年天津解放时,根据《广播无线电台设置规则》,天津仅有中国、华声和中行三家广播电台获得了交通部的批准领取了合法执照,而其他众多电台均处于非法播出、朝不保夕的情况下。③

(四)国民党广播管控的最后疯狂

国民党政府挑起内战,但随着战事的发展其接连遭受惨重失败。与战场上的节节败退相呼应的,是国民党政府在国统区经济和社会政策的连续破产,社会矛盾加剧,阶级对立严重,经济全面瓦解……这些都使得国民党统治后期国统区的百姓民不聊生。特别是伴随三大战役的相继打响,国民党政权在大陆的统治行将走向终结,而在这段时间,他们对广播电台的统制和管控迎来了最后的疯狂。

虽然在 1947 年 4 月中央广播事业管理处废止了收音机收费制度,在一定程度上提升了全国范围内听众的数量和收音机的拥有量,但好景不长,随着国民党政权的摇摇欲坠,各种严苛甚至无理的政策再度出现。就在收音机收费制度废止后的仅仅几个月,1948 年 2 月交通部便出台了

① 天津市档案馆档案[Z].401206800-J0002-2-000583-038.
② 民营电台不能再请设立[N].大公报,1947-2-25(5).
③ 天津地方志编修委员会办公室,天津市广播电视电影局,天津广播电视电影集团编著.天津通志·广播电视电影志 1924—2003[M].天津:天津社会科学院出版社,2004:86.

《广播无线电收音机取缔规则》开始对全国的收音机用户进行登记造册。规则要求"无论是购买自厂商或自行装配零件而成的收音机,只要是用于收听无线电广播新闻讲演、音乐歌曲等均应向交通部所辖电政管理局或指定电政机构登记;管理局对于各收音机装置及收听情况可随时派员检查或调验,装户应随时详所答询,不得拦阻"①。此外,规则还规定听户只能"收听本国或友邦合法广播,非经批准不得收听其他电台"。很显然,这项规则的制订是为了限制国统区的民众收听来自解放区广播的声音,同时也是为了防止部分由收音机所改装的秘密电台出现。为了响应中广处的要求,天津电信局从1948年2月起便在天津《大公报》上连续刊登启事要求听户进行登记注册,从最开始的要求"三月底前办竣逾期处罚"到后来多次强调"不收取任何费用",电信局的态度不断软化也表明了其对此事毫无信心。直到年底,电信局仍在不断发布启事,最终无奈再次祭出恐吓言语"逾期不办者,一经查出,经天津警备司令部暂行管制办法予以没收或科以其他处罚"②。

　　而在天津解放前夕,国民党当局对于广播电台的管控措施也连续出台。1948年4月8日,天津警备司令部发布命令要求对全市的无线电发射器材进行登记管控;一个月后,警备司令部再次提出肃清电台音乐节目中的"靡靡之音",并罗列了106支被认为"给听众一种色情诱惑"的歌曲。③ 当年年底,天津市又批准全市党营民营电台广告费用一律在原价基础上增加两倍。

　　一系列对于听户和广播电台的严格管控,从发射端一直制订到了接收端,表现了国民党广播管控的专制本性,也暗示了国民党统治的行将瓦解。终于,伴随着1949年1月15日20:10一声洪亮的"天津新华广播电

---

　　① 中央广播事业管理处为检送收音机取缔规则致上海广播电台通知[M]//上海市档案馆,北京广播学院,上海市广播电视局编.旧中国的上海广播事业.北京:档案出版社;北京:中国广播电视出版社,1985:689.
　　② 收音机登记电信局限期办理[N].大公报,1948-12-15(2).
　　③ 加强精神戡乱 禁播靡靡之音[N].大公报,1948-5-18(5).

台,天津新华广播电台,现在开始播音……"国民党政府对天津广播的管控正式宣告终结,天津的广播事业终于在几十年的起伏发展后迎来了灿烂的新生。

第三节　日伪政权的法西斯统制

　　1937 年 7 月 7 日,日本帝国主义发动了震惊中外的七七事变,继强占中国东三省后,战争铁蹄又践踏到了华北的广袤土地上。7 月 29 日日军占领北平,一天后侵华日军增援部队在天津大沽口登陆,天津随之宣告沦陷。在此之后,日本在华北地区先后成立了"中华民国临时政府""冀东防共自治政府""天津治安维持会""天津特别市公署(后更名为伪天津市政府)"等汉奸机构。1940 年 3 月,汪精卫在南京组建伪"中央政府",北平伪"临时政府"随后改称"华北政务委员会"。

　　在沦陷期间,刚刚经历了短暂发展的天津广播遭遇浩劫,四大电台全部停办,其中青年会电台的器材和设备还被日军强行掠夺。随后日本在天津建起伪天津广播电台作为宣传工具并通过日本广播协会和后来成立的伪华北广播协会等广播管理机构钳制天津乃至华北的广播事业,使其成为日本军国主义的侵华工具和对华北人民进行奴化控制的邪恶武器。在近 8 年的时间中,天津上空飘荡着日本帝国主义及其汉奸走狗的反动声音,天津广播事业的发展遭遇空前灾难。

　　日伪政权对天津广播的控制和利用,主要集中在封停民营电台创办日伪电台,建立管控机构强制限制收听,审核播放内容进行奴化宣传等几个方面。

一、日伪当局对天津广播的破坏与独霸

1937 年 7 月 7 日卢沟桥事变爆发后,天津不久后也沦陷于日军铁蹄下。8 月 1 日,"天津治安维持会"成立,这是日本大举侵略华北后建立的第一个伪政权。[①] 在日本的殖民统治和伪政权奴颜婢膝的协助下,天津的新闻事业遭受到空前的打击,除了以《庸报》为代表的少数几份汉奸报纸和包括《每月科学》《商钟》在内的几份非政治性杂志外,天津的民营报刊、出版业几近覆灭。

广播电台的境遇也非常凄惨。四大电台中的青年会电台由于坐落于东马路"华界",天津一经沦陷这里便完全处于日军的掌控之中,因此青年会电台不得不停办并将器材在青年会楼下进行封存。但青年会电台的停播并未使日寇停止对其的进一步掠夺,太平洋战争爆发后日寇和伪政府借口需要更多的广播器材进行宣传,于 1943 年 3 月 8 日强行以指定低价将青年会电台的广播器材全部买走用于伪天津广播电台。[②]

与天津陷落旋即被迫停播的青年会电台相比,仁昌、中华和东方三家电台由于处在法租界和意租界当中暂时还能保持继续播出。而他们播出的节目此时成为天津市民的精神寄托。但日寇不会默许这三家电台的发声,他们一方面建立伪天津广播电台作为舆论工具奴化民众,另一方面则对三家电台发射的电波进行干扰,影响民众的收听。[③] 当时,日伪当局对这三家广播电台虽表示"详情无从得悉"但"协会方面既已将广播事业取

---

① 罗澍伟主编. 近代天津城市史[M]. 北京:中国社会科学出版社,1993:686.
② 张绍组. 天津青年会与西方文化的传入[M]//天津中华基督教青年会编. 天津中华基督教青年会与近代天津文明. 天津:天津人民出版社,2005:130.
③ 罗澍伟主编. 近代天津城市史[M]. 北京:中国社会科学出版社,1993:686.

得专营统制权,则民营电台虽在租界内,不久恐全盘仍须解决"①。果然在不久后的 1939 年,这三家电台因压力越来越大而相继倒闭。

在对天津既有的民营广播电台进行摧残掠夺的同时,日寇与伪政府还在积极筹划建设伪电台。早在 1937 年天津沦陷前,日本领事馆就在租界内建立了日本公会堂广播电台用以转播东京电台日语节目并间或播出一些华语节目。天津沦陷期间,该电台曾播出"安民告示"②。伪天津广播电台开始播音后,公会堂电台随之与其合并。在此后,为筹建更大功率的广播电台,伪天津市公署曾于 1938 年初责令伪警察局在全市公产房地中为日伪广播台挑选新址并拟定了老爷庙、火神庙及船捐处三处地点作为备选。③ 1939 年,伪天津广播电台搬到天津南市华安大街 55 号。

虽然当时日伪兴办的伪天津广播电台垄断了天津全部的无线电广播资源,但因为天津市民对侵略者和汉奸抱有刻骨仇恨,因而该电台的收听率并不高。太平洋战争爆发后的 1941 年 2 月,日伪在天津又开设了天津商业电台④以日语、英语、俄语和汉语播出曲艺节目和商业广告等,其目的是为了"冲淡中国人民的反日情绪"⑤。

二、日伪广播管控机构在华北的殖民统治

为了将天津的广播事业完全纳入其管控体系内,并成为奴化沦陷区

①　汤震龙.中国广播无线电事业概况[M]//赵玉明主编.日本侵华广播史料选编.北京:中国广播影视出版社,2015:36.

②　周启万.解放前天津的广播电台[J].现代传播——中国传媒大学学报,1985(01):74.

③　天津市档案馆档案[Z].401206800-J0001-2-00002-037

④　也被称为"天津广播电台特殊放送节目"或"天津广播电台特殊广播"或"天津广播电台第二台"。

⑤　王木.日伪时期天津商业广播电台成立经过[J].天津广播电视史料,1993(1):17.

民众和配合侵略战争的工具和武器,日伪当局一方面建设广播设施,另一方面又通过各种机构的设置对华北的广播事业进行严密的监管和控制。

华北沦陷后,日寇首先通过日本广播协会对各城市既有的广播电台加以控制和恢复播出。根据 1937 年 12 月 24 日日本内阁发布的《处理中国事变纲要》中的计划,日本对在华北建立的伪政权提出了具体的要求,其中包括"政权的首脑,要网罗在全中国有信誉的人才;要有足以号召全中国的主义和纲领",且在《纲要》中日寇提出"只在制定政策大纲方面由日本顾问进行内部领导,不安排日系的官吏对行政的细节进行指导和干涉"①。此后,按照日寇在华设置的所谓"分治合作"的战略方针,日寇开始在天津通过建立伪政权来进行殖民统治。

广播机构的建立也是伪政权的一个重要组成部分,其建设目的归根结底是为了配合日寇"以华制华"的阴谋,消除沦陷区民众的抗日思想并同时进行资源掠夺,以达到其"以战养战"的目的。②

日寇占领北平后,在复播电台的同时将其改称为"北京中央广播电台",并由其对华北地区被日寇管辖和强行接管的十座电台进行统一管理。这十座电台位于北平、天津、济南、青岛、石门(石家庄)、太原、唐山、新乡、徐州、运城十座城市,它们在伪华北广播协会成立并进行专营统制前,被称为"北支那广播"。日伪对这十座电台极为重视,他们一方面组织专门部门和人员对其做定期的收听监测和技术调查,另一方面则对其设备进行严格管控,均由日本本土和沦陷区的洋行提供,制式趋同。③

1939 年 5 月,日本内阁通过《建立新中央政府的方针》,要求汪精卫根据"分治合作"的原则联合沦陷区各地的伪政权组织伪中央政府。同

---

① 日本帝国主义对外侵略史料选编(1931—1945)[M]//罗澍伟主编. 近代天津城市史. 北京:中国社会科学出版社,1993:686.

② 中广研委会唐山课题组. 华北沦陷区日伪广播史研究[J]. 中国广播,2005(12):57.

③ 中广研委会唐山课题组. 华北沦陷区日伪广播史研究[J]. 中国广播,2005(12):58.

年12月,汪伪集团秘密与日寇签订了丧权辱国的《日支新关系调整要纲》,其中规定"日本有开发华北、蒙疆及其他地区资源的特权,并控制伪政权的财政、经济、交通(包括广播)、农业、贸易及海关"①。至此,日伪当局对华北广播事业的管控进入了一个新的阶段。

一年后的1940年3月,汪伪政权"中央政府"在南京成立,同年7月由北平伪"华北政务委员会"(原伪"临时政府")控制和管理的伪"华北广播协会"成立,该协会对华北多地包括北平、天津、济南、青岛、烟台、太原、石门、保定、唐山和徐州等地的广播电台进行专营统制。而先前管理华北地区广播事业的日本广播协会在名义上不再对广播进行直接管理。此后的1941年,日寇与汪伪政权签订"共同声明"宣布要归还广播电台的行政管理权②,但真正掌握广播实权的仍是日本人。③

之所以真正掌握实权的仍是日本人,是因为日本人牢牢把控着伪华北广播协会的人事和机构设置权力。根据伪华北广播协会内部隶属关系及机构设置来看,其内部科层设置复杂且紧密,实行会长、专务理事、常务理事、理事、监事领导下的部长(室主任)、科长、系长负责制,华北各电台则实行电台台长领导下的参事、系长(股长)负责制。④ 在领导层中,伪华北广播协会设立会长、专务理事和常务理事各一名;常务理事则向下领导管理层,分管总务、放送、技术、主计四个部门和华北各地方电台;四个部门又各自下属专门机构,总务部下属秘书、计划、加入、普及、考察五科。放送部下属第一、二、三放送科、企划、业务五科。技术部下属运用、工务、调查、现业及北平双桥放送所。主计部下设主计、用度、资材三科。而各个科室又分别下设多个系,使得伪华北广播协会呈现出一种放射状的科层制管理模式。(图2-1)

---

① 魏宏运主编. 中国现代史资料选编(4)抗日战争时期[M]. 哈尔滨:黑龙江人民出版社,1981:619.

② 艾红红. 中国民营广播史[M]. 新北:花木兰文化出版社,2016:129.

③ 赵玉明主编. 中国广播电视通史[M]. 北京:中国广播影视出版社,2014:53.

④ 赵玉明主编. 日本侵华广播史料选编[M]. 北京:中国广播影视出版社,2015:40.

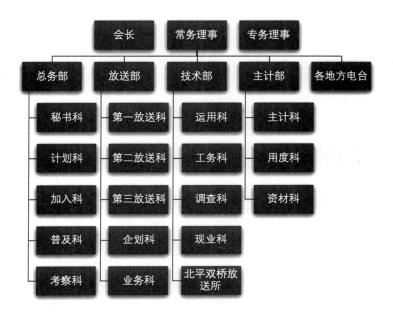

图 2-1 伪华北广播协会科层管理示意图

伪华北广播协会在其成立之初的章程中明确提出"华北广播协会关于董事会之重要决议决案事业之计划以及概算决算等应报告于华北政务委员会",且其在内部要实行所谓的"中日合作"①。但分析其内部成员设置便可知晓,在伪广播协会中,虽然周大文充当伪会长,而专务理事和常务理事均为日本人。在 5 名董事中,日本人占据 3 席;而在总共 357 名职员中,日本职员共 201 人,占比为 56%。② 且包括专务理事、常务理事、总务部长、秘书科长、计划科长、技术部长等在内的众多系部科室其负责人均为日人,中国人仅被安排在文艺系、教养系等边缘系部。仅从人员配置上便可以知晓,这种所谓的"中日合作"不过是自欺欺人的笑料。

伪天津广播电台同样如此,电台下设庶务科、广播科、技术科、加入科

① 赵玉明主编.日本侵华广播史料选编[M].北京:中国广播影视出版社,2015:35.
② 汤震龙.中国广播无线电事业概况[M]//赵玉明主编.日本侵华广播史料选编.北京:中国广播影视出版社,2015:35.

及普及科。台长为日本人佐藤忠男,庶务科长为泉川业介、广播科长为山崎终吉、技术科长为奥井四郎、加入科长为河田进一、普及科长为小林正助,清一色全为日本人。(图2-2)

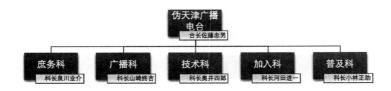

图 2-2　伪天津广播电台管理结构及负责人示意图

伪华北广播协会等广播管理机构建成后,日伪当局利用其对包括天津在内的沦陷区广播进行专治统制,从电台播出和听户接收两个方向上对广播进行双头管制,使天津广播完全沦为了日寇的殖民工具。

三、日伪当局对播出接收的双向管控

伪华北广播协会建立后,日伪利用其对华北多地的伪电台进行管控同时发号施令。在攫取了这些电台的实际控制权后他们仍不满意,还要对沦陷区民众"听什么"和"怎么听"进行控制,以达到其奴化民众、以战养战的目的。

(一)电台播出内容受到严格监管

伪华北广播协会规定,华北华语各电台所播放的节目分四大类,包括讲演讲座、报道新闻、娱乐节目及儿童节目。① 在 1938 年 1 月的"伪天津特别市行政广播目次"中可以看到,当时的广播节目中行政性和讲座性的节目较多,警察局、财政局、社会局、卫生局、教育局、工务局等都要轮番进行报告。② 而在各种讲座讲演中,也充斥着诸如"灭共救国理无二致"③"保卫东亚吾人应有的努力"④以及宣扬所谓日本对华新政策的奴化宣传。

日伪当局在对日常的广播节目进行管控外,还将广播作为配合其军事行动的重要组成部分。1941 年日寇开始在华北地区实行五次所谓"治安强化运动",日寇华北方面军参谋部在其制订的《"治安强化运动"实施计划》中明确指出要"利用广播来宣传东亚新秩序的观念",并规定各地方电台需将"华北广播协会向管内及敌地区进行的广播"作为本地新闻进行播出。⑤ 伪天津广播电台为了迎合伪华北广播协会的要求,在各次治安强化运动中设置专门节目,安排伪市长、伪新民会委员、伪社会局长、伪警察局长、伪教育局长及各种教育界和政商界的汉奸走狗进行广播,⑥麻痹民众的思想,造就符合日伪当局需要的所谓"顺民"。

日伪当局不仅管控民众在家庭内的收听,还将触手伸向了公共娱乐部门,全方位地对天津民众的思想进行干预和控制。1941 年底,伪天津特别市陆军特务机关长雨宫巽提出要在天津各电影院中装置扩音机以广播新闻,在各影院闭幕休息时加以宣传,如遇重要新闻或临时号外,"即映演时应中断实施广播以资彻底"⑦。而至于在电影院中播送新闻的供给费用,则全部摊派到了电影院和民众之间。

---

① 汤震龙.中国广播无线电事业概况[M]//赵玉明主编.日本侵华广播史料选编.北京:中国广播影视出版社,2015:37.
② 天津市档案馆档案[Z].401206800-J0001-2-000014-004.
③ 天津市档案馆档案[Z].401206800-J0001-2-000016-016.
④ 天津市档案馆档案[Z].401206800-J0001-2-000981-005.
⑤ 赵玉明主编.中国广播电视通史[M].北京:中国广播影视出版社,2014:54.
⑥ 天津市档案馆档案[Z].401206800-J0001-2-000086-048.
⑦ 天津市档案馆档案[Z].401206800-J0001-2-000736-009.

由于华北各地电台中经常出现利用节目或稿件进行爱国抗日宣传的情况,因此日伪当局以"广播稿件过去多有未经检阅而自行广播者"之名义对广播讲演词稿进行处理,伪天津电台规定在电台播放的一切讲稿需要在播放前四日上交并进行审查,如发现不符规定的内容当即进行修改或删除。[①]

（二）听户收听自由遭到无耻剥夺

日伪当局在对华北的广播事业进行高压管控,从电台播出内容上实现了对"听什么"的统制,同时其又将魔爪伸向了听户手中小小的收听装置,妄图实现对"怎么听"的统制。

他们对收听广播的民众进行强行登记,对于不接受登记的则按照所谓"国事犯"论处;同时他们制订所谓"无线电信机件进口贩卖取缔办法",强行在华北推销廉价收音工具,这种廉价收音工具只能收听到日伪电台发送的声音,而无法收到更远处传递的短波广播。对于已经登记的收音机用户,则根据"凡强烈电波之收音机及短波收音机除特设外一般均禁用"[②]的规则下令要求他们"焊接或剪掉短波收音设备"[③]。

1942年6月1日,"收听广播用无线电话暂行办法"在天津、北平和青岛三地开始实施。其中规定装设收听工具者需要向伪华北广播协会提出申请并签署所谓"收听契约书",在得到伪华北政务委员会许可后还需要将许可证钉在机器装置及"处所门外明显之处"方能装设。正如上文所述,"暂行办法"对收听工具进行了严格限制,要求所有用户一概使用所谓"华北广播协会标准型收音机"或收听范围在550千赫到1500千赫

---

① 天津市档案馆档案[Z].401206800-J0001-2-000890-003.
② 汤震龙.中国广播无线电事业概况[M]//赵玉明主编.日本侵华广播史料选编.北京:中国广播影视出版社,2015:37.
③ 赵玉明主编.中国广播电视通史[M].北京:中国广播影视出版社,2014:54.

之内的设备。且检查员可以随时到用户家中进行审查。①

同年 8 月和 11 月,伪天津广播电台又分别两次向伪天津特别市公署发布公函及直接发送布告,要求天津民众迅速办理无线电收音机许可登记。在其发送给伪天津特别市公署的公函中指出"天津人口稠密尚有多数听户观望不前未行登记",因此其安排伪电台职员"赴市区各地详加调查"②。而在 11 月其发布的布告中,伪天津广播电台则更加直白地表明:"如再稽延一经察觉定行依法罚辨决不宽待。"③截至 1942 年底,天津收音机听众按照要求进行登记的已经超过了 6 万户。

在这种高压政策下,天津的听众丧失了收听广播节目的自由,不仅在节目上只能听到日伪当局的反动宣传和各种奴化教育及靡靡之音,而收听费用也随着日军在战场上的节节失利和抗战形势的不断转变而持续攀升。自 1942 年"收听广播用无线电话暂行办法"公布开始,北平天津和青岛的收听民众便开始缴纳所谓收听费,当年为每月 1 元。到了 1944 年,华北多地均开始收缴收听费,而此时的费用已涨到了每月 10 元。在 1945 年抗战胜利前夕,日伪大肆对沦陷区进行经济掠夺,当年 4 月份收听费增长为每月 40 元,到七月份开始又激增到每月 100 元。④

在日伪统治天津的八年中,天津的广播事业遭遇了空前的摧残,不仅刚刚建立并发展起来的民营广播事业被毁灭殆尽,民众的正常收听活动也遭到了严重的制约,收听装置被管控,收听内容被限制,天津的广播事业陷入一片黑暗之中。

① 天津市档案馆档案[Z].401206800-J0001-2-000819-003.

② 天津市档案馆档案[Z].401206800-J0001-2-000819-011.

③ 天津市档案馆档案[Z].401206800-J0001-2-000819-014.

④ 中广研委会唐山课题组.华北沦陷区日伪广播史研究[M]//中广研委会唐山课题组.史证:日本侵华广播史研究 1931—1945.唐山:唐山广播电视史志/年鉴编纂委员会,2005:101.

第四节　天津军管会对广播事业的
除旧布新

　　1949 年 1 月 15 日天津顺利解放,这座华北最大的工商业城市终于回到了人民的手中。[①] 面对满目疮痍的城市,中国人民解放军天津市(区)军事管制委员会(以下简称军管会)和中共天津市委、天津市人民政府在中国共产党的领导下积极开展工作,克服重重困难,使得天津得以迅速恢复生产,民众也得以迅速恢复正常生活,这也为中国共产党在全国更多地区进行城市接收积累了宝贵的经验。

　　早在 1948 年平津战役开始之时,天津军管会便宣告成立。中央及华北局先后抽调了 7000 余名干部进入军管会,他们集中于河北胜芳,准备随时参与接管天津的工作。[②] 天津军管会是天津解放期间对天津进行军事管制的最高权力机关。其下设包括办公厅、行政部、接管部、文教部、市政接管处及塘大军管分会和天津市纠察总队等多个部门。其中主要部门接管部下设了对金融、仓库、交通、铁路、水利、农林、卫生、电讯、工业等13 个领域的接管处;文教部则负责接管新闻出版、教育、文艺等部分;市

　　① 中国共产党接管天津工作概述[M]//中共天津市委党史资料征集委员会,天津市档案馆编.天津接管史录(上卷).北京:中共党史出版社,1991:1.
　　② 中国共产党接管天津工作概述[M]//中共天津市委党史资料征集委员会,天津市档案馆编.天津接管史录(上卷).北京:中共党史出版社,1991:2.

政部则负责接管原国民党政权机关及其所属的各单位。

在准备接管天津的过程中,军管会制订了《天津市军事管制委员会工作纲要》《关于接管天津的任务与方针》《关于接管工作中几个原则问题的决定》《接交注意事项》《移交守则》等具体纲领及政策并在这些政策纲领的指导下于 1949 年 1 月 15 日开始对天津进行正式接管。从当日中午 12 时起,包括原天津市政府、警察局、电台、报社等在内的众多重要部门被接管,天津区军事管制委员会成立,同时天津市人民政府也宣告成立。军管会对天津的接管最终在 2 月中旬全部结束,共计接管工厂 115个,仓库 165 处,机关、医院 316 处,大专院校 7 所,中小学 134 所。①

对广播电台的处理是军管会各项工作中的重要一环。作为国民党的宣传喉舌,当时天津的各家官营和民营电台错综复杂且盘根错节,其中以天津广播电台为代表的国民党党营电台和军队电台直到天津解放前仍在进行反动宣传,欺骗天津民众。而部分国民党控制的所谓"民营"电台也在做为虎作伥的勾当。为此,天津军管会根据中共中央指示的精神,果断在天津解放之初,便通过接管、甄别和查封等方式对其进行了处置。

1948 年 11 月,中共中央做出了《关于新解放城市中中外报刊通讯社处理办法的指示》,《指示》明确表示:"(接收处理)是一个严重而复杂的问题,我们必须采取既严肃又慎重的态度,方能处理适当。"②在处理办法的指导下,天津军管会对天津城内的各党营民营电台进行了分别接管。

---

① 中国共产党接管天津工作概述[M]//中共天津市委党史资料征集委员会,天津市档案馆编.天津接管史录(上卷).北京:中共党史出版社,1991:6.

② 中共中央关于新解放城市中中外报刊通讯社处理办法的指示(节录)[M]//中共天津市委党史资料征集委员会,天津市档案馆编.天津接管史录(上卷).北京:中共党史出版社,1991:35.

一、接管国民党广播电台

天津解放前夕,国民党政府在天津设立的党营电台有天津广播电台、资源广播电台以及包括军友广播电台、军声广播电台、阵中广播电台在内的三座军队电台。这些电台作为国民党政府在天津最后的喉舌,此时期还在做困兽之斗,发表各种反动言论,欺骗和蒙蔽天津民众。就在解放军对天津发起总攻之际,国民党天津警备区司令陈长捷还在天津广播电台发表所谓"告民众书",在这荒唐的讲话中,陈长捷宣扬天津的守备"固若金汤""坚如磐石",他还要求天津民众"抗击共军进攻"①。但陈长捷的讲话还没说完,天津广播电台的天线就被解放军的炮弹打成了两截,而陈长捷的司令部和天津广播电台也被解放军部队占领。

1949 年 1 月 15 日天津广播电台被占领后,对该电台的接管随即展开。下午 3 时,国民党天津广播电台的 40 多名员工被召集在播音室,军代表宣布广播电台正式军管,并要求所有人保护广播电台财产,听从军代表安排。②

在接管天津广播电台前,军管会已经制订了详尽的计划和措施。在 1948 年 12 月 30 日,他们便制订了《天津市军事管制委员会接管部电讯处接管方案》,指出接管电讯设备的基本方针是"以全盘不变的整个系统的完整接收,且以保护建设为方针"。在此方针指导下,军管会对天津的电讯事业采用军事代表制度的接管方式,接管对象包括凡旧有国民党党政军专用的电讯设备、国际电信机关、公共使用的电讯设备、军政公营电

---

① 鲁荻.天津新华广播电台的诞生[M]//天津地方志编修委员会办公室,天津市广播电视电影局,天津广播电视电影集团编著.天津通志·广播电视电影志 1924—2003.天津:天津社会科学院出版社,2004:1053.

② 卢佑民.天津新华广播电台的第一次播音[J].天津广播电视史料,1993(1):15.

讯工厂及其所属电讯仓库和附属设备。①

方案还规定了对天津市各项电讯设备进行接管的基本态度：

> 凡属国民党政府、军队、党务、通讯社、治安交通及一切非法的秘密无线电台、有线通信设备及其附属的仓库、学校、工厂、修理部门及附属企业设备，国民党党政军的公营电讯器材公司，及四大家族私营电讯器材商行，及他们所经营其他企业之附属电讯设备，均无条件地接收。外(国)人在华电台立即停止其对外通话，由军管会封存代管，听候处理。②

军管会还细致制订了对电讯设备的接管步骤与方法，规定"接管人员必须随着部队同时入城，迅速接管各单位及其所属仓库，派往各部之军事代助理及工作人员本身，应拥有军管会之委任令"。同时要求到接管部门后，"军事代表、各该处负责人(对旧人员)讲话，宣布我们的政策、制度及要求他们的任务与纪律"。讲话内容主要包括：

> 1. 天津解放，本市将永为人民所有，人民解放军对天津市采保护与建设方针。
> 2. 天津电信局即为人民所有，并要转为人民服务。从局长到工人，除破坏及怠工分子外，本军一律保护，不加侵犯，并照原职原薪准予留用，大家要安心继续供职。
> 3. 全体员工要切实保护机械、器材、线路、仪器、资材、文件图表、账目、档案等，听候接收。

---

① 天津市军事管制委员会接管部电讯处接管方案[M]//中共天津市委党史资料征集委员会,天津市档案馆编.天津接管史录(上卷).北京:中共党史出版社,1991:68.

② 天津市军事管制委员会接管部电讯处接管方案[M]//中共天津市委党史资料征集委员会,天津市档案馆编.天津接管史录(上卷).北京:中共党史出版社,1991:68.

4.立即召回原有员工,恢复工作。①

军管会按照性质的不同,对天津当时的各电台进行了分类,并制订了相应的接管方法。他们将这些电台从政治背景与经营方式上分为五类,主要包括:

1.国民党机关公开经营者;
2.以私营面目出现而受命于国民党反动特务机关支持者;
3.民营股份,而凭借国民党反动机关之名义,从事播音者;
4.附设在较大的私人公司,而从事商业广告等业务者;
5.为理工科大学设立供学生实习者。②

军管会规定,进城后立即对各广播电台一律封闭机器,进行审查。对第一类者,立即接收并尽速利用;对第二、三、四类各广播电台进行审查。③ 对于前三类,处理办法是电台查封、机器没收、资材准备令其找保,有确实证据为私人资本者发还。对于第四类,处理办法为令其找保,并依照军管会广播电台管理暂时办法暂行复播。

在军管会对天津广播电台接管的过程中,除了对电台财产进行了保护外,还非常注意对电台原有工作人员的分类处理。在接管中,军管会代表发现,电台职工有不同的思想动向,有的因不了解政策而有思想顾虑;

---

① 天津市军事管制委员会接管部电讯处接管方案[M]//中共天津市委党史资料征集委员会,天津市档案馆编.天津接管史录(上卷).北京:中共党史出版社,1991:69.
② 天津市军事管制委员会文教部关于接收报纸、通讯社、书店、出版及广播电台工作的初步总结(节录)[M]//中共天津市委党史资料征集委员会,天津市档案馆编.天津接管史录(上卷).北京:中共党史出版社,1991:368.
③ 天津市军事管制委员会文教部关于接收报纸、通讯社、书店、出版及广播电台工作的初步总结(节录)[M]//中共天津市委党史资料征集委员会,天津市档案馆编.天津接管史录(上卷).北京:中共党史出版社,1991:369.

有的因是国民党党员而害怕被捕;同时大部分员工则在电台内地下党员和新民主主义青年建国联盟成员的带领下对接收表示热烈欢迎。①

针对不同人员表现出的不同态度,军管会也制订了有针对性的处理办法,在使电讯设备不被破坏、迅速复工的原则下,"司令部留用在职员工原职原薪照常工作,军管结束时量才录用。(特务及破坏分子除外)":

1.在原电讯机关或工厂的员工其服务部门暂时不能复工者,仍采用原职原薪的原则留用,可集中起来进行教育。

2.如有高深技术学理(理论)或有实际经验的电讯工程人员,要求参加我们工作,可以个别吸收处理。

3.经过一个时期,掌握人员机器实情以后,对于技术官僚与无能者,要逐步予以淘汰。②

对待电台中的旧员工军管会还特别提出:"不能用胜利者的态度对待他们,应和蔼热情地接近他们,了解他们,对他们的缺点耐心诚恳地说服,帮助其改造。对表现好者应加以表扬。"进而实现"一方面要有警惕性,另一方面要相信他们"③。

在分类处理的基础上,1949年9月中共中央又出台了"关于对旧广播人员政策的补充指示"以进一步明确对旧电台员工的处理办法,指示中提出:

---

① 鲁荻.天津新华广播电台的诞生[M]//天津地方志编修委员会办公室,天津市广播电视电影局,天津广播电视电影集团编著.天津通志·广播电视电影志1924—2003.天津:天津社会科学院出版社,2004:1053.

② 天津市军事管制委员会接管部电讯处接管方案[M]//中共天津市委党史资料征集委员会,天津市档案馆编.天津接管史录(上卷).北京:中共党史出版社,1991:69.

③ 天津市军事管制委员会接管部电讯处接管方案[M]//中共天津市委党史资料征集委员会,天津市档案馆编.天津接管史录(上卷).北京:中共党史出版社,1991:75.

现查旧广播员,仅作普通技术性的播音工作,政治上反动的不多,而有些在播音技术上则很熟练,我们亦无法大批代替。故旧广播员经甄别除政治上确属反动不用外,其余仍可在我们的负责管理教育下留用,这对我们没有坏处。[①]

在军管会细致政策的指引下,天津广播电台的接管工作顺利进行。电台中除原台长孙国珍和传音科科长马正清被捕外,其余大部分原有人员被留用。天津解放当日晚上 8 点,被接管的天津广播电台就以天津新华广播的新呼号重新开始播音,播出天津市军管会的第一号通知以及中国人民解放军的三大纪律八项注意和简要新闻等节目。[②] 除国民党天津广播电台外,包括资源广播电台和军友、军声、阵中三家军队电台在天津解放过程中或自行停止播音或被查封。

二、叫停和甄别民营电台

在军管会对国民党党营电台和军队电台进行接管的同时,天津在抗战胜利后建立起来的林林总总的民营电台也面临着不同的命运。在本时期,天津虽有十数家民营电台进行播出,但除了三家获得了民国南京政府交通部颁发的执照外,其他均为"非法播出",且这些电台中绝大多数或多或少都与国民党各派系有着千丝万缕的联系。如何对待这些背景复杂的民营电台,更是对军管会的考验。

在《天津市军事管制委员会接管部电讯处接管方案》中针对各民营电台提出了统一的处置方案:

[①] 中共中央关于对旧广播人员政策的补充指示[M]//中国社会科学院新闻研究所编.中国共产党新闻工作文件汇编(上).北京:新华出版社,1980:286.

[②] 卢佑民.天津新华广播电台的第一次播音[J].天津广播电视史料,1993(1):14.

凡民办商业电台(广播),民办的通讯企业,如商办电台以及不属于国民党及四大家族或外(国)人的一切无线电台,均应立即停止工作,造册呈报军管会另议处理办法。①

根据军管会的相关规定,解放军进城后立即对各广播电台的机器设备进行了封闭,并对各民营电台进行了分别审查。1月15日当天,世界新闻广播社文化广播电台、中国广播电台、华声广播电台于当日即被封闭,随后所有民营电台均被要求停播并进行审查。2月28日,中共中央向新成立的天津市委发出指示进一步细化对私营电台的处理方式。在指示中,中央要求在先前甄别审查的基础上允许部分通过审查的私营电台继续营业,但同时也对这些继续经营的电台做出了具体规定,包括:

一、须向天津市人民政府登记,报告资本来源、波长、播送节目、工作人员及播音员之籍贯履历等。在经过审查批准后方得营业,并且仅允许通过中波广播。

二、私营台播出必须向人民政府领取执照,执照每半年更换一次,电台每半年须领取新执照。

三、私营电台必须转播陕北新华广播电台每日十九时三十分到二十时的新闻节目。并转播天津新华广播电台播出的天津本市新闻节目,私营电台不得自行编撰新闻节目。

四、私营电台除播出音乐唱片及聘请艺人广播之外,可以播送纯属商业性质的广告,但不得有任何其他性质的广告。凡人民政府禁止的音乐或唱片,私营广播台均不得播送。

五、军管期间私营广播台一切播送,军管会或市政府须派军事代

---

① 天津市军事管制委员会接管部电讯处接管方案[M]//中共天津市委党史资料征集委员会,天津市档案馆编.天津接管史录(上卷).北京:中共党史出版社,1991:68.

表到场监督。

六、私营广播台倘利用广播设备作任何市人民政府批准节目范围之外的活动,当视其情节轻重予以处分。①

此外,该指示还建议新成立的天津市政府设立一处"广播事业管理处"与天津新华广播电台合署办公。值得注意的是该指示被抄发给中共中央华北局和北平市委,成为解放初期管理北方城市私营电台的一份纲领性文件。

在全面审查的过程中,包括中国广播电台、华声广播电台、文化广播电台等因与国民党军统或中统关系密切而被天津市人民政府关停。以当时天津收听率最高的华声电台为例,该台经理舒季衡为国民党军统成员,其所设立电台背景复杂因而被天津军管会接管。天津解放当天夜间,军代表即将华声电台机器查封,并在随后通过组织职工进行揭发以及个别谈话等方式掌握了华声电台的实际情况。最终于 1949 年 3 月 3 日对华声电台进行了接管。在接管该电台的命令中,军管会文教部明确指出华声电台为"伪军统局人物所经营",且"一贯接受伪军统局使命,作反动宣传,为伪军统反动团体忠义普济社作各种反动宣传之便利,且为伪航空队作导航工作,协助伪天津警备司令部电监科作秘密探测电台工作"②。

军管会还对原电台职工进行了照顾。在接管通知中明确提出,电台原股东除有反动身份人员股金没收外,其他私人股份按股额折合成"北海票"退还股金,同时该台中的一部分工作人员还被调往新成立的天津新华广播电台工作。③

与华声电台不同,另一家民营电台中行广播电台经过军管会审查发

---

① 中共中央关于对私营广播电台的处理办法给天津市委的指示[M]//中国社会科学院新闻研究所编.中国共产党新闻工作文件汇编(上).北京:新华出版社,1980:278.

② 接管华声广播电台命令[J].天津广播电视史料,1995(1):31.

③ 陈广智.忆华声电台的接管[J].天津广播电视史料,1995(1):31.

现该电台并未存在军统、中统以及其他反动会道门背景,其性质为"纯商业性质的广告台"因而在审查结束后未予接收并允许其继续播出,但严格规定其广播范围除广告外"其他有关政策讲解、新闻等节目只能转播天津新华广播电台节目,如系自办,则应事先交由天津广播电台审查"[①]。1950 年 8 月,根据军管会文教部的指示,中行电台经过产业作价处理后被天津人民广播电台收购,并与当时天津人民广播电台另一广告台合并成为天津人民广播电台经济台。

三、推广建立人民广播事业的"天津经验"

在对旧电台进行接管和鉴别的同时,人民广播事业也在天津迅速建立了起来。虽然新华广播电台已在北方多地建立,但作为北方广播事业的中心,天津人民广播事业的地位和意义举足轻重。根据《天津新闻史》统计,1949 年初,在天津近 200 万人口中,收音机约有 12.4 万台,意味着天津市民平均每 20 人就有一台收音机。[②] 在对旧广播体系的打破和人民广播事业的建立过程中积累起来的"天津经验"为人民广播事业在全国范围内的奠定和发展做出了突出贡献。

(一)根本上建立人民广播的国有国营性质

"天津经验"对全国广播事业最大的贡献就在于从根本上确立了广播电台的国营性质,1948 年 11 月 20 日,中共中央颁布《中共中央对新解放城市的原广播电台及其人员的政策的决定》要求,明确了"新中国之广

　① 鲁获.天津人民广播电台开办广告台(经济台)始末[J].天津广播电视史料,1993(3):10.
　② 马艺,等.天津新闻史[M]天津:天津人民出版社,2015:453.

播事业,应归国家经营,禁止私人经营"①。由此可见,中国共产党始终要求广播在党的宣传政策之下统一运作。天津军管会根据《决定》指示,出台《天津市军事管制委员会接管部电讯处接管方案》,一方面对国民党电台进行查封和接收,另一方面对私营电台进行暂停、甄别并在此基础上部分允许播出。允许继续播出的私营电台"必须转播陕北新华广播电台每日 19:30 到 20:00 的新闻节目,并转播天津新华广播电台播出的本市新闻节目,不得自行编撰新闻节目"②。

在对国民党领导的新闻宣传体系进行改造的过程中,从中央到天津都强调了对于不同形式媒介的区别对待:对待广播,无论其性质如何,均按照要求"无条件接收"或"立即停止,等待甄别"。而对于报刊则有所区分,在最初要求"一律停刊"后不久即发布了《中共中央关于不要命令旧有报纸一律停刊给平津两市委的指示》和《中共中央关于对天津旧有报纸处理办法给天津市委的指示》等文件,明确提出对于当时天津旧有报纸的处理"未规定一切报纸一律停刊"③。进而要求天津市委对于部分报刊"以秩序恢复为理由先令出版待审查后再发许可证"④。

较之报纸,广播具有无远弗届的传播特质和广泛普及的受众基础,这些特点均要求时时刻刻保持其"为人民所有"的根本性质。

---

① 中共中央对新解放城市的原广播电台及其人员的政策的决定[M]//中国社会科学院新闻研究所编.中国共产党新闻工作文件汇编(上).北京:新华出版社,1980:196.

② 中共中央关于对私营广播电台的处理办法给天津市委的指示[M]//中国社会科学院新闻研究所编.中国共产党新闻工作文件汇编(上).北京:新华出版社,1980:278.

③ 中共中央关于对天津旧有报纸处理办法给天津市委的指示[M]//中国社会科学院新闻研究所编.中国共产党新闻工作文件汇编(上).北京:新华出版社,1980:268.

④ 中共中央关于对天津《大公报》《新星报》《益世报》三报处理办法复天津市委电[M]//中国社会科学院新闻研究所编.中国共产党新闻工作文件汇编(上).北京:新华出版社,1980:270.

（二）制度上推广私营电台的处置改造模式

1949 年 1 月 31 日北平和平解放,2 月 2 日上午 11:40,北平新华广播电台开始播音。一个月后的 3 月 25 日,陕北新华广播电台迁入北平改名为北平新华广播电台,原北平新华广播电台则改为北平人民广播电台。

在北平新华广播电台成立的同时,北平市委参照天津的经验和模式对原先存在的国民党电台和民营电台分别进行处置。北平市委借鉴了天津在处置私营电台时积累的方式方法,对私营电台进行了包括登记审查、颁发执照、监督播出以及转播陕北新华广播电台节目、明确商业广告播出规范等具体布置。

同时,天津在处置私营电台过程中开创的"收购"模式也被众多城市广泛采用。1950 年 8 月,天津中行电台经过产业作价处理后被天津人民广播电台收购,进而合并改组为天津人民广播电台经济台。这种"作价收购"的方式既充分尊重了私营电台的价值和独立性,又保证了人民广播事业中,广播电台"为人民所有"的根本性质,是对私营电台进行社会主义改造过程中一种创造性的积极探索。

在此之后,天津的"收购"模式成功指导了北京、上海等地私营电台改造。北京市委于 1952 年根据私营台主的申请对华声电台的广播器材进行了作价收购。上海市委也在 1953 年 9 月安排上海人民广播电台出资 9 亿元人民币,对十余家私营电台的私股财产进行了收购。[①]

（三）内容上推广尊重听众习惯的节目设置

在借鉴天津处置私营电台的经验同时,京沪穗等多地人民广播事业

① 赵玉明主编. 中国广播电视通史[M].北京:中国广播影视出版社,2014:87,159,210.

在初建过程中也吸取了在节目设置和内容安排方面的天津经验。为了提高广播宣传的效率，增强广播节目在群众中的吸引力，天津新华广播电台减少了政策讲解的成分，增加了文娱活动。同时开设了《文化教育》《群众服务》《妇女时间》《青年时间》等新节目，向听众介绍解放区概况、讲解革命故事、普及社会主义常识。

减少文件式新闻发布、适应听众收听习惯，是天津人民广播事业在创办初期积累的又一宝贵经验，它同样也被北平、上海等地所吸收借鉴。如北平新华广播电台于 1949 年 4 月 22 日新增《职工时间》《青年生活》《妇女园地》《儿童乐园》《文艺漫谈》《新歌演唱》《新歌练习》《西乐》《地方杂曲》等节目，丰富节目特色满足观众需求；上海人民广播电台与 14 家私营电台联合成立"上海联合广播电台"后，遵从听众习惯继续播出戏曲、教育节目同时允许广告播出。

伴随着天津新华广播电台的开播和对中行广播电台的收购，天津市军管会对天津各家党营和民营电台的接收改造也最终完成，天津的广播事业终于第一次掌握在了人民的手中，而在此过程中所积累的除旧布新经验，也从天津传向全国，为中国共产党领导下的人民广播事业在全国范围内的最终确立做出了不可磨灭的巨大贡献。

小　结

从清末无线电报出现一直到 1949 年民国南京政府统治的最终结束，从电报发展而来的无线电广播作为一种当时的"新媒体"，其发展过程始终与政府的管控和调教相伴共生。作为一种新兴技术，无线电通信为中国的近代化提供了技术上的支撑，在一定程度上，可以说正是这种连接南北、沟通寰宇的技术为中华的近代化提供了智识上的可能。当新闻、演讲、音乐、戏曲、话剧等不同样态的文化表达借助无线电广播连通地方与中央，打通已经固化了数百年的阶级壁垒和文化通道，中国民众第一次被全方位地卷入媒体所引领的时代发展当中。与报刊所强制要求的知识水平不同，广播为民众获取信息带来了无门槛的便捷，中国的亿万民众第一次被卷入了信息的洪流。

经历了民国北京政府、民国南京政府、日伪统治和南京政府重新执政四个时期的近代广播业，由于其与政治经济国防等国计民生和政权安危的密切关系，政府的管控始终与其相伴。纵观几十年间的广播管制，两条主线始终萦绕其间，无论政权更迭抑或和平战乱，它们构成了近代广播管控的两翼。

对内，广播管制的主题始终是对"举国听一"的追求。由于看到了其重要的作用，将广播事业操于国手是各个历史阶段中执政者的共同目标，无论是民国北京政府时期的交通部、东北无线电监督处；还是民国南京政府设置的中央广播事业管理处甚至包括日伪当局在东北华北设立的所谓"电电"和伪华北广播协会，其核心目的都是将广播置于政府的全面管控之下，突出其工具属性，使其成为政府的社会治理工具。民国北京政府时期存在的官办电台形式和日伪时期进行的广播管制都是最简单最直接的方式。而民国南京政府时期民营电台虽经历了看似繁荣的过程，但对其规模、数量、功率、内容的管制从未放松。特别是当国家政权面临战争威胁时,民营电台往往会成为先被牺牲的对象。在操持话语的一元体系中,民营电台的独立生存和自主发展从一开始就是一个伪命题。

对外,"收回利权"是几代民国政府持之以恒的追求。民国北京政府时期中国千疮百孔、四分五裂,国内军阀割据国外列强横行,中国广播主权操之于敌手,官办电台在夹缝中发芽虽为中国的广播事业发展带来了希望,但外商电台的横行和无线电管制的失灵也让国人看到了弱国无外交的现实。日寇侵华期间,面对国破家亡的现实,沦陷区广播全数落入敌手,成为日寇的战争工具和奴化利器。"收回利权"是近代中国的核心诉求之一,国民政府对广播主权的收回从诸多政策和法令中均可管窥一二。抗战胜利后,代表近代广播事业管控法规集大成者的《广播无线电台设置规则》出台,终于明确且坚定地提出:"凡外籍机关人民、非完全华人组织设置的公司、厂商、学校、团体,一律不准在中国境内设立广播电台。"[①]中国的广播主权经过了几十年奋斗后看似将回归我手,但国民党的反动野心和其对美政策的无限让步,终于使得这种追求成为纸上谈兵,付之东流。而只有当解放的号角吹响,广播事业第一次完全归属于人民之时,这种延续数十年的努力才终于收获了成功。

探讨近代广播的发展进程和政府对其所进行的管控,宏观的历史建构和特殊的时代背景是永远躲不开的核心推动力量。在短短几十年时松时紧,时而狂飙突进时而暗淡无光,时而同仇敌忾时而分崩离析的天津广播发展演变史中,很多节点事件在如今看似偶然,但其背后却往往有一只看不见的大手若隐若现。

---

① 中央广播事业管理处为抄发广播电台设置规则致上海广播电台函[M]//上海市档案馆,北京广播学院,上海市广播电视局编.旧中国的上海广播事业.北京:档案出版社;北京:中国广播电视出版社,1985:568.

第三章

德财兼顾

——天津民营电台的特色和担当

近代天津广播的发展受到时局变换、政策管控等多种因素的制约和影响，每一个发展步伐的背后，都能感受到种种有形无形的推力和阻碍。但在种种制约之下，天津广播的发展依然亮点频出，其中最具代表性的便是引领北方、可以比肩上海的众多民营广播电台。

民营电台开我国广播事业之先河，从其出现伊始，其媒介属性、娱乐属性和商业属性等就被国人认知并逐渐接受。20 世纪 30 年代前后，随着北伐胜利和东北易帜，民国南京政府在形式上实现了全国的统一。政局的趋稳和经济的发展为民营广播带来了成长契机，"黄金十年"中我国民营电台在全国多地生根发芽，这些电台播放新闻、戏曲、讲座、话剧等不同类型的广播节目，城市中各大商户争先安装收音设备以吸引听众，扩大销量；市民亦纷纷向交通部申请登记注册，在家中安置收听设备。

民营电台推动了广播事业的大发展，同时带动了多地经济、文化的发展，加速了社会的近代化进程。但在此时期，部分民营电台也逐渐显现出追名逐利的劣根性，一些格调低下、内容轻浮的节目出现，遭到了社会各界的批评。但当日寇侵华、国难当头，大多数民营电台亦能够辨明黑白、大义凛然。他们播放各种爱国歌曲、名人演讲和战事动态，全力投入抗日宣传之中，激起全民族的抗战决心，展现了在大是大非面前坚定的信念和民族企业的气节。七七事变后国土沦丧家园毁灭，几乎全部设立在沦陷区的民营广播遭遇灭顶灾难。及至日寇败亡、国家重建,原本以为能重整旗鼓的民营电台却遭遇了国民党妄图实现"举国听一"的独裁统治,种种法规制度的建立和国民党党营电台的一支独大挤占了民营电台的生存空间,全国各地的很多民营电台活在"合情却非法"的灰色地带。

虽然在近代广播史的媒介叙事和生态建构中,民营广播长期处于偏于一隅的辅助性位置,其地位远不及从民国北京政府时期便开始在政府支持下建立的官办电台和后来在国民党支持下更加细分的党营电台,但民营电台对社会发展所做出的贡献却丝毫不逊色于同时期的官办电台或党营电台。同时,按照当前新闻传播学中所强调的受众中心理论分析,最受听户欢迎的才是最具价值的,在这一点上许多地区的民营电台切实走在了前面。虽然如今我们很难听到当时民营台中传出的阵阵轻柔乐曲,也难以再现当时梨园名家曲艺大师们那些已成经典的唱段包袱,但仅从《大公报》《益世报》《申报》等大报的消息通讯或名著小说的只言片语以及民营电台在城市空间分布上与天津近代商业娱乐中心与生俱来的天然联系就可探知,民营广播已成为当时天津市民文化生活中一个不可或缺的要素。

第一节　形式多元的民营电台

据现有史料显示,天津的民营广播电台诞生于 1925 年。在这一年的 1 月份,日本商户义昌洋行在位于日租界旭街的四面钟义昌洋行一楼创立了义昌洋行广播电台。这是天津第一家外商广播电台,也是近代天津的第一座广播电台。[①] 在此之后,天津的民营电台开始逐渐发展起来,特别是进入到 20 世纪 30 年代,伴随着天津城市地位的提升和隶属关系的改变,天津的民营广播迎来了第一次发展高峰,商业、教育、宗教电台等相继出现,成为一道特色的文化景观。相关资料统计显示,在近代中国天津民营电台的规模和发达程度仅次于上海位居全国第二。[②]

一、外商电台表里不一

在天津诞生的最早电台是位于日租界旭街的义昌洋行广播电台。义

---

① 天津地方志编修委员会办公室,天津市广播电视电影局,天津广播电视电影集团编著.天津通志·广播电视电影志 1924—2003[M].天津:天津社会科学院出版社, 2004:77.

② 天津地方志编修委员会办公室,天津市广播电视电影局,天津广播电视电影集团编著.天津通志·广播电视电影志 1924—2003[M].天津:天津社会科学院出版社, 2004:80.

昌洋行是一家经营进口电器、电机器具材料和无线电用品等,同时承包电器及无线电工程,生产无线电电讯、电话机器的商行①,其负责人为日本人冈崎义鹿。由于义昌洋行是一家经营无线电器材的商行,因而其创办广播电台的初衷也是为了扩大影响,进而推销其产品。当时在天津的各国租界中已经有一定数量的收音装置存在,并且已有材料显示一些居住在天津的外国人从 1923 年开始便通过收音机收听上海奥斯邦电台和开洛公司电台的节目。1923 年 1 月 23 日上海《大陆报》报道,来自天津的迈伦·西蒙向报社询问广播的波长,这"进一步证明了大来楼上的广播在距上海 500 至 600 英里的地方能清楚听到"②。

虽然对于居住在租界中的西人来说广播并不稀奇,但天津本地开设的广播电台还是足以在天津引发强烈的轰动。由于当时的无线电器材较为简陋,本市居民能够购买并组装起来的收音设备也以最简单的矿石收音机为主,因而虽然收听效果不佳但却容易上手,特别适合教学和推广。义昌洋行电台并非专业的广播电台,没有播音员及在节目设置和编排方面的计划,因而当时该电台播放的节目主要以转播日语广播和部分音乐节目为主,同时夹杂一些推销无线电器材的广告。节目设置虽然简单粗糙,但当时还是引发了天津的一股无线电热潮。③ 由于当时广播收音机并不普及,而真正需要购买收音器材的往往是居住在租界中的西方人,这些人更加偏向于购买质量优于日本器材的美国收音机器,因而义昌洋行开设的广播电台并未给其生意带来太大的帮助,在时断时续地播出了几

---

① 外国在华工商企业词典[M]//艾红红. 中国民营广播史. 新北:花木兰文化出版社,2016:12.

② 大陆报. 大陆报关于本报与中国无线电公司合办广播电台的报道[M]//上海市档案馆,北京广播学院,上海市广播电视局编. 旧中国的上海广播事业. 北京:档案出版社;北京:中国广播电视出版社,1985:7.

③ 天津地方志编修委员会办公室,天津市广播电视电影局,天津广播电视电影集团编著. 天津通志·广播电视电影志 1924—2003[M]. 天津:天津社会科学院出版社,2004:77.

年之后,义昌洋行广播电台在官办天津广播无线电台于 1927 年开播后停办。①

从表面上看,义昌洋行广播电台的开办和停办,都是出于商业因素的考虑。但实际上,义昌洋行广播电台在推销无线电器材外,还有不为人知的另一个重要作用,就是通过该电台为日本秘密搜集中国各地情报。

义昌洋行曾在中国秘密从事情报搜集活动并非猜测,在 1927 年 12 月 23 日的《大公报》上曾对相关事件进行过报道。在报道中说明当时大连地方法院以义昌洋行行主违反《电信条例》为名要求天津市日租界警察署将其拘捕并押解赴大连。而其违反的条款则正是在政府规定之外制造无线电机器,盗取上海大连之间电报信息并谋取厚利。《大公报》报道显示:"按该行自去年(1926 年)由东京大阪名古屋大连等处大举之放送以来,即在天津设局,接收上述各地之电报,但无线电信法规不许密造短波机器发售。"同时,《大公报》还透露"义昌洋行因图重利而作此犯罪行为,利用放送局之名,制造规定外之机器售卖","此系两年前之大事"。②按照《大公报》的报道,义昌洋行从开设广播电台开始就在以电台的名义搜集东京、大阪、大连等地之间的电报信息以获取利益,同时其还私自制造短波无线电机,这两者都违反了《电信条例》中有关外国人不得在中国设立无线电台,不得私自收发无线电报等规定。一天后,义昌洋行在《大公报》上发表声明,表示:"此次敝行主被押赴大连,无非因该地官厅有须查问之处,行其职权而已。"但却声称制造经销短波无线电机"遵守日本法律,并无何等限制"。③

义昌洋行的声明在实际上承认了其违反民国北京政府的《电信条

---

① 天津地方志编修委员会办公室,天津市广播电视电影局,天津广播电视电影集团编著.天津通志·广播电视电影志 1924—2003[M].天津:天津社会科学院出版社,2004:78.

② 义昌洋行主人被拘[N].大公报,1927-12-23(7).

③ 来函照登[N].大公报,1927-12-24(7).

例》，但却以"符合日本法律"为由对当时民国政府明文禁止的设立电台和运输销售无线电器材全盘否认。同时，他们的声明还默认了该台曾通过电台在华从事情报搜集工作。无独有偶，十几年后在天津出现的另一家日资电台公会堂电台也是在民国南京政府颁布《民营广播无线电台暂行取缔规则》，明令禁止外国人在华设立广播电台的情况下非法建立并运营的。而其在转播东京电台节目之外最重要的目的则是配合日本在天津的侵略活动。

义昌洋行电台和公会堂电台阳奉阴违的做法，一方面表明了日本对华垂涎已久的狼子野心，另一方面也说明了当时民国政府根本无法对国内无线电主权形成有效的控制，在租界林立的各国势力范围内，"在华外人，深觉中国人之易欺……擅收电报，扰乱空间秩序，无所忌惮"。而"期间迭经交涉，或则顽抗，或则狡赖，卒无结果"。① 可见，当时中国的电信法律在主权不保的情况下，根本形同废纸。

二、民营电台数量多类型全

从 1927 年到 1937 年抗日战争全面爆发前的这十年时间，被认为是我国近代社会发展较快的一段时期。在这十年间，作为新闻媒体的广播电台也有了长足的发展，南京中央广播电台的建立使得首个全国性广播宣传机构得以建立。② 而伴随着官办电台的发展和以中央广播事业管理处为代表的国家性广播管控机构的建立，特别是 1928 年 12 月《中华民国广播无线电台条例》中有关"广播电台得由中华民国政府机关、公众或私人团体或私人设立，但事前须经民国南京政府建设委员会无线电管理处之特许"等相关规定的颁布，民营广播获得了"合法"的身份，广播事业开

---

① 王崇植，恽震. 无线电与中国[M]. 上海：文瑞印书馆，1931：91.
② 赵玉明主编. 中国广播电视通史[M]. 北京：中国广播影视出版社，2014：18.

始从民国北京政府时期的政府独揽逐渐向民间开放，这就刺激了更多民族资本投入广播事业，民营电台就是在这样的背景下发展了起来。

"黄金十年"中全国多地纷纷建立起广播电台，上海作为当时全国民营电台最多的城市，到1936年9月电台总数已达到41座，而当时全国电台总共才有65座，上海电台保有量在当时已经可以称得上是"世界第一。"①虽然在数量上天津的民营电台远远不及上海，但共计12家的民营电台成为当时中国北方之翘楚，也在全国名列第二。在类型上天津民营广播也较为完备，无论公益商业应有尽有。

民营广播按其性质大致可以分为三类。第一种，也是数量最多的当属以文化娱乐和"为工商业服务"②为主要节目形式的商业性电台，它们建立的目的就是通过广告收入获取商业利益。这些电台大多分布在当时我国最为发达的大中城市，且诸如上海天津等城市更为集中。七七事变前，全国共有此类型广播电台45座。③

在天津广播事业发展最为兴盛的20世纪二三十年代，天津共有国人自办的商业性民营电台8座，主要包括中国无线电业股份有限公司广播电台、仁昌电台、好莱坞电台、中华电台、青年会电台、东方电台、中原公司电台、刘髯公小型电台等。

第二种类型为教育性电台，它们开办的主体大多为地方民众教育馆、民间公益组织或所在城市的大中学校，建台目的不在于赚钱盈利，而是为了"辅助学术研究，推进社会教育"④。天津的教育类民营电台基本由高校兴办，南开大学广播电台为其中的翘楚，朱传渠自行建设的小型电台也有试验教学的性质。此外西沽工学院曾筹设教育性质的广播电台但未能开播。

① 袁林.宣传阵线上的劲旅——广播[M]//艾红红.中国民营广播史.新北:花木兰文化出版社,2016:54.

② 艾红红.中国民营广播史[M].新北:花木兰文化出版社,2016:1.

③ 赵玉明主编.中国广播电视通史[M].北京:中国广播影视出版社,2014:26.

④ 艾红红.中国民营广播史[M].新北:花木兰文化出版社,2016:2.

第三种电台则为宗教电台,办台经费一般由宗教团体或个人提供,以宣传教义劝人入教为主要目的。青年会电台初期就是一家典型的宗教电台,独立经营后才开始转型成为一家商业电台。

在这三种常规的民营电台类型外,天津还出现了以华北运动会广播电台和北宁铁路局广播电台为代表的公益性电台,这两座电台均是为某一特定事件或机构设置,具备较强的公益宣传性质,且以所属机构的拨款为主要资金来源,不通过广告等商业活动寻求利益。

1929 年,中国无线电股份有限公司在天津设立的"中国无线电业股份有限公司广播电台"开启了民国南京政府时期天津民营广播事业发展的序幕。进入 20 世纪 30 年代后,天津的民营广播事业正式发展了起来。从 1934 年春仁昌广播电台正式播音开始,在短短的三年多时间中天津先后出现了正式播出的 12 家民营电台。从各大报刊报道及政府公文披露的信息可以看出,在仁昌电台、中华电台、青年会电台和东方电台等"四大电台"的引领下,天津民营广播事业呈现出了火热的发展态势。而在它们之外,以南开大学广播电台、华北运动会广播电台、中原公司广播电台等为代表的各类民营电台的短暂出现也为民营广播事业在 20 世纪 30 年代中期的蓬勃发展添上了一笔笔亮色。

第二节 褒贬各异的"四大电台"

近代天津民营广播发展的最高峰,莫过于 20 世纪 30 年代中期以仁昌电台、中华电台、青年会电台和东方电台为代表的四大电台和诸多民营电台并立的阶段。由于在这个时期天津广播无线电台已经奉交通部指令撤销,因而四座民营电台之间的竞合,支撑起了当时的天津广播事业,也给天津听众带来了更多的选择空间。这四家电台在性质上都属于商业性电台(青年会电台兼有宗教电台色彩),以广告收入为盈利手段。四家电台在本时期播出较为稳定,且节目设置风格各异,特点突出,赢得了天津及周边地区听户的认可和喜爱,因此在这四家电台中播出广告的商家也最多。比如一家名为华与楼羊肉馆的饭店,因在本市各电台里全有广告,所以在某天晚间出现了"上座特别的多,全都是吃涮羊肉火锅的,一时拥挤不动"的情况,"细一打听,敢情全是白天听有一家电台播报华与楼广告的缘故,所以惹人注意,效力不小"①。

仁昌、中华、青年会、东方等四家电台因性质趋同,节目形式类似且相互之间存在着竞合关系,因此在 1934 年到 1937 年天津沦陷的这段时间,无论是以《大公报》《益世报》《广播日报》为代表的纸质媒体还是各类听户都从各个方面对它们进行关注和比较。各家报纸在不同版面刊登四家

---

① 电台消息[N].广播日报,1935-11-6(2).

电台的节目播出预报;部分听户则在报刊上发文对四家电台进行总结。如将东方电台评为"贵族化的电台";青年会电台是"高尚娱乐的电台";中华电台是"纯粹营业化的电台";而仁昌电台则是"平民娱乐化的电台"①。也有听户对四家电台进行了形象化的类比,署名"乾坤"的听户在《广播日报》中将仁昌电台比作"富豪的天津太太";将东方电台比作"从西洋留学回来性情极端静娴的一个中国小姐";中华电台被看作"一个社会鼎鼎有名的交际花";而青年会电台则更像"一个饱读诗书的女学士"②。也有一些听户出于多种原因,在报刊上向四家电台提出意见和建议,如认为仁昌台"太商业化",中华台"太缺乏文化常识提示",东方台"对于借座节目播音时言词忽略,失于检点处极多"③。

四家电台的播音一度从早晨一直播出到午夜,直到1937年3月才改为每日播音12小时。在电台丰富的节目中,既有阳春白雪,又含下里巴人,充分考虑了不同阶层和年龄层次听户的喜好。加之许多商户在其中做广告,一时间引得天津街头万人空巷,甚至某装设了收音机的商店,在木匣上贴了一张纸条来提醒驻足店铺前的人流注意"听众里站,留神电车"④。电台的播出也着实严重影响了天津一些城区的交通秩序和民众生活,"各商号多有设置无线电播音机向外放送者,对于交通治安两有妨碍"且"每有放至后夜而不停止者"。为此,天津市公安局还曾出台命令限制无线电台的播出时间"每日正午起至夜10时止,限定时间以外一律禁止放送以免妨碍交通,而维公众安宁"。并要求"各商号所装设之无线电播音机应改向里面播音,禁止向外放送"⑤。从天津市公安局的严格政令中我们也能管窥当时电台的播音在天津市内对听户的吸引力达到了怎样的程度,用"行人聚集,道路拥挤"来形容,可以说是毫不夸张。

① 一麈.四电台的比较[N].广播日报,1935-10-13(2).
② 乾坤.一九三五年广播事业的回顾[N].广播日报,1936-1-1(增刊).
③ 李淑贞.谈谈四家电台上,下[N].广播日报,1936-2-2(2),1936-2-3(2).
④ 梦塘.期望当局取缔闹市播音[N].大公报,1935-2-15(16).
⑤ 天津档案馆档案[Z].401206800-J0128-3-008942-002.

为了获取更大商业利益,四台竞相推出各种特色节目吸引听众,进而逐渐形成了类型相似却风格迥异的节目特点和办台特色。虽然这些特色的形成建立在吸引听众、吸引广告进而提高收入的目的上,但却也在客观上为当时天津文化事业的发展创造了条件。

一、仁昌广播电台:舍本逐末 格调日下

在四家民营电台中,仁昌电台是最先建立的,也是最早开始通过节目设计来探寻听众兴趣的。从最早能够在报刊上寻见的 1934 年 2 月 13 日"仁昌绸缎庄广播电台今天放送春节特别节目"一则广告中可以看出,早期仁昌广播电台的节目设置主要分为两大类,一为曲艺,二为戏剧。在全天三段播出时间中,从下午 1 点至 6 点的第一阶段,仁昌台的节目以京韵大鼓、梅花调、铁片大鼓、时调、太平歌词、莲花落、对口相声和河南坠子为主要形式,突出曲艺。而从晚 8 点到 12 点和凌晨 1 点至 4 点的两个时间段内,播放的节目主要以包括辕门斩子、玉堂春、连环套、七星灯等戏剧节目为主。① 仁昌台将曲艺和戏剧作为开播伊始的节目形式与其考虑的听众定位有关,仁昌台作为仁昌绸缎庄为宣传并销售自家经营的布匹而开办的广播电台,通过电台节目寻找潜在的消费群体是其创始阶段的根本目标。而一般绸缎的消费者主要为当时社会中生活较为富足的中上阶层人士,特别是这其中的女性群体。这个群体在日常生活中接触较多的休闲方式就是欣赏曲艺和戏剧等。从这个角度上看,仁昌电台在创立之初就把曲艺和戏曲作为主要的节目形式,有其从销售商品角度进行考虑的特殊性。

此外,仁昌电台以戏剧和曲艺作为主要的节目形式,也与当时天津的

---

① 仁昌绸缎庄广播电台今天放送春节特别节目[N].大公报,1934-2-13(13).

城市文化有关。在 20 世纪二三十年代期间,由于天津作为北方沿海最大的商贸中心,其多元社会架构逐渐形成,西人外商、寓公政客、商人买办和工人、流民等各种阶级阶层的民众汇聚于此,逐渐形成了兼容并包、中西兼备、南北杂糅的文化特色。在这种多元文化共生的形态下,形形色色的文化流派和多种多样的艺术形式纷纷生根发芽。加之当时社会的相对安定和劳动时间的逐渐缩短,天津市民的消闲时间逐渐增多,当时处于社会下层的工人家庭每年用于教育和娱乐的费用也已占到生活支出的 2.9%—3.9%。① 在众多的文化形式中,戏剧和曲艺作为最受欢迎的代表占据了天津市民阶层的两端:位于社会中上层的民众钟情于戏剧,而身处社会下层的民众则对曲艺情有独钟。

仁昌电台节目的设置并非一成不变,在刚刚创立的几个月时间中,作为当时天津唯一一家民营广播电台,其几乎垄断了天津的广播市场,因而节目形式较为多样同时并未展现出过度的低俗娱乐性。以 1934 年 9 月 24 日刊登于《益世报》上的"仁昌绸缎庄广播电台节目表"为例,本时期仁昌电台每日分三时段进行放送,分别为每天下午 1 点—2 点;3 点—5 点以及晚上的 8 点—11 点。在这三段时间中,除前两段都播放唱片外,后两个时段中的节目均包括"儿童故事""家庭常识""经济报告""气象报告"和"时刻报告"等。且在所有 8 种节目形式中,纯粹的娱乐节目只有 3 种,占比仅为三分之一。(图 3-1)

但后来随着中华、青年会和东方等电台的相继开业播出,仁昌电台的市场份额逐渐被其他三家电台所瓜分。在这种情况下,仁昌电台通过多种形式与其他电台展开竞争。一方面,他们提升电台功率,从最初的 7.5 瓦提升到 200 瓦。1935 年 12 月 13 日仁昌电台更换发射机后曾试验播放唱片,结果"发音极大,同时将津市各电台之播音皆能压倒"。另一方面他们又着眼于从改变节目形式来吸引听众,进而扩大听众范围。最明显

---

① 罗澍伟主编.近代天津城市史[M].北京:中国社会科学出版社,1993:619.

仁昌綢緞莊
廣播電台
呼號XLKB
週波一二三零K、C、
每日放送節目
下午一點至二點
最新唱片
三點至五點
兒童故事
家庭常識
最新唱片
晚八點至十一點
經濟報告
氣象報告
時刻報告
票友清唱

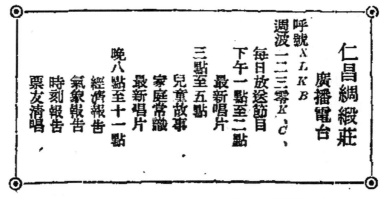

图 3-1　1934 年 9 月 24 日仁昌电台节目表

的变化就是大幅提升游艺节目的比例，同时开设专线对天津城内各大茶园[①]、游艺场等的演出进行转播。根据 1935 年 3 月 15 日《益世报》刊载的"仁昌广播节目预告"可以看出，本时期中仁昌电台的播出时间已由一年前的每天 5 个小时飙升到每天 12 个小时。内容较之从前也有了很大变化，从早上第一个节目开始，游艺类节目贯穿一整天。包括"中西最新唱片""中华茶园大戏""名票清唱"等内容，其中"中西最新唱片"在 10:00—12:30、13:00—14:30、15:00—19:00 以及 20:00—24:00 四个时段中均安排播出。（图 3-2）

仁昌廣播節目
暫用週波八二五千週
上午十時至十一時半，中西最新唱片，時刻報告，商業介紹，馬振英先生講注音符號（聲介的讀法舌根音）最新唱片，時刻報告。
下午一時至二時半，中西最新唱片，時刻報告，商業介紹，兒童故事，最新唱片，時刻報告。
下午三時至七時，中西最新唱片，時刻報告，氣象報告，商業介紹，中華茶園大戲（臨時報告）時刻報告。
晚八時至十二時，中西最新唱片，時刻報告，商業介紹，經濟報告，米麵雜糧行市報告，預報明天節目，特請名票清唱，卓晝榕君，張駿華君（南天門），吳琨君，陳碧華女士（一串宮），吳班齊女士，吳綠如女士（武家坡），時刻報告。

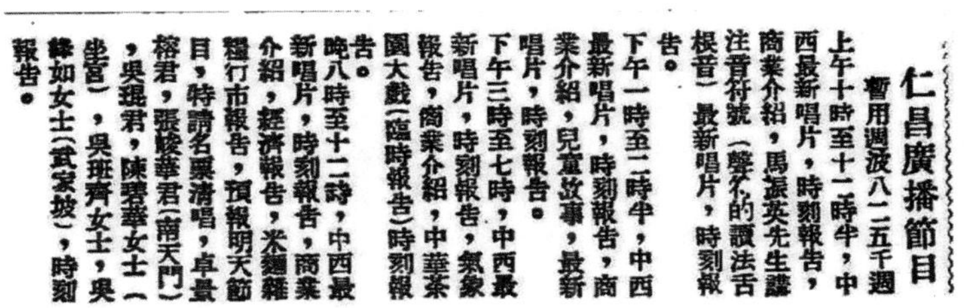

图 3-2　1935 年 3 月 15 日仁昌电台节目表

① 茶园即为戏园，清中期便出现于天津，当时以喝茶为主，听戏为辅。后逐渐演变为看戏为主的娱乐场所。

从上图中可以看出,仁昌电台在 1935 年的节目设置中明显增添了游艺节目的比例,电台的娱乐化趋势开始显现。到了 1936 年,仁昌电台的娱乐性和商业性已经表现得非常"露骨"。除了电台播出时间已经再度延长到一天 18 个小时外,节目设置已经完全趋于商业,迎合听户。根据刊载于《广播日报》的节目表显示,仁昌电台在当年 6 月 28 日的节目设置中有 13 档为游艺类节目,而全部节目则共有 22 档。

仁昌电台对游艺节目的青睐和大量播出,为其带来了毁誉参半的受众反馈。一方面,对于普通听户来说,仁昌电台的节目设置符合他们的兴趣和爱好,迎合老百姓的心理。特别是电台中播出的各种曲艺节目和转播中华茶园、中原游艺场等戏院的演出"扩宽了津市人民的视野,不用花车马旅费,就能欣赏到天南海北的艺术。"[①]不仅在天津,仁昌电台的节目还受到了河北唐山听众的欢迎,该听众描述说走在唐山的马路上或是各朋友的家中,"差不多他们的收音机全部放着仁昌电台的播音",而其原因则在于仁昌电台"节目方面分配的恰当,处处迎合听户的心理。"[②]仁昌电台因其"处处迎合听户"而受到听众的欢迎,但正是这种一味地迎合也使得其遭到了越来越多的批评。从 1934 年的"没有什么意义"到 1935 年的"较中华电台更乏味",许多人也看到了仁昌电台过度迎合听众所引发的电台娱乐化倾向的严重和背后的危害。特别是作为电台特色的游艺场专线转播最为遭人指责。"谁都知道,中华(茶园)里面是妓女们显露艺业,绍介色情的场所,可是仁昌电台很有勇气地播送出来,那些娇淫的歌曲,奇异的捧叫,太寒碜了。"[③]也有人从电台事业的社会意义角度对仁昌提出批评,"不能以供给一般少数人嗜好而为宗旨",他们也认为"中华茶园之落子,曲非正声,邪好百出,语出粗俗,毫无可取。"[④]

---

① 段然.抗战爆发前天津四大民营电台生存与发展研究[D].中国传媒大学,2016:18.

② 仁昌电台在唐山极受欢迎[N].广播日报,1936-3-23(2).

③ 梦塘.一九三五年的本市广播事业下[N].益世报,1935-12-22(14).

④ 昭华.再勉仁昌[N].广播日报,1935-11-20(2).

仁昌电台的节目设置和内容编排虽然迎合了普通听户的好感和认同,但这种认同是建立在对听户低俗趣味的盲目迎合以及投机之上的,对于提高民众素养、进行社会教化则并无意义。甚至可能会让"远地"的听户诧异"天津是个什么世界"！由此可见,仁昌电台在追求商业利益的过程中格调日趋低下,虽然迎合了听户,但却渐渐迷失了自己。

二、中华广播电台:利益至上　盲从听众

在仁昌电台开播不久,中华广播电台也在天津建成并开播。在经营上,中华广播电台较之仁昌电台手段更加多元,同时目的也更加直接。作为民营商业电台,本时期的四大电台均把盈利作为电台经营活动中的头等大事,并想尽办法编排节目以吸引听众进而提升效益。但较之其他三家电台来说,中华电台在吸引广告、取悦听众方面显然更加在行。建台之初,该台宣扬其建立原因是因为"鉴于华北一带之空间,几均为国外电台所占有,兹为发扬文化暨答谢各界听户胜意"而建立。开播当天的节目则以中西唱片和戏曲节目为主,从这里便可以看出其对听众的迎合。

中华电台在播音之初,凭借其清晰的播音质量和较高的电台功率,迅速赢得了天津听众的好感,被称为 1934 年"津门播音电台中最成功的一个"①。探究其成功原因,除了较好的设备外,不惜成本的节目编排和对听众反馈意见的重视也促使了中华电台的成功。

中华电台开播之初,其游艺节目与资讯节目配比尚可算合理。在 1934 年 12 月 21 日《益世报》刊登的"中华无线电广播消息"中可以看到,中华电台早 11 点开始播出一直持续到晚间 10 点。其间播放的游艺节目主要有音乐、唱片、故事、二胡独奏、提琴独奏、京胡教学及京剧节目;资讯

① 梦塘.本市一九三四年广播回顾谈上[N].大公报,1934-12-29(13).

类节目则包括公债行市、商业介绍、金融行市、全国及本埠气象等。(图3-3)

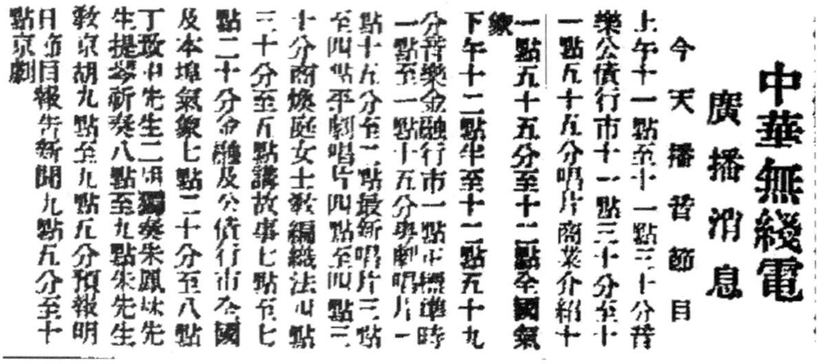
中華無綫電
廣播消息
今天播音節目
上午十一點至十一點三十分音樂公債行市十一點三十分至十一點五十五分唱片商業介紹十一點五十五分至十二點全國氣象
下午十二點半至十二點五十九分音樂金融行市一點平標準時一點至一點十五分平劇唱片一點十五分至二點最新唱片三點至四點平劇唱片四點至四點三十分商煥庭女士教編織法四點三十分至五點講故事七點至七點二十分金融及公債行市全國及本埠氣象七點二十分至八點丁致中先生二胡獨奏朱鳳林先生提琴新奏八點至九點朱先生教京胡九點至九點五分預報明日節目報告新聞九點五分至十點京劇

图3-3　1934年12月21日中华电台节目表

但这种节目设置与其他电台的节目没有什么本质区别，也难以让听众过耳不忘。为了能够在与众多民营台的竞争中拔得头筹，中华电台经理龚雪甫多次前往北平上海等地“约聘富有兴趣之游艺节目来津在该台放送，以唤起听众之注意。”龚雪甫头脑灵活且不吝惜金钱，为了提升中华电台的收听率，他先后将女鼓王林红玉、奉天调鼓姬朱玺珍、单弦名家润海清、丝弦大王王殿玉以及天籁播音社等听众反响强烈且叫好叫座的演员邀请到中华电台进行演出；同时还通过与知名戏曲演员签订聘用合同的方式独家买断其演出权，以独播的形式来吸引听众。

在出资延聘演员之外，中华电台还较为在意听众的反馈，并据此增设节目或对节目播出时间进行调整。如在1935年底，将单弦艺人荣剑尘的演出由先前时间调整为19:45—20:30这一黄金时间，原因在于“此种时间，正在各界用毕晚餐以后，故收听者极多”。1936年初，中华电台又应听众要求，安置收音机转播北平大戏，同时花费重金聘请评戏女伶小翠霞长期清唱。中华电台采用“试验播出”的方法不断推出新节目，如上文所述天籁社播音团和评戏女伶小翠霞等，均为在该台试播多次听众反馈良好后转为正式长期播出。

中华电台节目设置灵活，更新较快且经常播出独家节目。加之其重视听众的反馈,对听众的需求多能实现,因此其迅速取代仁昌电台成为当时天津最具影响的广播电台。"营业之发达,为全市各电台之冠。"①甚至在其全盛时期,每天播报的广告商家达到 120 家,打破了当时全国电台的收入纪录。② 广告收入的提升带动了中华无线电研究社的无线电器材销售,"美国电曲儿五个灯标准长短波的收音机,中华电台运来一大批,每日前往参观者,络绎不绝……销路颇畅"③。

虽然中华电台在节目设置上颇具新意且重视听众意见的做法为其带来了丰厚的经济回报,但民营电台追求利润的本质还是使其在节目质量和广告收入的抉择上毫不犹豫地选择了后者,这也为其后期遭到越来越多的批评埋下了祸根。

广告收入是民营电台生存发展的生命线,因此本时期各民营电台均通过多种方式在电台中播放广告以实现最大限度的获利。当时,电台中的广告播放形式主要有三种,第一是由电台的播报员在节目进行中或相邻的节目之间插播广告,这种方式最简单最普通。第二种是由演出节目的演员在演出中即兴插播广告,这种广告需要讲究技法,要靠演员心领神会的口头功夫。高水平的演员在播报广告前要铺平垫稳,插播时要巧,做到天衣无缝,让听众在潜移默化的笑声中记住商品信息。④ 由于这种广告的技法要求较高,因而一般报酬也较高,名角播报一条广告一般可拿到每月 5 元,多播多得。⑤ 第三种广告形式则是承包广告,即广告社将电台的一段时间承包下来或专门代理,商户可以在该段时间内自由安排节目

---

① 新闻[N].广播日报,1935-9-23(1).
② 段然.抗战爆发前天津四大民营电台生存与发展研究[D].中国传媒大学,2016:22.
③ 新闻[N].广播日报,1935-10-14(1).
④ 由国庆.故纸温暖:老天津的广告[M].天津:天津古籍出版社,2015:23.
⑤ 由国庆.故纸温暖:老天津的广告[M].天津:天津古籍出版社,2015:23.

或广告,广告社与电台和商家三分其利,这种形式也被形象地称为"借座"①。

在 1935 年《广播日报》的一则新闻中提到,中华电台因广告日渐增多所以把节目时间进行了压缩并调剂了报告的分配。此后,《广播日报》还多次报道了中华电台电话全天匆忙,皆因商户询问广告价位等事宜的消息。中华电台调整节目设置后,商业广告大幅增加,以 1936 年 6 月 7 日的节目表为例,在从早 8 点到午夜 12 点半的近 17 个小时中,仅"借座"的"商业介绍"就多达七次,时间从半小时至 1 小时不等,而这还不包含在各种游艺节目中由演员播报的。(图 3-4)

图 3-4　1936 年 6 月 7 日中华电台节目表

泛滥的广告播出成为中华电台的败笔,也引发了许多听众的不满。一位名为曹俊甫的听户就曾给中华电台写信表示:"放送唱片的时间,每日不过在两三点钟。所以他们每一次报告,就得六七处之多。听户对于他们时常不满意。""放送唱片的时间,受了借座节目的推挤,每日只能放两三个小时。在这极少的时间中,报告贵台极多商店的广告,怎能不每唱半盘就得报告六七家呢?"②无独有偶,郑梦塘在总结 1935 年天津广播事业发展时提及中华电台,也表达了对其广告成堆的不满:"的确他们经营得太好了,在商业上获得很可夸耀的胜利,但是在文化的努力上,则不敢

____

① 天津地方志编修委员会办公室,天津市广播电视电影局,天津广播电视电影集团编著.天津通志·广播电视电影志 1924—2003[M].天津:天津社会科学院出版社,2004:82.

② 曹俊甫.写给中华电台[N].广播日报,1935-10-15(2).

妄加赞美……中华电台的主管人许忽略了这一层,或者遗忘了无线电台还可以传播文化,教育事业。"①

中华电台和仁昌电台一样,在发展过程中都逐渐将听众群体定位在城市中下层的人士群体上,走大众化与商业化相结合的发展道路。这种路线虽然能在一定时期内因对众多听众的满足而为电台带来不菲的商业利益,但从长远来看势必导致电台忽视对节目质量的把控和对品质的提升,走入逐利忘义的恶性循环,最终使得电台形成一个彻头彻尾的广告公司。

三、青年会广播电台:宗教背景　雅俗共赏

与仁昌电台和中华电台有所不同,青年会广播电台的性质并非完全意义上的商业电台,由于其创办者是天津中华基督教青年会,因而该电台具有较为浓厚的宗教色彩。

天津基督教青年会于 1895 年成立,作为青年会在中国建立的第一个机构,选址天津主要考虑到了天津九河下梢连接中外的地理位置便于向中国北方推广传教;同时北洋大学、水师学堂等的建立使得天津成为当时清政府发展西式教育的中心,青年学生有一定的外国语言基础,并且部分学生已经开始接受了基督教信仰。② 天津青年会创建的宗旨在于在华传播西方文化与生活方式,因而他们在天津广泛地开展了包括教育、体育、音乐、旅游、演讲会及广播电台等各项文化娱乐活动,以使天津人接触和感受西方文明。青年会在天津兴办学校,传播推广体育竞技,普及西方音乐并定期邀请名人就社会问题举办演讲会,他们也曾于天津水灾期间组

①　梦塘.一九三五年的本市广播事业上[N].益世报,1935-12-21(14).
②　杨大辛.天津青年会的文化效应[M]//天津中华基督教青年会编.天津中华基督教青年会与近代天津文明.天津:天津人民出版社,2005:52.

织慈善救济。但在众多活动中,对当时中国人影响最大的则属于青年会所创立的天津青年会广播电台。

青年会电台创立伊始就表明了其不志于通过广播牟利的宗旨。"天津青年会电台为服务社会起见,颇有装置无线电台之必要……是纯以服务社会宣扬文化为宗旨,并不是营业的。"①因为其非营业,且为宣扬文化的宗旨,所以其在节目的编排和内容的选择上也较之其他三家电台有着较大的不同。

第一,在节目选取上突出文化性和交流性。1934 年 11 月 10 日青年会广播电台开幕。在首日的播音中,青年会电台的节目与先前的仁昌电台和中华电台相比大相径庭。二台开幕之初均以戏剧和曲艺节目为主,辅之以少量的资讯类节目。但青年会电台在开幕试播的节目中除了致辞外,主要内容则包括南开大学英文教授司徒月兰的演说、真美口琴会的口琴演奏、钢琴独奏以及国剧等。内容除了演说便是音乐,较之前二者文化性更强。(图 3-5)

图 3-5 1934 年 11 月 10 日青年会

广播电台节目表

进入常规的每日播放后,青年会电台对节目的审核和把控亦较为严格。1935 年 1 月 30 日《益世报》刊登的"天津青年会广播无线电台节目表"中显示,电台从午后开播到晚间 11 点半结束,其间主要节目包括"西乐""中乐""商情会务报告""商业介绍""报告气象""儿童故事""名人故事""当日新闻""名票清唱"等。(图 3-6)

---

① 介绍天津青年会电台[N].广播日报,1935-9-28(3).

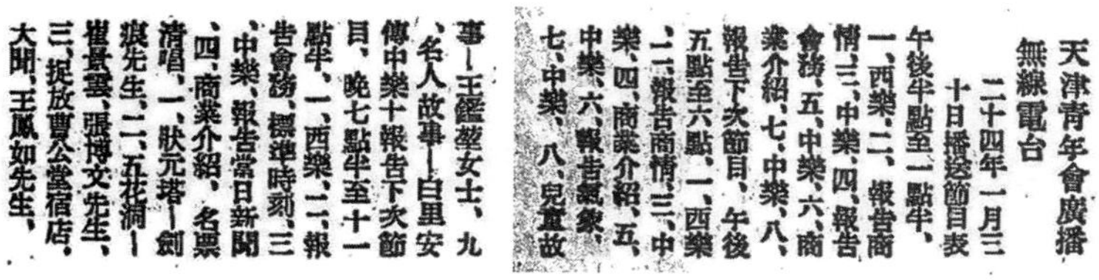
天津青年會廣播無線電台

二十四年一月三十日播送節目表

午後半點至一點半、一、西樂、二、報告商情、三、中樂、四、報告會務、五、中樂、六、商業介紹、七、中樂、八、報告下次節目、午後五點至六點、一、西樂、二、報告商情、三、中樂、四、商業介紹、五、中樂、六、報告氣象、七、中樂、八、兒童故事—王鑑瑩女士、九、名人故事—白里安傳、中樂十報告下次節目、晚七點半至十一點半、一、西樂、二、報告會務、標準時刻、三、中樂、報告當日新聞、四、商業介紹、名票清唱、一、狀元譜—劉琛先生、二、五花洞—崔景雲、張博文先生、三、捉放曹公堂宿店、大開、王鳳如先生、

图 3-6　1935 年 1 月 30 日青年会广播电台节目表

节目以中西乐曲和资讯信息及励志故事为主，虽也开设了曲艺节目，但选取的则是格调相对较高的戏剧。该电台所选取的戏曲和曲艺节目，“既无坠子评戏及时调等之唱片，又无才子佳人、淫奔招亲等之鼓儿词”①，播放的唱片则包括全本四郎探母、女起解、玉堂春、连环套等旧剧，“皆系选择各公司之唱盘所配合者，前后接连放送，俨然如一整戏”②。

第二，利用电台节目普及新知，推广新人。在四大电台竞争的时代，时间就是金钱，节目就是生命。想要在有限的时间内实现利润的最大化，各电台所考虑的都是如何迎合听众，并将听众转化为顾客。但青年会电台却秉持宗旨，不把盈利放在首位。他们在节目中推出各种学术讲演，“每日均有固定时间放送给听户，由专家担任。临时增加的学术演讲，每周也有二三次”③。在由青年会电台播出的天津青年会成立四十周年纪念典礼节目中，总计 14 个节目中讲演节目为 4 个，此外还包括 3 项青年会工作汇报。而如遇临时演讲节目与原定游艺节目产生冲突，青年会电台也经常会改变播出计划。如该台曾为青社辩论会而取消原定的游艺节目并安排架设专线进行一个半小时的实况转播。④ 青年会电台也在每天的节目播出中安排“借座”，只不过借座对象是一家名为“商务精进社”的商号，在每晚两个小时的播出时间中，该社除了播出符合广大听众兴趣的

① 介绍天津青年会电台[N]. 广播日报，1935-9-28(3).

② 介绍天津青年会电台[N]. 广播日报，1935-9-28(3).

③ 青年会电台的一周年[N]. 广播日报，1935-11-13(2).

④ 段然. 抗战爆发前天津四大民营电台生存与发展研究[D]. 中国传媒大学，2016：26.

游艺节目外,"又请名家讲演常识,均系与文化学术有关者"。

青年会电台宣扬文化,推广新知。因此他们也将很多播出机会给予当时天津听众并不熟悉的新团体和新节目。天籁社歌咏队就是其中之一,"歌咏"虽然早已流行上海但 30 年代刚刚登陆天津,尚无人知晓。歌咏队的节目在青年会电台试播后,"成绩一鸣惊人"。"第二次在青年会电台播音后,接到各界来函百余件。"也使得很多听惯了娇淫歌曲的听众懂得了"情歌取材,固不必求其肉麻,而引人入胜也"①。除此外,包括青年会大众剧团、友爱团、求是播音团、小朋友播音团、玲珑播音团等团体的节目也都在青年会电台得到了播出机会。

第三,注重资讯节目,开多项广播先河。从青年会电台日常播音节目中可以看到,其对资讯发布较为重视。在全天节目中,商情、会务、商业、气象等方面的资讯都所有涉及。同时最难能可贵的是青年会电台在当时天津众多民营电台中首先开辟了专门的"报告日常新闻"的节目,节目中播报由南京中央通讯社提供的消息,使听众获得了了解国事民情的机会。青年会电台的新闻节目也是本时期四大电台中唯一一档新闻节目。② 而作为基督教青年会下设的电台,青年会电台中自然少不了宗教类节目,电台早期节目中就包括了讲道、祈祷、读经、德育演讲等节目,后来又增添了恭读《圣经》等节目③,这在当时的天津广播电台中也是首创。

青年会电台不重盈利,对广告亦不看重。在该台的宗旨中指出:"广告繁多,反而失效。"同时,青年会电台严格执行交通部《民营广播无线电台暂行取缔规则》第十七条第四款中有关商业报告不得逾每日广播时间十分之二的规定,"故对于商号广告书目有一定之限制以符部章"④。青

---

① 云.天籁社播音小记[N].广播日报,1936-2-11(2).

② 赵天鹭.天津青年会广播电台与社会服务——以《大公报》为中心的考察[J].文学与文化,2015(3):125.

③ 赵天鹭.天津青年会广播电台与社会服务——以《大公报》为中心的考察[J].文学与文化,2015(3):128.

④ 介绍天津青年会电台[N].广播日报,1935-9-28(3).

年会电台在有限的广告中还有许多"禁忌",比如他们不刊登有损社会风气的"避孕""性病"等广告,不刊登违背基督教义的烟酒广告等。

青年会电台在本时期四大电台竞争的大环境下不以营利为目的,坚持服务社会、宣扬文化的宗旨为天津民营电台平衡自身发展与社会责任之间的关系树立了榜样。虽然其有些"曲高和寡"的节目引得一些格调低俗的听户不喜收听,但其却能"矫正风俗,破除积习,贯彻初衷"。1937年2月28日,中央广播指导委员会致电青年会电台予以嘉奖,并准许其自行审核艺人播音脚本。

四、东方广播电台:音乐立台 注重幼教

东方电台在四台中开播时间最晚,因而留给它占据的市场也就最小。但面对仁昌、中华两台对平民大众市场的把控以及青年会电台对高端文化市场的占据,东方电台还是在二者之间找到了突破口,这就是居住在天津的西方人群体及崇尚西方生活方式的青年群体。

东方台以在津西方人和青年群体为听众,其节目设定上亦考虑到了这两个群体的特点。在开播之初,东方台以西洋音乐节目最为著名。"自下午3点一直到晚10点或11点",且"在这段时间里听不到一句中国话。"在试播期间,有人提出希望东方电台播放的节目能够"对听众打算,播出的节目应该多些中国的片子,少放些西乐的唱片"①。在正式播出后,东方电台加大了中国音乐的播放力度,并且针对旅居天津的广东人较多的特点,安排了部分南方音乐。中西音乐播放的同时,东方电台还转播当时回力球舞厅的舞曲,一时间西乐、国乐、广东音乐、舞曲在东方电台中参互播出,交相辉映,形成了一种较之仁昌电台和中华电台主播曲艺和戏

---

① 东方广播电台中西乐似可参互播送[N].大公报,1935-2-13(16).

剧所不同的新鲜时尚风格。“该台中西语之报告,均有相当之音声,使听户闻之不厌,广告亦日渐增多。”①(图 3-7)

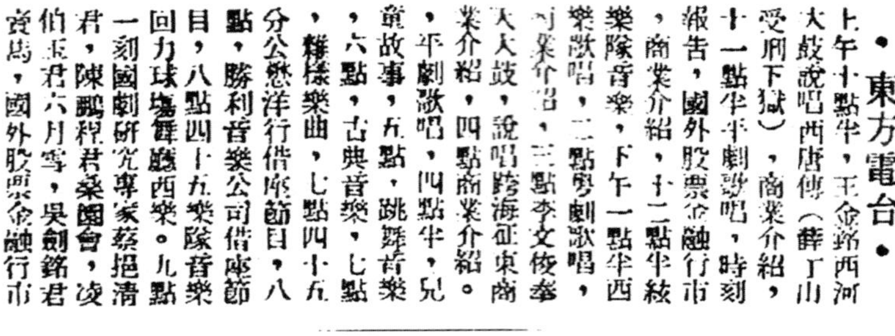
•東方電台•
上午十點半，王金銘西河大鼓說唱西唐傳（薛丁山受刑下獄），商業介紹，十一點半平劇歌唱，時刻報告，國外股票金融行市，商業介紹，十二點半絃樂隊音樂，下午一點半西樂歌唱，二點粵劇歌唱，商業介紹，三點李文俊奉天大鼓，說唱跨海征東商業介紹，四點商業介紹。，平劇歌唱，四點半，兒童故事，五點，跳舞音樂，六點，古典音樂，七點，精采樂曲，七點四十五分公懋洋行借座節目，八點，勝利音樂公司借座節目，八點四十五樂隊音樂回力球場舞廳西樂。九點一刻國劇研究專家蔡挹清君，陳鵬程君桑園會，凌伯玉君六月雪，吳劍銘君賣馬，國外股票金融行市

图 3-7　1935 年 9 月 11 日东方电台节目表

同时,该台与青年会电台一样,对于提升国民素质的教育亦较为关注。但与青年会电台注重通过讲座等形式进行成人教育不同,东方电台则更加重视对青少年儿童的教育。在每天演讲、儿歌、儿童故事等固定节目的基础上东方台聘请儿童教育专家单世伟在每周日下午播讲模范少年、益智常识、实用工艺及各种有关儿童身心的节目。此外单世伟还在节目中开设有奖问答,“凡答中前十名者,一律赠送精美实用物品,自举办以来,深得一般听户之赞扬”②。

在电台市场份额被其他三家电台挤占大半的情况下,东方电台通过播放内容的巧妙设计,将听众固定在了西方人、青年人以及儿童这三个群体上,不仅开拓了自身市场,同时也在一定程度上促进了青少年儿童教育的普及,具有一定的社会贡献。

① 电台消息[N].广播日报,1935-9-10(3).

② 东方情报[N].广播日报,1935-12-6(2).

第三节　社会灾变中的民营电台

20 世纪 30 年代期间蓬勃发展的民营电台让民众的休闲娱乐和文化教育生活丰富了起来,促进了近代社会的发展和中西文化的交流,也为戏剧曲艺等国粹艺术的普及创造了条件。但民营电台对社会文化和艺术发展的推动更多是客观上造就的,其主观意图则为通过游艺节目的安排迎合听众进而实现商业利益的最大化。并且正如前一节所述,在追求最大化商业价值的过程中,部分民营电台也曾出现为博听户一笑而大肆播放注重风月、娇淫奇巧游艺节目的现象。

或许正是基于上述原因,在业已形成的针对民营广播电台的话语体系中,"有电皆啼笑,无台不说书"似乎成了民营电台的固定标签。在这种话语体系的建构下,民营电台一经出现,就带有节目设置低俗、招徕广告为第一、迎合趣味为能事等"原罪"。

但事实并非全部如此。首先,民营电台的商业属性决定了其没有像官办电台那样可以通过行政拨款或从听户的收音机执照费中收取资金的权力。在经费必须完全自给的政策规定下,民营电台只得通过迎合听户来进行节目设置,在节目中或节目间隙穿插广告,或将整段节目时间"借座"出让从而获取最大的收益以维持和扩大电台的经营。

其次,民营电台虽以自身盈利为最终目的,但以天津青年会电台和东方电台为代表的一些民营电台也在本时期内探索着如何搭建商业利益与社会责任之间的微妙平衡。对讲座、新闻内容的大力提倡以及电化教育的有益尝试都是这种探索的体现，更何况在直面广告诱惑时，它们还能做到坚持初衷，哪怕"商业不振"也要"为社会及大众谋正规的宣传和有益的广播"①。

最后，民营电台作为当时中国民族工商业的一种具体表现形式，其所有者自然可以归入民族资产阶级的序列之中。正如这个阶级普遍存在的双重性一样，一方面他们作为资产阶级流淌着天生的逐利而居的血液，但另一方面当天灾突降、民族危亡之际，他们又往往能站出来，"不仅如实报道事件进展，还以实际行动参与救援和赈灾"。尚且不论民营电台的这种行为是出于自律抑或他律，但仅以行动本身，就能说明民营电台并非先前话语体系中所建构的"紊乱之极"，而是间或表现出其"可贵的爱国精神和责任担当"②。

一、水灾中动员民间救灾的主渠道

由于长期的内忧外患导致积贫积弱，近代中国防灾抗灾的能力较差。一方面作为灾害应对的主体，政府能够提供的救助和赈灾力量往往十分有限，加之从中央到地方各种政治势力盘根错节相互倾轧，政令不畅、救灾不及、杯水车薪的现象层出不穷。另一方面民间慈善事业引导的非官方救灾虽然能在一定程度上弥补官方应对能力的不足和在救灾当中的"制度性缺失"，但以慈善堂、孤儿院、红十字会、教会和士绅乡贤为代表的民间救灾系统由于大多依靠单一力量救灾同时也缺乏宏观应对能力，因而无法在救灾中唤起大众形成合力。因此，在近代以来，在灾难事件中起到协调调度，广而告之并筹赈救灾的责任就责无旁贷地落到了新闻媒

---

① 璠.天津市里的几个电台[N].广播日报,1936-9-2(2).
② 艾红红.中国民营广播史[M].新北:花木兰文化出版社,2016:170.

体的肩上。

灾难事件中的协调、报道和救济责任最初是由报刊等媒体承担起来的。以《申报》《大公报》《益世报》《世界日报》为代表的近代大报从建成之初,针对灾难救济的相关报道和倡议就持续不断。以《申报》为例,1876 年 12 月 6 日就在一版刊发过《论救灾》。1931 年长江水灾,湖北安徽等全国 8 省遭灾,超过 5000 万人口沦为灾民。《申报》在水灾期间曾开辟《各省灾振昨讯》专栏,每日报道各省灾情及救灾情况。在抗战期间,《申报》(香港版)还曾举办义演筹集经费救助难民。同样,《大公报》在历次灾害救济中也扮演了重要角色,"回溯二十年水灾、该报募集振款逾二十万、热忱可敬"①。

1935 年 6 月到 7 月间,因受鄂西和湘西北持续五日的特大降雨影响,长江中游及清江、汉江、洞庭湖水域发生了区域性特大洪水,江汉平原变成了一片汪洋。《申报》在 1935 年 10 月 24 日对这场水灾的报道中,将其描述为:"其灾情之惨重较民二十年尤有过之、灾区达十数省之多、灾民达数千万之众、流离颠沛、苦不堪言。"②

在这场造成 14 万余人丧生的区域性大洪水中,媒体在报道和赈灾中再次扮演了重要角色。而不同以往的是,本时期民营电台作为一支新兴的媒体力量出现,与报刊一起建构了一道由新闻纸和电波铸造的水灾报道和救助网络,对灾民救助起到了重要作用。在本次水灾中,上海民营电台组织的"播音业同业公会"发起赈灾活动,一方面旗下会员电台在节目中进行救灾宣传筹集善款,另一方面每日晚 8 点各电台同时播音,为鼓励商户,他们协议每捐助 100 元便可得到 35 家电台免费播报广告一次,以此类推。③

---

① 许世英电请沪报代募振款[N].申报,1935-8-21(10).

② 市童子军总动员水灾募捐办法决定十一月九日起分对外对内募捐日[N].申报,1935-10-24(9).

③ 艾红红.中国民营广播史[M].新北:花木兰文化出版社,2016:118.

在天津,《大公报》从 6 月起便对水灾进行持续关注,每日报道洪灾进展和救灾情况,不断进行各种赈灾募捐活动,在半年期间共募集善款30 多万元。与上海的情况类似,虽然此时期民营广播的新闻属性还未被社会所广泛认识,并且也未经过认真开发,但其社会动员能力已被广泛认可。在当年 8 月 11 日,《大公报》为赈灾设立江河水灾捐款委员会,并曾公开向当时天津的中华、仁昌和青年会电台寻求帮助:

令本娱乐不忘救国之旨,希望中华、仁昌、青年会广播电台,增加下面两项节目:

(一)增加新闻节目:报告受灾的地方种种情形,如:某地某时,大雨倾盆,河水暴涨,某处决口,以致被水成灾的惨状,详细的逐日报告给听户,以促听户注意,而冀其解囊输将。

(二)增加演讲节目:凡关于水灾的故事,尽量的聘请专家演讲,形容惨状,令听户如身历其境,并苦口婆心,劝告捐助。

这样,我想听户多少会打动恻隐之心,稍为破费。希望诸电台当事者,热心采纳,即予实施,共襄义举,则灾民幸甚矣。①

作为回应,仁昌电台于 10 月 16 日播放了话剧《血与泪》,这是一部由燕社编排演出的反映水灾的话剧。节目播出后引发了听户的巨大反响,仁昌电台当晚收到众多听户电话,要求重播并纷纷捐款。而这笔善款也被仁昌电台转交给赈灾机构用于救助灾民。②

---

① 树藩.为江河水灾希望于中华仁昌青年会电台的两点[N].大公报,1935–8–11(13).

② 段然.抗战爆发前天津四大民营电台生存与发展研究[D].中国传媒大学,2016:43.

二、冬赈中救济贫民的扩音器

天津社会阶级分化严重,壁垒坚固。一方面是租界区内中上层富人生活奢靡,一掷千金。另一方面则是华界内贫民数量持续攀升,生活窘困。根据天津市慈善事业联合委员会 1930 年所做的调查显示,当时天津华界的贫民人数为 150871 人,占市区总人口的 16.09%。[①] 贫民人数众多,他们往往居住于租界以东的城市边缘或天津旧城以西、海河三岔口以东地区,以草棚茅屋栖身。每到冬日,由于没有冬衣,冻死冻伤者无数。从清朝开始,为了帮助贫民顺利过冬,天津就开始了"冬赈"并一直持续到民国时期。

在"冬赈"期间,除了一般意义上的粮食、衣物捐赠外,戏剧曲艺界艺人联合出演的"义务戏"也是一大特色。所谓"义务戏"即通过"演剧筹赈"的方式由戏剧和曲艺艺人举办不计报酬的公益演出,所得门票收入全部捐出用于贫民过冬所需。

天津市慈善事业联合会曾在 1935 年和 1936 年冬春分别于北洋大戏院和中国大戏院举行连续多日的"冬赈义演",其间梅兰芳、马连良、唐槐秋、尚小云、谭富英、周信芳等曲艺名家悉数到场义演,前天津市公安局长程希贤也曾于 1936 年上台演出。但义演的规模毕竟有限,无法更大限度上地唤起公众对贫民的关注。为了扩大冬赈义演的影响,广播电台千里传声的作用在此时得到了发挥。在 1936 年的义演中,仁昌电台、中华电台和东方电台曾联合架设专线对演出进行实况转播,这种转播对于电台来说可谓驾轻就熟,但对于冬赈义演来说,则是雪中送炭,这使得许多未能到现场的戏迷有机会听戏,同时对义演的宣传也吸引了听户亲赴现场

---

① 罗澍伟主编. 近代天津城市史[M]. 北京:中国社会科学出版社,1993:591.

观看演出。各家电台的转播扩大了演出的影响,为天津冬赈款项的募集提供了帮助。

三、抗战中支援前线的宣传队

进入 20 世纪 30 年代后,日本借西方各国一战后国力衰退之机妄图实行其所谓"大陆政策",对华野心不断膨胀,在发动九一八事变强占东三省后,又相继进犯上海、占领热河、察哈尔及河北省除平津以外的大部分地区。为了进一步向中国北部扩展自己的势力,日寇策划了"满蒙计划"妄图分三步将当时的蒙古地区分裂出去形成第二个伪满洲国。在占领察哈尔后,日寇操纵伪"蒙古军政府"和称之为"大汉义军"的伪军伺机侵略绥远。驻守绥远的第 35 军军长傅作义坚持"不惹事、不怕事、不说硬话、不做软事"的原则进行谈判和备战。1936 年 11 月 15 日绥远抗战打响。经过艰苦的红格尔图战斗、百灵庙战斗和锡拉木楞庙战斗后,绥远抗战以伪蒙军大败,"大汉义军"全军覆没宣告结束。

绥远抗战中中国军队获胜,这是中国军队自长城抗战以来取得的最大一次胜利。打击了日伪的嚣张气焰,激发了全国军民的抗日热情,增强了全国上下的抗战信心。

绥远抗战从 11 月 15 日开始,持续月余直到 12 月 19 日胜利结束。在此期间,全国上下军民一心通过多种方式支援绥远战场。天津的三所民营电台仁昌电台、中华电台和东方电台此时再度走到一起,与天津新新电影院联合举行了为绥远前线募捐的游艺会。为扩大影响,三家电台还在当年 12 月 13 日的《大公报》上刊登了消息广泛传播。

游艺会定于 12 月 23 日在新新电影院举行,仁昌电台、中华电台和东方电台的全体演艺成员义务登台演出。演出分日夜两场。日场由中午 12 点到晚上 7 点;夜场由晚上 7 点半到午夜 1 点。票价定为 1 元,日夜两场通票,共售票 1000 张。在消息中,三家电台表明"筹备所需各项费用,由中华、东方、仁昌三电台及新新影院平均担任,决不动用票款分文,聊表纯粹义务之本意"[①]。义演收获了极好的募捐成绩,所得款项悉数交给《大公报》汇往前线。

冬赈救灾和绥远抗战中的义演宣传,表现了天津民营电台在社会大事变之中的责任和担当,也让人看到了他们之间在商业竞争以外面对社会责任时亦能加以联合,发挥更大作用。

此外,在 1935 年水灾救助和 1936 年劳军义演中,《大公报》和三家民营电台均进行了互动和协作。这表明在本时期,民营电台的社会效应以及传播能力已被主流媒体所认可。纸质媒体开始尝试进行与"新媒体"之间的跨平台协作,且收到了较为良好的效果。

民营电台对重大社会事件的介入和传播一方面表明了本时期民营电台仍能在社会责任与商业利益之间做出正确的选择,同时也进一步向公众展现了广播新媒体的重要作用。在华界居民识字率只占总人口 41.3%的天津[②],广播能够起到的社会动员作用在某种意义上讲远超报刊等传统媒体。作为一种由点对面进行传播,且面向不特定受众的媒体,广播参与重大社会议题已被实践证明是出于其生存本能的一种必然选择。[③]

①　新新中华东方仁昌联合举行募款游艺会[N].大公报,1936-12-13(13).
②　罗澍伟主编.近代天津城市史[M].北京:中国社会科学出版社,1993:609.
③　艾红红.中国民营广播史[M].新北:花木兰文化出版社,2016:118.

小　结

在短短二十余年的时间中,天津广播数次经历了社会变动和时代更迭。无论是民国北京政府时期的起步初探,还是黄金十年期间的高速发展,抑或沦陷期间的万马齐喑和抗战胜利后的迷失方向,广播事业的发展就像一面镜子,伴随着这座城市的闪耀而闪耀,也伴随着她的黯淡而黯淡。

如果将近代天津广播比作一顶桂冠,那么桂冠顶端最明亮的宝珠非民营电台莫属。从近代天津出现的第一家电台义昌洋行广播电台开始,民营电台伴随着天津近代广播的从无到有、从弱趋强,经历灾难并最终走向新生。它的出现,为近代的天津开启了沟通中外的桥梁,为徘徊的民众敲响了日新的鸣钟。

外商民营电台的出现,让民国北京政府第一次注意到广播电台这一全新的传播工具,并尝试通过立法对其进行管控。从此开启了我国政府对广播电台进行法治管理的新时代,使得中国的新闻法治建设开启一个多元化的新篇章。

国人自办民营电台的出现,结束了我国官办电台一家独大的历史,改变了电台节目依据"传者中心论"的宣传任务而设定的旧习,为吸引听户而迎合受众的节目设置,虽然也遭到批评,但却是第一次在我国媒体运营中引入了朴素的"受众中心论"概念。依照听户爱好和习惯设置节目,让受众反馈和议程设置的思想开始融入民营电台经营管理的日常,媒体传播运营的近代化进程在不自觉中启动。

以仁昌电台、中华电台、青年会电台和东方电台为代表的天津民营广播电台自20世纪30年代中期逐渐出现后,虽受战乱等因素影响存在时间短暂,但却为天津广播电台的发展带来了无限活力。它们立足天津,借鉴南北,吸收中外,重视反馈。虽褒贬不一,但各具特点的节目设置和对听户市场的细致划分让人们看到了商业电台的四射活力,更使广播电台与听户和受众的生活距离被无限拉近。可以毫不夸张地说,"四大电台"连同其他类型各异的民营电台在摸索和实践中将天津民营广播乃至天津广播事业发展推上了更高水平。

民营电台与官办电台的互动竞合,开启了阶层的凝聚和家国意识的构建。自广播电台出现以来,在旧中国每一次灾难救济中,广播作为辐射更广、受众更多的新媒体始终走在报道宣传的最前沿。而民营广播亦利用自己与听户形成的亲密关系,为水旱灾害中的难民,为过冬无着的贫户,为抗战前线的战士组织义演,募集捐助。来自社会各界的捐助伴随着电波逐渐消解着早已固化板结的阶层关系,同仇敌忾的信念又通过电波让中华民族的家国情怀在最危险的时候一次次凝聚。

当然,我们不否认民营电台有其与生俱来的种种弱点。作为商业电台,其对利益的追逐往往表现在为迎合听众而不顾节目质量和品位。为招揽广告而忽视职业操守和社会责任。在当时乃至今日的众多评析中,我们也可以看到众多来自政教文化人士对其提出的尖锐批评。同时,作为旧中国的商业电台,其与生俱来的软弱性和妥协性使得它在面对列强羞辱和官产霸凌时往往选择逆来顺受、默不作声。

民营电台在天津诞生、发展和衰落的 24 年,亦是天津广播事业在近代所经历的 24 年。在这部短暂的历史中我们曾经有幸见证了 20 世纪 30 年代中叶那曾经叱咤风云的四大电台出现,看到了它们为了立足天津而掀起的阵阵浪潮。但较之影响中国的《大公报》《益世报》等纸质传媒,民营电台虽在一时间枝繁叶茂,但却始终无法直冲云霄。这或许有其自身无法平衡商业利益与社会责任之间关系的原因,或许也因民营电台中的工作者多为技术人员,并不具备近代报人那种文人论政的情怀。但更多的原因,则是来自社会、政府、民众,来自政治、经济等多重宏观因素的相互作用和制约。但无论如何,民营电台将会是近代天津广播事业发展中光鲜的一抹亮色。

第四章

相映生辉

——无线电广播与报刊的互动

如果要列举我国近代新闻传媒发展最为成熟的城市,上海和天津自然为其中的翘楚。而作为孕育了《大公报》和《益世报》等大报的城市,天津传媒业的发展较之上海也可以说是毫不逊色。从 1886 年诞生第一份中文报刊《时报》到 20 世纪之初活跃于天津报业市场上的五六十种报刊,再到天津沦陷前不完全统计的 58 种中文报刊、9 种外文报刊和 2 种周报及 6 种画报①,天津的传媒市场中报刊一直是执牛耳者。而当 20 世纪 20 年代无线电广播作为一种新的媒介形态进入天津后,新旧媒体之间开始出现了一种复杂的关系。一方面,作为天津传媒领域霸主的报业面对这个突然出现的新兴媒体需要对其是否可能对自身造成冲击进行判断;而另一方面,新兴的无线电广播也要在当时已经被报业挤占的媒介市场中寻找属于自己的定位以实现生存。因此从这个意义上看,新出现在天津的无线电广播与长期占据天津媒介市场的传统报刊之间存在着利益和市场上的冲突和潜在的竞争。

但从现有的材料分析可以看出,作为新兴媒介的无线电广播并未在当时尝试对报业的媒介定位和受众市场进行冲击。从广播进入天津开始,这种新兴媒介将主要的精力放在了对听户和民众娱乐休闲领域的占

---

①　俞志厚. 1927 年至抗战前天津新闻界概况[M]∥罗澍伟主编. 近代天津城市史. 北京:中国社会科学出版社,1993:610.

领上,虽然也有一定数量的教育和新闻类节目,但传播娱乐和文化的主要性质和定位使其与报刊并未产生太多的重叠和冲突。

无线电广播偏重娱乐教育而不重新闻报道的节目设置从其在天津出现伊始便已确立。从1927年天津广播无线电台的节目设置就可以看出,在每日6个小时的节目播出时间中,新闻节目只有不到10分钟,即便商情和气象预报等也不过只有不到20分钟而已。电台节目设置上的厚此薄彼也在当时遭到了一些听户的批评。署名金声的听户曾直言不讳地在《大公报》上表达了对电台新闻节目的不满:"广播的老板每天买份晚报,拣几条短一点的专电,一字不易的让报告员读一读,便也算是报告新闻,真是让人笑掉大牙。"①抗战胜利后国民党政府接收伪天津广播电台后建立中央广播事业管理处天津广播电台,该电台在创办之初就确立了"宣达政令协力社教"为工作中心,在节目编排方面"注重讲述以提高民族意识而激励爱国情绪"②。在其节目设置中,更多出现了"卫生知识""法律常识""宗教认识""时事谈话"等节目。党营电台在节目设置上如此,民营电台便对新闻类节目更加"排斥"。以1934年9月1日开播的中华无线电台为例,在其开播公告中明确提出电台播出的目的在于"鉴于华北一带之空间,几均为国外电台所占有,兹为发扬文化暨答谢各界听户盛意起见"③。无独有偶,抗战胜利后创办的当时天津功率最大、设备最全、收听率最高,且带有国民党军统背景的"民营电台"华声广播电台也表明其设台目的为:"宣传政府功令阐扬三民主义真谛,转移社会习俗,启迪国民思想,发扬新生活精神,进而辅助教育、提倡科学、沟通文化、促进工商业发展。"④由此可见,无论是无线电广播在天津落地之初的天津广播无线电台还是20世纪30年代以"四大电台"为代表的民营电台抑或抗战胜

① 金声.谈广播无线电[N].大公报,1928-12-16(11).
② 天津市档案馆档案[Z].401206800-J0110-001407-003.
③ 无线电研究社津分社广播电台定今日开始播音[N].大公报,1934-9-1(15).
④ 天津市档案馆档案[Z].401206800-J0002-000583-011-00040.

利后短暂复苏的党营电台或民营电台,它们在创办过程中均未把新闻作为主要节目进行设置。

相反,本时期天津的报刊特别是以《大公报》和《益世报》为代表的商业报刊则更重视以言论立报,以文字爱国,沿着"文人论政"的道路发展前进。因此,以报刊和广播为代表的新旧媒体之间并未出现太多的竞争和相互间的倾轧,而相反它们之间在一段时间内产生了微妙的化学反应,形成了良好的互动机制,进而呈现出一种共栖的生存关系。

从媒介生态学的视角考量,报刊和新出现的广播之间因生态位的错位而导致二者之间并无太多的竞争性。首先报纸占据的是空间生态中的短周期媒介资源生态位,通过文字信息诉诸受众的视觉资源;而广播占据的是时间生态中的频率空间生态位,其通过提供声音诉诸受众的听觉资源。① 互动融合关系的形成使得两种媒介在天津的媒介场域中形成了一种"我中有你,你中有我"的多维交叉营养生态位。②

在无线电广播与天津近代报刊的互动过程中呈现出两个主要形式,其一是已有报刊对无线电广播的支持和协助,主要体现为《大公报》《益世报》等天津知名报刊在十几年的时间中不遗余力地报道、介绍天津无线电广播事业的发展;其二则是在无线电广播发展的过程中,出现了以《广播日报》为代表的广播类专业日报,不仅为当时的读者和受众进一步了解天津各家无线电广播电台提供了更加全面的资讯和信息,同时也丰富和扩展了天津近代报刊类型和专业覆盖范围。毫无疑问,无论是与现有报刊的合作还是促进新的报刊萌发,天津的近代无线电广播与近代报刊之间的互动都呈现出一种良性共生的形式,并在长期合作中相映生辉。

---

① 邵培仁.传播生态规律与媒介生存策略[J].新闻界,2001(5):26.
② 段然.抗战爆发前天津四大民营电台生存与发展研究[D].中国传媒大学,2016:47.

第一节　无线电广播引入后的早期报刊镜像

从无线电广播电台在美国匹兹堡正式建立的 1920 年 11 月到其传入中国的 1923 年,在此之前似乎还没有任何一项近代科技能够如此迅速地"西技东渐"并在中国落地生根。但就像在清末传入我国的电报等西方"奇技淫巧"一样,无线电广播在我国的落地并非想象中的那样迅捷且顺利,因为这其中不仅涉及民国政府对这种新技术的把控和评估,其背后隐含着的还有更深层次上官方与民间在无线电广播用途上泾渭分明的两种取向。在无线电广播刚刚传入中国以及引入天津的一段时间中,报刊中刊载的各种涉及无线电广播的消息报道就成为那段时期中揣摩民国政府意图,分析广播电台走向的最好途径。

一、鲜见于近代报刊中的早期广播报道

1920 年 8 月,《东方杂志》刊载了一篇题为《用无线电传达音乐及新闻》的报道,这篇报道也是我国目前最早涉及无线电广播的报道之一。文中对当时于欧美尚处于试验阶段的无线电广播进行了介绍,并着重强调了这种"特别受音器"的功能:晚间 8:30,为人民音乐跳舞之时间,此后

可由中央无线电局于此时自无线电传出音乐,则跳舞之家,但将受音器开动,音乐立时大作。跳舞者可以应声而舞,不必更雇音乐班矣。又于晨间,由中央无线电局将是日所得新闻,发出报告,则家家仅须开动受音机,即可亲聆新闻。在文章的最后还提出"大都会中利用此种受音器以传布新闻及音乐,殆不久即可实现也"①。

《东方杂志》的预言在中国很快实现,1923 年伴随着大陆报—中国无线电公司广播电台的兴建,无线电广播被正式引入中国。早期落地中国的无线电广播并未有固定名称,因而在 20 世纪 20 年代初,报刊上所刊载的涉及无线电广播的报道经常会出现各种不一的名称,诸如"空中传音""传声""放送"等均有。但无论名称如何改变,一个明显的事实是在无线电广播传入我国的初始阶段,这项新的传播技术和传播媒介并未在报刊上掀起太大的波澜,对其报道并不常见。

在奥斯邦电台建成并播音后,《大陆报》曾对其进行过一段时间的连续报道,对新建立的无线电广播电台做了从节目设置到收听效果等方面的介绍,同时也着力指出了这种新媒介的功能和用途。如开洛公司远东分公司经理迪莱曾表示(无线电广播)不仅证明是一种娱乐的源泉,同时也是一种教育中国青年的手段。②《申报》在这段时期也曾对无线电广播进行报道,特别提出"每晚 8 点以新闻、音乐、演说等传播空中"③。在另一家新新公司电台开播后,《申报》也曾进行报道,并在文中表示"近年无线电话播传消息、音乐、歌曲等,颇为社会人士所欢迎……按时播传新闻、音乐、歌曲等,供社会之娱乐,饱各界人士之耳福。"④

---

① 用无线电传达音乐及新闻[J].东方杂志,1920(17):79.
② 上海《大陆报》关于奥斯邦所办广播电台开播的报道[M]//赵玉明主编.中国现代广播史料选编.汕头:汕头大学出版社,2007:13.
③ 上海《申报》关于奥斯邦所办广播电台开播的报道[M]//赵玉明主编.中国现代广播史料选编.汕头:汕头大学出版社,2007:16.
④ 上海《申报》关于新新公司广播电台开播的报道[M]//赵玉明主编.中国现代广播史料选编.汕头:汕头大学出版社,2007:46.

　　上海开我国广播事业之先河,但在 20 世纪 20 年代期间,特别是上海广播初创的几年中,我们在当时资讯发达的上海报刊中却鲜见有关于无线电广播的报道。这不得不说是非常令人疑惑的。然而细细琢磨其中的原因,却也与民国北京政府在当时对无线电的严格管控以及政府与民众对广播作用的不同认识有着密切关系。首先,因为当时的北京政府尚无法分辨无线电通信与无线电广播之间的区别,因而将二者等同看待,均奉行着"不可假人"的严格管理措施;其次,奥斯邦电台播出孙中山的《和平统一宣言》后,无线电广播宣传政令大纲、普及民众教养方面的作用被政府所高度重视。正是基于上述两种原因,民国北京政府对无线电广播的管控分外严格,认为外商电台在上海的开设"损害主权,妨碍电政,关系殊为重大……倘有一二宵小容于其间,煽惑扰乱,为害实非浅鲜"①。

　　除此之外,在 1924 年 9 月刊发于《东方杂志》上曹仲渊撰写的《三年来上海无线电话之情形》一文中,我们可以很鲜明地看到本时期以曹为代表的无线电专业人士对广播的看法。"中国官厅之权力,本不能加诸租界,遂致天线愈挂愈多,装置者愈无限制……行见此项事业之权利,尽数操纵于欧美人民之手……私设无线电机,早经悬为禁例,历来中外人民违例私设者,无论在租界或内地,均经查明拆除有案。诚以中外人民知识尚未普及,不谙广播无线电用途,若听少数人私自设立,破坏禁例,窃听音波,必使国有电信权利蒙莫大之损失。"②民国北京政府时期社会动荡,政局多变,北京政府的势力范围多在北方,对上海等南方城市实际上并无余力直接管控,这也是导致上海商业广播快速发展的一个客观原因。而民国北京政府后期实际上掌握权力的奉系军阀由于已经认识到了广播无线电的重要作用,因而专门设立东北无线电监督处统领北方,特别是京津及东北地区的无线电广播事业。在此期间,东三省无线电台副台长刘瀚在

---

　　① 北洋政府交通部为取缔开洛广播电台事致上海护军使咨稿[M]//赵玉明主编.中国现代广播史料选编.汕头:汕头大学出版社,2007:46.

　　② 曹仲渊.三年来上海无线电话之情形[J].东方杂志,1924(21):50.

一封呈递给东三省特区长官的亲笔信中,也表明了他以及他所代表的东三省无线电台对无线电广播作用的看法。在呈中刘瀚提出:"广播无线电之功用,旨在播扬政治、发展商务、辅助教育、唤发社会。因之广播节目而有新闻、行情、讲演、歌曲等四项之规定。"①从上述文字可见,不论是当时的民国北京政府还是专业的无线电人士,均从国家安全及电信权利的角度出发对广播的兴起抱着一种强烈的戒心,认为广播无线电有重要的政治作用因而必须加以控制。同一时期,一些国外人士也对无线电广播在中国的发展应用提出了自己的建议。中山龙次在《广播无线电事业报告书》中总结了当时美国、英国、日本等多国广播事业的运营模式后向中国政府提出了可以采用的运营方针。在这其中,中山龙次提出:"禁止无线电信电话之私设为一种通例,因此广播无线电话之听音人欲装置收音机须经政府之许可……倘有未经交通部许可而私自装设者有加以相当取缔之必要。"②但除此之外,中山龙次也在文中提出了一些与当时政府相左的看法,诸如他认为"广播事业不可被政治宣传所利用""不可为一派一党之宣传所利用"以及"无线电信电话机械为文明利器日新月异之科学机械,任其自由进口……亦文化政策之自然趋势也"③。从这些异同不难看出以中山氏为代表的外国人所提出的建议更多是出于商业利益的考虑。

不准许民间私设广播电台,对已有的外商电台进行查封,这也就从一个侧面说明了当时各大报刊为何对无线电广播的报道和介绍如此稀少。而这种局面的改变,还是从民国北京政府逐渐认识到无线电广播的巨大政治作用进而以利用代替封禁开始在部分城市设置广播电台后出现的。

---

① 刘瀚. 呈[M]//陈尔泰. 中国早期广播史料题注选注. 哈尔滨:黑龙江人民广播电台《新闻传媒》编辑部资料,2012:93.
② 中山龙次. 广播无线电事业报告书[J]. 电友,1927(10):14.
③ 中山龙次. 广播无线电事业报告书[J]. 电友,1927(10):13.

二、以推广为中心的天津报刊早期"涉广播"报道

天津虽为我国最早诞生官办电台的城市之一,且早在1925年便诞生了第一家外商电台,但不同于上海对几家外资电台的持续报道,目前所呈现的近代报刊中罕见对天津义昌洋行电台的关注和报道,仅在部分报刊中能看到一些对义昌电台所属义昌洋行售卖的无线电器材进行宣传的广告。

天津本地报刊真正开始关注无线电广播还是在天津广播无线电台开播前后,这其中又以《大公报》为早期"涉广播"报道的急先锋。1927年3月31日,《大公报》刊载《京津广播无线电日前试验成绩甚佳 四月中旬正式开办 各种详章即日公布 将来节目应有尽有》一文,在该文中对即将播出的天津广播无线电台从节目设置、收听方法、装配方法等进行了细致的介绍。在天津广播无线电台于当年5月15日建成后,《大公报》于8月7日刊发文章《华北之广播无线电事业》,详细介绍了天津广播无线电台开播后听户增长及反馈情况以及北京电台的建设情况。文中对天津广播无线电台的设置进行了细致描绘,"放音室设置与著名之美国旧金山电台相同,室内遍铺地毯,周围绿呢,并备有良好之洋琴及各项乐器……可随时更易地位以便放送演说及音乐……"[1]

除了以消息的形式报告天津及周边城市的无线电广播发展情况外,报刊对广播的宣传普及还会通过当时最吸引人的副刊及言论等多种形式呈现。在当年10月31日,《大公报》副刊刊发文章《诸君何不听听无线电》,这可以算是在天津无线电广播运营早期最为全面且详尽介绍无线电广播的报道之一。在文中作者提出:"无线电收音为最有益之公众事

---

[1] 华北之广播无线电事业[N].大公报,1927-8-7(7).

业,可以足不出户饱享各种之娱乐,既免各项无谓之耗费,复可增进家庭间感情与幸福。"①同时针对妇女儿童,文章特别提到无线电广播可以帮助他们"启发智识,普及教育"。在文章末尾,为了进一步推广无线电广播还特意将购买和维持收音机的费用及方式一一详细列出,指明"无线电为无阶级之消遣品"②。

在宣传推广无线电广播的初期,可以看到天津的报刊更多是从民众兴趣的角度出发,不断提出广播"公益""娱乐""消遣"的作用,而这些作用的突出也正是为了能够在更大范围内扩展广播的影响力,开拓听户资源。当然,在早期宣传报道中,也不乏对广播社会教化功能的宣传,如《我对无线电的贡献》一文中,作者便提出希望在每日晚间 9:30 以后"锣鼓喧闹的全武行大可免去,改放各名人的演讲,使听众在无意中可得到新颖的智识、对于中国内乱的真相,近年来外交的得失及如何改良社会的伟论"③。从这篇报道也可看出,天津报刊对本地无线电广播事业的早期推广和宣传不仅仅停留在从民众需求的角度谈论其娱乐功能;同时也从一开始就提出了对无线电广播社会教化功能的分析和强调。

综上所述,无线电广播在我国落地之初,业已较为发达的报刊媒体并未大张旗鼓地对这种新兴科技和媒介进行宣传,这其中的原因恐怕更多是出于当时民国北京政府在电信权利和国家安全等方面的综合考虑,而一旦弄清了无线电广播的真正价值,伴随着官办电台在全国多地的出现,报刊中也越发频繁地报道有关广播电台的各种事宜,1927 年后天津各报刊对广播持续不断地多体裁宣传推广就是其中最鲜活的案例。

对无线电广播的宣传一经解封,对其功能价值的探讨就迅速展开。甚至可以看到在 1928 年后,商业报纸和政党报纸在有关广播的宣传报道中形成了两种鲜明不同的话语体系,一面是面向普通听户和读者的商业

---

① 诸君何不听听无线电[N].大公报,1927-10-31(8).
② 诸君何不听听无线电[N].大公报,1927-10-31(8).
③ 荫.我对于无线电的贡献[N].大公报,1927-11-4(8).

报刊在大肆宣传广播的娱乐功能;另一面则是以《中央日报》为代表的国民党党报则高度强调"所有中央一切重要决议、宣传大纲以及通令通告等,统由电台传播"①。两种话语体系的冲突体现了当时政府和民众对无线电广播功能认知的偏颇,也为后来发生在天津《广播日报》上围绕无线电广播之作用的长期论战埋下了伏笔。

---

① 国民党中央宣传部中央广播无线电台通告第一号[M]//赵玉明主编.中国现代广播史料选编.汕头:汕头大学出版社,2007:50.

第二节　天津知名报刊对广播的
关注与提携

正如前文所述,面对新出现的媒介形式,天津已有的传统纸质媒介对其采取了极为大度的接受态度。特别是诸如《大公报》《益世报》等在天津乃至全国占据重要地位的报刊,其对于广播的报道和介绍可谓不遗余力。以天津《大公报》为例,在天津广播事业从初创到发展成熟的每一个阶段中,均可以看到这份大报对广播事业不遗余力的支持和引导。

一、《大公报》对广播发展的报道和把脉

天津第一座官办电台天津广播无线电台在 1927 年 5 月 15 日建成。在这之前的两个月,《大公报》就已经在当年的 3 月 31 日报道了该台进行试验播出的情况。该文详细叙述了天津广播无线电台的功率、节目设置等相关信息,其中使用了包括"发音洪亮""盖过其他各处电台""无杂音扰乱""喇叭内可得极大之声音""无异亲临剧场""节目应有尽有"①等正面和褒义用词。从《大公报》对即将出现的天津广播无线电台的首次报

---

① 京津广播无线电日前试验成绩甚佳[N].大公报,1927-3-31(7).

道中可以看出,作为传统媒体且影响较大的报刊并未因可能与其产生利益或市场等方面的冲突而在其报道中添加负面色彩或有失公允。在天津广播无线电台正式播出后,《大公报》从当年八月开始通过多篇报道及论说向读者受众介绍这种新的媒介形式。在消息方面,有诸如《华北之广播无线电事业》《广播无线电台消息》《美日收听本埠广播无线电放音清晰非常满意》等;而在言论方面则包含了《诸君何不听听无线电》《我对于无线电的贡献》《谈谈天津的广播无线电》等多篇。此外,1927 年 10 月 30 日《大公报》在第六版首次刊印了天津广播无线电台的节目时刻表,并从 1928 年 1 月 1 日起在第七版固定安排专门版块预告《广播无线电今日放送节目》。广播电台设立之初《大公报》通过消息、言论及预告等多种形式对这种新生的媒介进行宣传介绍,这对于电台迅速在天津受众及民众之间形成认知、积聚最早一批潜在听户都起到了积极的推动作用。

20 世纪 30 年代中期,天津广播无线电台停播但一大批民营电台相继出现并发展起来,天津的广播事业进入最为兴盛的成熟期。在这段时期《大公报》依然保持着对广播事业发展的关注,从各家电台创立之初便对其进行相关报道。《天津仁昌绸缎庄广播电台代报广告简章》《无线电研究社天津分社广播电台定今日开始播音》《青年会广播电台昨日开幕》《南开大学广播电台今晚播音》《东方广播电台定今晚试验播音》《矿展会无线电广播电台》等一系列稿件的刊登几乎囊括了本时期天津各家知名电台的全部开播信息。

《大公报》除了与先前一样报道与各家电台动态有关的消息以及定期在第 13 版开辟专栏刊登包括仁昌电台、中华电台、青年会电台、东方电台以及诸如北平电台和南开电台等各家电台的节目预告外,其采用多种形式为天津广播业发展进行把脉分析和归纳总结也成为一大特色。1934 年 10 月 4 日,《大公报》第 13 版《本市副刊》中开设了《广播谈片》专栏,刊发了由郑梦塘撰写的《对津市现有的广播无线电台的意见》一文。该文对当时天津的两家电台中华电台和仁昌电台进行了逐一评价分析,指出中华电台能够"容纳听户的意见,正是该台表示努力的向前改进的地方"。而仁昌电台则"播音的声浪稍有浊音,不甚清晰"①。从此之后,每逢年末《大公报》都会刊登由郑梦塘撰写的对当年天津广播事业发展的回顾文章。在总结评述的同时,《大公报》也非常重视对广播发展中存在的问题进行剖析,进而促进天津市广播事业的更好发展。郑梦塘在《对于一九三五年本市广播新期望》一文中提出希望广播电台增加儿童节目、科学演讲以及法律和社会问题的检讨,同时能够对于颓废的音乐加以限制,以此"不要再循旧的轨道,走向有进益的新途径"②。1936 年 6 月 21 日,《大公报》《家庭》副刊发表《现代家庭怎样利用无线电》的文章,提出:"不应把无线电只当作娱乐品,播送娱乐节目不过是一个目的,最主要的还是播送各种通俗演讲,学术演讲等来提高人民的智识程度。"③在刊发知名人士言论的基础上,《大公报》还发表社评提出对无线电广播的期望和改进建议。他们认为无线电广播"对于国民的政治教育,实没有比这更为有效的方法"。进而提出具体的做法,比如"在各公共场所多添声音清晰的收音机,多增加科学常识,通俗讲演等富有教育力量的节目,提高国民娱乐的趣味,播放关系全国的大典礼……以期提高播放节目内容"④。广播电台的发达带动了民众对于无线电的热情,在本段时期,《大公报》于 1935 年 6 月 3 日特别在第 16 版开辟了《电信特刊》,目的在于"将有便于商民之处随时宣示于社会;将电信交通之效率介绍于民众,公知于社会,收提倡之效;收音机常识与学理之介绍竭尽智力之所及,贡献于社会"⑤。该特刊每月第一星期及第三星期出版并由天津电信局直接主编。为普及电信知识,提升民众的无线电认知水平和修理技术做出了积极贡献。

---

① 梦塘.对津市现有的广播无线电台的意见[N].大公报,1934-10-4(13).
② 梦塘.对于一九三五年本市广播新期望[N].大公报,1935-1-6(15).
③ 子泰.现代家庭怎样利用无线电[N].大公报,1936-6-21(12).
④ 我们应当尽量利用新兴廉价的文化工具[N].大公报,1935-1-7(2).
⑤ 王若僖.电信特刊发刊词[N].大公报,1935-6-3(16).

抗战胜利后,《大公报》于 1945 年 12 月 1 日在天津复刊。从复刊后到天津解放的这段时间中,《大公报》继续通过报道电台相关消息及动态以及刊登相关人士撰写的言论等形式关注天津广播事业的发展,只不过由于在本时期国民党当局对媒体进行高压管控并限制一切异见言论,加之《大公报》积极奉行对国民党的追随政策,因此报纸上的相关消息多以不痛不痒或是通报各级政府政令为主,诸如《加强精神戡乱 禁播靡靡之音》《交通部天津电信局办理广播无线电收音机登记公告》等消息比比皆是。

二、《益世报》曾计划在津设立电台

与《大公报》类似,天津的另一份知名大报《益世报》也从 1928 年开始对广播事业及其在天津的发展进行介绍。《益世报》在三个时期中对广播事业的介绍也是从普及到常规报道再到最终的趋于程式化。除了 1934 年 9 月开始每天介绍各大电台的相关节目预告外,其也曾在 20 年代末刊发过诸如《广播电台营业之发达》《谈广播电台与娱乐》《本市一九三五年的广播事业》等一些相关评论文章。在 1936 年《益世报》也曾设立《无线电》周刊,目的在于通过对无线电技术及收音机制作等的讲解"引起读者对无线电的兴趣和重视,再进一步做研究和探讨,以促进我国无线电事业的进展"[1]。

在通过报刊对天津市的广播发展和电台节目进行报道和预告外,《益世报》在 20 世纪 30 年代中期感受到无线电广播这种新兴媒介的强大力量,还曾产生了尝试自办电台的强烈意愿。该报于 1935 年春开始筹划在津设立广播电台并于当年 5 月获得了交通部颁发的播音执照。在获颁

---

① 无线电周刊发刊词[D]//段然.抗战爆发前天津四大民营电台生存与发展研究.中国传媒大学,2016:47.

执照后,筹划之中的"益世电台"一方面制订播出计划,一方面着手采购设备。在播出内容上,该台初步拟定的节目包括三方面,"一宣传天主教,二宣传该报,三宣传文化,对广告严格限制,对娱乐除该报自组之国剧社清唱外,其他概不播送"①。在设备购置上,该台原本计划设立一台功率达到 500 瓦的电台,但交通部只允许其设立最大功率 300 瓦,即便如此仍为当时津市实力最大者。② 其后益世电台计划从东方贸易公司购买机器设备,但由于未能就细节问题与该公司达成一致,加之益世电台的设立或会对该公司旗下已有东方电台造成冲击,一来二去,益世电台又转向包括北洋工学院电机工程科等其他公司和机构寻购无线电设备,再行定期播音,但购置进程缓慢。③ 与此同时天津局势骤变,日本加紧了在华北地区的侵略步伐,天津陷入一片战争阴云之中。在这样的情况下,《益世报》在津筹设电台的计划最终胎死腹中。但局势的混乱并未消磨《益世报》创办电台的决心,抗战胜利后《益世报》在南京旧事重提,于 1946 年 5月 5 日开办了益世广播电台,这是抗战胜利后南京市区出现的第一家电台,也是"战后国内第一家获得政府执照的民营电台"④。

在两家大报之外,包括《天津晨报》《天津午报》等报刊都曾对广播事业有过或多或少的关注和报道,这些都表现出了当时作为天津媒介市场领头羊的报刊对于无线电广播这种新媒介形式的开放和包容,各报刊在不同时期中对广播无线电的普及、总结、建议也极大地推动了天津广播事业的发展。

---

①　益世报馆电台 机器将进行订购装设由工院办理[N].广播日报,1936-9-21(1).

②　电台消息[N].广播日报,1936-5-12(1).

③　益世报馆电台 机器将进行订购装设由工院办理[N].广播日报,1936-9-21(1).

④　艾红红.中国民营广播史[M].新北:花木兰文化出版社,2016:170.

第三节 《广播日报》在报刊与
广播互动中诞生

当前提到近代的广播类报刊,人们首先想到的应是我国第一份广播节目报,现代出版时间最长、发行量最大的广播专业报刊《广播周报》①,这份创刊于 1934 年 9 月的广播类报刊被认为是"新中国成立前我国广播研究方面最具影响力的一份研究刊物"②。但鲜有人知的是,在《广播周报》诞生一年后,天津也出现了一份以广播电台及广播节目为主要内容的日报,这就是《广播日报》。作为当时全国发行时间最早的广播类日报,该报可以说是天津报刊与广播在媒介竞合过程中培育的一个极为特殊的产物。

《广播日报》登记于 1935 年 7 月 16 日,正式发刊则是在一个多月后的 1935 年 9 月 1 日。该报社址位于天津市河北区中山公园内,社长是天津知名报人袁无为。袁无为曾在 20 世纪 30 年代在天津为众多报纸担任过社长和主笔等职务,但他本人恃才自傲经常与报刊的筹办人产生矛盾。很多报社创办时请他去担任经理或主笔,而不久后他便转往另一家报社

---

① 艾红红,王娟.《广播周报》的历史流变与当代启迪[J].新闻界,2006(04):110.
② 杨旭.民国时期《广播周报》研究[D].湖南师范大学,2012:1.

帮忙创立,因此他也被称作"开门袁"①。《广播日报》的创办也与青年会广播电台的台长钱仲玖有一定关系,正是在其支持下,袁无为才决定创办这家报纸。② 从 1935 年 9 月开始发行到 1937 年天津沦陷后被伪天津新闻检查所勒令停刊,《广播日报》共出版两年左右,其间还曾增出《广播日报三日画刊》并与《广播日报》一起在唐山、北平、胜芳等地设立分销点,受到了当时天津及周边地区听户和读者的欢迎,读者数量达数万人。③由于种种原因,现有的《广播日报》只能看到从 1935 年 9 月 6 日到 1937年 3 月 31 日期间的内容,而其他报纸已无从查找。

作为一份以广播无线电为主要报道对象的小报,《广播日报》因费用有限长期设置版式为四开四版。其中第一版为要闻及本埠新闻,报道部分国际国内大事及天津市发生的重要新闻事件,为了吸引读者,一些带有黄色新闻性质的社会消息和花边新闻也曾登上过本版;二版为《广播总台》版,主要介绍天津各家广播电台的相关消息,刊载听户来信反馈以及无线电常识及修理、制造矿石耳机等信息;三版为刊登天津市四大电台仁昌电台、中华电台、青年会电台、东方电台当日播出节目表的节目专版,后期也加入了对中央台及北平台节目的预报;第四版为副刊版,刊登当时流行的评书和小说等。《广播日报》可以按月订购,价目为天津市内每月三角,外埠每月四角。

《广播日报》在创立之初便提出了报纸的办刊宗旨,即"做电台与听户的中间读物"④。"是收音机听众的喉舌,没有丝毫的背景和用意,完全公开所有的稿件,是以文会友……"⑤其主要目的有两点,第一是要对广播事业加以赞助,并介绍些广播常识和技能给读者,谋双方的便利;第二

① 中国人民政治协商会议天津市委员会文史资料委员会编,徐景星卷主编. 天津文史资料选集(总 96 期). 天津报海钩沉[M]. 天津:天津人民出版社,2003:239.
② 王木. 回忆《广播日报》和《无线电日报》[J]. 天津广播电视史料,1994(11):29.
③ 马艺,等. 天津新闻史[M]. 天津:天津人民出版社,2015:366.
④ 报告[N]. 广播日报,1936-1-14(2).
⑤ 马艺,等. 天津新闻史[M]. 天津:天津人民出版社,2015:366.

是要使新闻界同仁注意广播事业之提倡和随时纠正不良的播音以谋听户利益。[1] 作为电台与听户的中间读物和桥梁媒介,《广播日报》在短短两年左右的时间中秉承着为广播和听户谋福利,为电台和社会求利益的初衷参与到了天津广播事业的发展和改革当中,并以一家"小型报纸"的版面和容量,做出了并不算小的贡献。就像其自创刊日声明中所说:"听众对电台有什么建议或批评之类,我们都尽量发表,以解释说明,力求改进,以希电台采纳改善。"[2]

一、促进广播改革　提升节目质量

在《广播日报》刊行的 1935 年到 1937 年之间,是天津广播事业在民国时期发展的最高峰,也是天津民营广播电台最为兴盛的时期。本时期,一些民营电台为了追求商业利益的最大化,以迎合听户兴趣和商户需要为核心,或大量播放格调低俗的节目,或在节目中穿插大量广告。这种情况的出现虽能在短暂时间内提升电台的经济收益,但却实际上损害了广播事业在听户心中的形象,也与其应承担的社会责任相去甚远。

(一)掀起论战探讨电台功能性质之争

天津的众多报刊在本时期都曾纷纷撰文表达对广播电台节目低俗的担忧以及对增加教育节目的支持。《广播日报》自然也不例外,为了倡导听户正确地使用广播,同时也为了能使各家电台对广播的意义和社会作用更加明确,《广播日报》曾在 1935 年底掀起了一场影响较大的论战。

1935 年 11 月 20 日,《广播日报》刊发了一篇题为《再勉仁昌》的言

---

① 袁无为.本报一周年的话[N].广播日报,1936-9-1(1).
② 马艺,等.天津新闻史[M].天津:天津人民出版社,2015:366.

论,作者昭华在文中对于仁昌电台过分娱乐化的内容提出了批评,认为其"曲非正声,邪好百出,未免有伤大雅",而评戏更是"语出粗俗,毫无可取"①。昭华借对仁昌电台节目的批评,提出了自己的观点:"电台事业与社会文化民众教育关系甚大,不能以供给一般少数人嗜好而为宗旨者也。"②昭华的这篇文章引发了一些读者的不同意见,署名"不平"的读者在22日发表文章,提出:"中华仁昌均为营业性质,必须投听户之心理,接收广告之效。"此外,他还提出:"电台每日专放道德学问之演讲,试问听之者有几人呢? 况求学不能求之于电台收音机之设,原为公余之娱乐品也,必须有赏心悦耳之音,始能受人欢迎。"③不平的文章一出,立刻引发了听户和读者的更多反馈,于是乎一场关乎于电台究竟应该是娱乐性质还是教育性质的讨论在《广播日报》上展开了。

从24日开始,先后有多位读者在报纸上撰文发表自己的看法。11月24日,一位署名为"本市听户"的读者发文表示:"电台与教育有直接关系……如果一切科学若同时在电台讲演,即可补学校中所学之不足,虽不能求学于收音机,然对一般人实惠匪浅。"④一天后,昭华也撰文回应不平的质疑,他认为"电台之设,确系以发展文化推广民众教育增加大家常识,贯通世界消息为职责",而对于当时作为电台主要节目形式的娱乐节目,"不过电台节目之附件耳,仍不出艺术文化范围"。昭华同时也提出了对于天津各家电台的期盼,"电台若为大众利益着想,应播放高尚之文化节目,使大众均沾利益,如电台设立之目的只为营业谋利起见,则属不当"⑤。

此后几天中,《广播日报》上先后又有多位听户和读者参与论战,其

---

① 昭华.再勉仁昌[N].广播日报,1935-11-20(2).
② 昭华.再勉仁昌[N].广播日报,1935-11-20(2).
③ 不平.对于昭华君再勉仁昌之评论[N].广播日报,1935-11-22(2).
④ 本市听户.对于不平先生之"对于昭华君再勉仁昌之评论"的意见[N].广播日报,1935-11-24(2).
⑤ 昭华.关于电台广播节目争议之检讨[N].广播日报,1935-11-25(2).

中大部分都表示不同意"不平"关于电台为公余娱乐品的判断。刘希儿认为:"无线电本是一种促进人类文化的工具……那种刺耳的娱乐对我们的文化……不是有益而且是有害的。"①也有读者以反讽的形式表面上支持"不平"的观点,实则对其进行批评,"凡影响社会的不良歌唱及其他均可由电台广播于全国……这真是广播的效果,娱乐要大众化! 娱乐要低级化"②! 在众多声音中,也有表达对"不平"观点认同的,比如署名"求平"的作者就认为"非教育部或其所创办的电台就不应当以文化机关视之",在他看来,电台"自然就得顺应潮流迎合听户心理,营业才能发达,不致倒闭,因为私人经理的电台,是要靠他来维持生活的,并不是用它来做文化宣传"③。而"不平"也再次发声,认为如果要求电台必须具备教育意义,则"由小学至大学均可裁撤,安坐屋内即可求学"④。

在此争论之后,署名"裘公"的读者则发表了文章试图寻求两派的共同点进而平息争端,他在文中表示:"广播电台不能够纯文化的,也不能纯营业化,在中国,固不需要用广播做文化发展利器,也不能以邪说淫乐迷惑听众……营业电台以维护本身之生存,必须投听众所好,娱乐节目亦必应在水平线上选择继以引导大众走向正当娱乐的轨道。"⑤而最终,《广播日报》不得不出面终止了这场长达十多天的论战。虽然在文中报社编辑认为报纸的责任是"听户有什么对电台的建议或者批评之类,我们都尽量发表,以希望电台采纳改善,这正是谋大众听户的真正幸福"。且他们觉得"题文意义虽然是弄成两个对立的形势。无论如何,再辩论下去也是在这两个圈里徘徊,战线若再延长下去,怕读者要生厌",最终决定以"未了之局"作为"一桩悬案"⑥。

① 刘希儿.敬告不平君[N].广播日报,1935-11-26(2).
② 凤彩.援不平君[N].广播日报,1935-11-26(2).
③ 求平.致关心仁昌及读者们的几句话[N].广播日报,1935-11-27(2).
④ 不平.再答昭华君[N].广播日报,1935-11-29(2).
⑤ 裘公.我来作和事老[N].广播日报,1935-11-29(2).
⑥ 编者.宣告停战[N].广播日报,1935-11-29(2).

（二）频发文章推动电台承担社会义务

在本次论战中,电台究竟应该是公益文化性质的还是娱乐营业性质的,究竟应该有教育意义还是单纯的娱乐品成为论战的核心。其实这也是近代以来对电台功能一直存在的不同看法。虽然《广播日报》叫停了这次论战并且以"一桩悬案"作为终结,但从登载双方观点文章的数量上便不难看出报社的基本观点。在为期十余天的论战中,《广播日报》共发表代表三种观点的文章 12 篇,其中认为广播应优先考虑其文化性质的文章共有 7 篇,超过 50%;而认为广播应优先考虑满足听众娱乐需求的则只有"不平"的 2 篇文章;另外 3 篇文章则立场中立,不偏不倚或寻求和解。此外,在《广播日报》宣告停止论战之后的第四天,就立场鲜明地刊发了署名"清士"的文章,在其文中出现了诸如"所听的不外乎杂耍而已,于人生一点意义没有……各电台将无味的节目删去换上有意义的社会家庭教育节目,使听户得看新知识,有好的印象……"①的话。

从这些具体的做法中可以看出,《广播日报》并非没有观点,他们也认为电台和广播应该重视教育问题,进而承担起更多更重的社会义务,而这种观点在该报两年左右的发行期间,也曾多次利用各种形式加以呈现。比如《广播日报》曾对在各大电台播出的话剧《血与泪》进行介绍推广,也曾多次报道东方电台聘请单世伟担任演讲儿童教育节目以及青年会电台等对赈灾义演的重视等消息。这些报道都反映了《广播日报》为改良天津电台生存空间、提升电台价值意义所做的努力。

---

① 清士.谈谈节目[N].广播日报,1935-12-3(2).

二、重视受众反馈　揣摩听户心理

《广播日报》从开办之初就承担着连接电台与听户,做二者桥梁的责任。在这种职责的引领下,报纸内容设置较之其他综合类报刊也有一定的区别,其中最具代表意义的就是《广播日报》对于听户受众的重视。

(一)开设专栏听取受众建议

在报纸的第二版中,《广播日报》设置了《听户来件》《问答栏》等常规专栏专门刊载听户和读者对于各电台的相关意见及有关无线电常识等方面的问题。此外报纸还不定期的登载听户的来信或文章。在创刊之初,《广播日报》就刊载了署名“收音迷”的听户的文章,其中他希望“站在听户和阅户方面”对电台和日报提出一些建议。在电台方面,该听户希望“游艺节目应尽量选取有益社会道德人心的剧目”,同时“每一次播送学术节目时,应征求听众发问”;而在日报方面,他则提出了包括“第一版应增添电台播音讲稿”“广播总台版应筹设‘艺人与学者’栏把电台卖艺的人与学术演讲的人其自白及履历等做有系统的介绍”“添设‘电台答复’栏同时插入有关电台之漫画”“在第四版添一栏家庭常识或无线电构造学”①等建议。针对这些意见建议,《广播日报》很快于第二版增添了对当时天津各电台知名报告员的介绍和访谈栏目,特别是对中华电台主任报告员潘卫华以及仁昌电台主任报告员张继等的介绍引发了读者和听户的广泛热烈反馈,很多听户和读者“多有欲见女士之庐山真面”,而《广播日报》也随后进行安排,表示“不日将与各界晤面”②。同时,他们也在第

---

①　收音迷. 也算是意见吧[N]. 广播日报,1935-9-19(2).

②　电台消息[N]. 广播日报,1936-2-24(2).

二版通过照片、漫画等形式丰富版面语言,吸引受众关注,使《广播总台》版呈现出图文并茂的形式。

《广播日报》曾在创刊之初就发布了《征稿启事》来表明报纸对听户读者等受众的开放态度。在启事中表明:"凡系关于无线电理论、学说、研究经验、新闻等著作及小品文字见惠者,均受欢迎。一经登载,均有酬谢。"①在这种开门办报态度的感召下,《广播日报》每天能接到各种稿件平均都在十五六件左右。② 对于听户读者提出的问题,报社往往也能很快予以答复。如1935年11月8日,《广播日报》在第二版《编辑室播音》专栏中回答了读者和听户关于个别电台周末节目单与节目不符的问题。"各电台的节目,是由各电台自行调节,凡是第二天的节目,在第一天的下午已经由电台方面规定好了,给我们稿子,转天节目没有临时变动的话,当然依照节目单来放送……六日下午各电台节目稍有变动,本报即不能预知,亦未能预测,所以不能怪我们不忠实,不仔细。"③

在1935年底,《编辑室播音》再次发文,向读者请教对报纸的满意程度和改进方法。其中涉及新年后应该怎样去改革、哪一栏你不满意、什么适合你的需要、应该添些什么等四个问题,并提出希望"亲爱的读者简单的写给我们,俾能遵照改善,以期不付诸君雅望"④。

(二)刊发文章分析听户心理

听户和读者是电台和报刊的服务对象,也是其生存和发展的根基。为了能够最大限度地实现沟通电台和听户的目标,《广播日报》自然要帮助天津各家电台去了解听户进而尝试根据不同听户的特点而有针对性地

① 征稿启事[N].广播日报,1935-9-6(1).
② 编辑室播音[N].广播日报,1935-10-23(2).
③ 编辑室播音[N].广播日报,1935-11-8(2).
④ 编辑室播音[N].广播日报,1935-12-28(2).

设置节目。因此,日报重视刊发有关于受众和听户心理分析的文章和言论,借以帮助各家电台实现细分受众,精准定位。在《贡献给电台》一文中,作者苏六认为电台最困难的就是"如何分配时间和节目,换句话说就是如何使多数听众得到满意,如何使广告赢得一般听众注意。所以我们要研究的只有如何让听户得到满意的问题了"。他认为电台可以把文字编成任何一种歌唱,"这种歌唱总是不要太繁杂的调子,越简单越好,以易唱而使人听清楚为主……任何宣传法都要首先着重于文稿的力量"①。此后,《广播日报》接连刊登相关文章,介绍如何揣摩听户心理。在另一篇题为《听户心理三部曲》的文章中,署名为"友"的作者将当时天津的众多听户分成了老年人与妇人、闺媛以及青年学生三个群体。进而对三个群体的兴趣进行了分析。如老年人和妇人"脑海里所有知识差不多都是时代车轮转过去的,落伍的玩意如大鼓等便是他们最喜欢的曲子"。闺媛们"为了应付时代才要学唱旧剧来帮助出风头,所以关于梨园的各种唱片听得津津有味"。而青年学生"一切衣食住行多半要模仿西洋人,听到西乐的唱片便要随着拍子唱跳起来"②。

《广播日报》对听户受众反馈和心理的重视,不仅是为了办好报纸,同时也在以此作为其为听户和电台服务的方式之一。特别是其对听户心理的分析和揣摩,在当时广播新设、报刊独大的时期具有非常先进且前沿的受众研究意味,这也表明了当时天津的广播业已经开始尝试由传者中心向受众中心转变。

三、普及专业知识 注重报刊品味

《广播日报》在创刊时的目标之一,就是介绍广播知识和技能给广大

---

① 苏六.贡献给电台[N].广播日报,1935-10-6(2).
② 友.听户心理三部曲[N].广播日报,1935-10-10(2).

读者,因此从第一期开始就常设有关普及无线电相关知识的《问答栏》。因为如要更大限度地推广无线电广播,必须要让更多的受众喜欢无线电并了解其基本构造,同时这也是提升民众素质的一种具体方式。

（一）调整版面　普及无线电收音知识

在1935年底的《岁末献词》中,日报在先前零散介绍无线电相关知识的基础上开设了"无线电研究"专栏,并登载无线电研究专家的相关著作及文章。同时开设的还有"修理技术"专栏。并对专栏的开设进行了特别说明:"无线电研究一栏,除了为业余同志发表实验效果的园地外,并且是诸位工程顾问! 至少对于浅显的无线电智识,可以使君得到。"①一段时间后,由于读者咨询太多导致原有版面无法容纳,"几乎只登问答就会排满"②。因此《广播日报》特地将第二版进行了调整,整版刊登无线电研究相关内容,形成无线电专版,而将从前的播音消息等移到了第四版。

在对无线电相关知识进行普及的同时,《广播日报》也在为天津的读者和听户普及其他相关专业知识。比如他们曾在报刊中介绍了对于收音机的选购常识。署名"雨林"的作者在文中从样式、颜色、木料等多个方面介绍了应如何选购国产收音机。在样式上"钟式最受人欢迎,有线者除少数摩登家庭外难能出售";颜色上则是"假红木色最受内地居民欢迎,棕黄色者在都市中受人欢迎,内地人购去后往往加漆使之成假红木"。而木料则是"能用红木做必可风行全国"。在此基础上,作者总结出国人对于收音机的选购特点:"我国人最重面子。机内用何线路,用者从不注意,机外好看方可人人欢喜,故需注意。"③在另一篇《收音机的选

① 编者.报告(下)[N].广播日报,1936-1-15(2).
② 编者.报告给大家[N].广播日报,1936-3-31(4).
③ 雨林.国产收音机[N].广播日报,1935-9-10(2).

择》中,作者向读者介绍了优良收音机应具备的条件,包括"一、感度敏锐。二、选择性优良。三、声音明晰而响亮。四、没有杂音。五、动作安定。六、供用简易。七、价值低廉维持费不大。"①

(二)倡导科学 多次改版提升报刊质量

《广播日报》大量刊载普及专业知识的文章及回答读者及听户的各种相关问题,其原因除了服务读者听户之外,也包括其报纸自身希望成为一张"以科学为中心的读物",让读者"多知道一点人类进化的道理,多知道一点近代人发明之各种工具"。在面对当时天津报业市场同行之间竞争激烈且相互倾轧的时候,《广播日报》明确表示愿意为了做"极有趣味的事"而放弃低级趣味。并表示"本报的前期任务是听户电台中间的连锁,承听户之好恶,纠正电台之瑕疵。后期做到的是给予读者服务,介绍点无线电浅近的知识。最低,读者对小木盒(收音机)不发生疑神疑鬼的猜测,而对播音趣味浓厚起来"②。

对于科学的追求以及对低级趣味的排斥,展现了《广播日报》对读者听户负责的态度以及其自身对报刊质量的重视。作为一份日趋追求实现以科学为中心的读物,《广播日报》在栏目编排及内容设置上也在不断改进。起初,在一版的本埠新闻中为了增加销量吸引读者关注,《广播日报》也曾采取一些当时市井小报普遍使用的方法,刊登花边新闻、黄色新闻等以刺激读者。本时期内诸如《仇家大械斗》《最毒莫过妇人心》《当代一位拳大王》《四名蓝衣匪 大抢鸭子房》等庸俗且刺激的文章在版面上刊载且络绎不绝。

经过了半年的发行运作后,《广播日报》提出"不愿做洋布庄里的小

---

① 收音机的选择[N].广播日报,1936-2-28(2).
② 编者.这半年[N].广播日报,1936-3-1(2).

伙计去蹲在厕所里'倾诉个中滋味'"而是要"成为图书馆里的陈列品"①。于是乎对于先前报纸上的一些低俗消息和内容也渐渐开始修正剔除。在此之后,第一版中先前相关的花边新闻逐渐减少,取而代之的是富于知识性和社会意义的消息及以《广播的话》为代表的带有社评性质的短小评论版块。在这个版块中,《广播日报》的编者以百余字的笔墨对重大社会事件或民众反映强烈的问题进行评析,发表编辑部的观点。如《电车票价》一文关注天津电车票价过高的问题,提出票价若是减三减,在公司方面与前者毫无损失,在坐者方面可以沾很大的光了。② 而在《救济困轮》一文中,编者则呼吁当局和社会能够重视困在大沽口的船只和船员。

为了提升报刊的编辑质量,《广播日报》从 1936 年 3 月 1 日起使用新的铅字进行排版并增加了一张三日副刊。在两年左右的发行时间中,他们曾多次改版扩容,如在 1936 年 3 月的这次改版中将第四版副刊先前连载的《万花筒》《前尘》等评书小说和专栏被放置在第二版,增加《播音圈》专栏,专载文艺及其他小品文字。第三版电台节目预告中新增加了"北平台",总共包括中央、北平、仁昌、东方、中华、青年会等 6 个电台。第二版新增"无线电研究""简易无线电工程学"等专栏。并在该版中长期对国内包括中央广播电台、上海、北平、山东、汉口、唐山、广西南宁等地电台情况进行介绍,同时介绍国外包括苏联、美国无线电广播事业发展趋势,以为听户和读者开阔眼界。

四、实现媒介联动　架设沟通桥梁

在 1936 年 9 月 1 日为《广播日报》创刊一周年而撰写的文章中,社长

---

① 编者.这半年[N].广播日报,1936-3-1(2).

② 广播的话[N].广播日报,1936-2-26(1).

袁无为表示一年内天津广播电台之进展,各报之增加和扩大广播无线电篇幅都是使本报最感兴趣的事。① 作为一种在当时绝无仅有的新型报纸,《广播日报》借助报刊的形式刊载有关于无线电广播的信息,在一定程度上实现了一种早期的"媒介交叉",迈出了当时天津传媒领域中多形式媒介联动的第一步。

(一)配合电台节目 设置专版专栏

在创刊发行之初,《广播日报》就将自己放在一个平台的位置上,读者和听户可以在这里发布信息,提出建议,而电台则可以进行解答。创刊第二天和第四天,日报就连续刊载了署名"长风"和"君子"的两位听户的来信,建议中华电台报告时间应相对缩短。中华电台随后于当月九号迅速在日报上做出反应,表示"本台亦以为然,现在进行办理"②。同时其还邀请听户注意日报,"源源指教"。随即在当天日报第二版中,中华电台便与《广播日报》合作张贴了《中华电台征求意见表》,表中包含了听户姓名地址及要发表的意见,并注明"请交广播日报方为有效"。

不仅是中华电台,青年会电台也与《广播日报》进行合作,在其创办举行的儿童技艺播音竞赛期间,《广播日报》负责刊登选票并由听户和读者共同投票选出当天表现最好的儿童及演唱歌曲。同时他们还合作开办猜谜活动,由青年会电台在每日下午 6:00—6:15 的节目中广播谜面,而听户则通过《广播日报》印发的"谜语答案用纸"来填写谜底并寄送青年会电台。这种电台谜语节目进行了数期,听户反映普遍较为热情。

电台的广播经营是其能否顺利生存的关键,在这方面,曾有人在日报上发文希望二者实现互助,即在电台报告末尾要说明:"诸位,如果没有听明白本号的一切,请您买一份广播日报上面有本号的广告,就能一目了

---

① 袁无为.本报一周年的话[N].广播日报,1936-9-1(1).
② 问答栏[N].广播日报,1935-9-6(2).

然。"在作者看来,报纸是有记载的,永久性不像电台报告说过去就完了。因而,"欲使播音广告有效力宏大,要在广播日报登广告"①。其实《广播日报》从创刊之初就在第一张中缝每日刊载中华电台和青年会电台的广告。介绍中华电台"节目新颖、听众最多、广告效力,特别宏大";而青年会电台则是"发音清晰、电力充足、节目雅致、广告价廉"。《广播日报》还曾于1936年1月1日和1月23日分别发行增刊,介绍仁昌电台和中华电台。在广告之外,《广播日报》在第四版刊载的话剧脚本和戏曲唱词也大有来头。这些脚本"都是尚未播音的,诸君保存起来,一经本稿刊完,就由陈沉先生领导播演"。而戏曲唱词则"是为了诸君每天收听电台唱片播音可以对照参看,以增兴趣"②。

(二)把脉电台发展　刊登逆耳忠言

《广播日报》与电台的联动不仅体现在节目设置和帮助印制、投发选票等细节上,在电台经营改革等大问题上,日报与广播也在尝试进行统一联动。中华电台台长龚雪甫在外考察归来后,随即在《广播日报》上开设了《旅行杂记》专栏,分几期向听户和读者介绍自己在外考察的所见所闻,他曾提出:"各电台对特别节目不加努力,商业介绍之词句太长,中华之广告商家最多,时间分配困难,仁昌太乱,青年会对商家之背景太深以致他家商号裹足不前,有碍收入。"③这些建议对当时天津各家电台的改进起到了一定的促进作用。

在天津众多民营电台经营你争我夺时,《广播日报》邀请中华电台原经理龚雪甫撰写文章,明确指出了天津众电台只拿杂耍争胜的狭隘观念,进而希望他们"把这样自杀的政策放弃!然后大家开诚布公的联合起

---

① 进.播音广告怎样才有效应[N].广播日报,1935-10-14(2).
② 编者.报告(上)[N].广播日报,1936-1-14(2).
③ 龚雪甫.旅行杂记[N].广播日报,1935-9-29(2).

来,筹划永固的政策"①。同时,另一作者董范九也指出当时部分电台出现了"为了自身的利益其中难免有不肖分子存了自私自利的心思,将同业当成仇敌一样,于是倾轧、破坏中伤,种种同业相奸的劣根性,完全使用出来,不惜以高尚的事业做谋利的工具,忍使广播事业陷于没落不拔的地步"等情况,他希望各电台能够"组织得体,通力合作,遇急相援,议价一律,而使同业能共存共荣"②。

在帮助电台调整改良之余,《广播日报》也无时无刻不在连接听户和电台。从最初通过介绍各家电台的报告员来引起听户和读者对电台的注意,到随后邀请知名报告员撰文或接受访谈,《广播日报》以一种类似于塑造偶像的方式来拉近电台与听户之间的距离。此外,1935年10月31日在《编辑部播音》中,日报表示接到了许多读者来信咨询是否可以参观电台,而借此机会日报也准备组织读者进行集体参观。③

---

① 龚雪甫.我不能再沉默了[N].广播日报,1936-1-23(专刊).
② 董范九.供给播音界的意见[N].广播日报,1936-1-23(专刊).
③ 编辑室播音[N].广播日报,1935-10-31(4).

小　结

在天津近代媒介舞台上有以《大公报》《益世报》为代表、熠熠生辉的知名大报,长期以来它们构成了研究天津近代新闻传媒发展史约定俗成的主线和中心。以至于如今当人们一提到近代天津的传媒产业,便首先想到了以这些大报为标志的报业发展。但实际上作为近代天津新闻事业高度发达的见证,成熟活跃的报刊市场虽然重要,但发展迅猛、样式丰富的无线电广播也足以撑起当时天津传媒发展的半壁江山。而在这两种截然不同的媒介形式之间,合作而不竞争、沟通而不自守的良性关系和随之形成的多维营养生态位使得报刊与广播呈现出了相映生辉的发展特色。二者一方注重言论立报、文字报国;另一方则强调发扬文化、辅助教育。在日常的媒介运营过程中,一方面知名报刊主动开辟专版专栏,介绍电台节目、普及无线电知识;另一方面电台也在各类节目中安排报告员播报各报刊新闻消息,并在报刊中投放广告,二者互为平台、互利共生,证明了传统媒体与新媒体之间不是只存在相互倾轧和生存竞争。

而诞生于天津广播事业发展繁荣之时的《广播日报》作为一种在当时非常前沿的跨媒介尝试,在很多方面都被认为是天津近代媒介发展联动方面的首次尝试。无论是其在促进广播改革方面的贡献还是报纸本身追求科学的努力,抑或其在沟通电台与听户关系方面的贡献,都值得深入细致的探讨。特别是日报中呈现出的对天津听户群体的研究和细分,展现出了较为前沿的受众本位意识,在当时以广播作为宣教工具的主流思潮下,这种研究无疑是十分具有开创意义的。与同时期已经得到较多研究和关注的《广播周报》相比,《广播日报》的平民视角和非官方立场更值得加以关注和考察,其在天津乃至全国广播事业与报刊发展中的地位及意义,也值得其后乃至今天的各种专业性媒体所学习和借鉴。

除了《广播日报》之外,20世纪30年代期间天津还创办有另外一份有关广播电台的《无线电日报》。这份日报诞生于1936年,社址坐落于天津市东马路一个胡同内。社长是"美灯霓虹公司"老板翁一清,总编辑为天津报界知名人士陆泪魂,副刊编辑是原《天津晨报》编辑王子庵。该报在内容上与《广播日报》近似,除了介绍各电台的相关节目及信息外,也刊载一些无线电相关知识和使用修理常识。所登载的稿件一部分来自国民党中央社通稿,另一部分则来源于天津当时众多的私人通讯社,该报于天津沦陷后亦遭到停刊。[①] 在抗战胜利后,天津还出现过包括由中广处天津广播电台主办的《广播半月刊》以及《广播之友》等报刊,但由于存在时间较短因而并未引起受众和听户太多的关注,其影响力和作用较之十年前的《广播日报》也不可同日而语。

以《广播日报》为代表的报刊,构建了一种中介型的媒介关系,它将作为传统媒体的报刊与当时作为新媒体的广播电台紧密地嫁接在一起,模糊了听户和读者的身份,其重视受众、坚持科学、崇尚品位的办报原则展现了一种"小报不小"的价值观念。在当时繁荣的天津传媒市场中,广播的出现并未引起传统媒介的恐慌,而以《大公报》和《益世报》为代表的老牌媒体面对广播电台时所表现出的提携和合作,更是值得当今众多媒体在融合发展中借鉴和学习。

无论是综合性大报《大公报》《益世报》还是专业性日报《广播日报》《无线电日报》乃至抗战胜利后带有官方背景的《广播之友》等报刊,传统媒体与新媒体在天津这片近代新闻传媒发展的热土上互利共生,共同构建了近代天津丰富多彩且高度成熟的新闻传媒事业。

---

① 王木.回忆《广播日报》和《无线电日报》[J].天津广播电视史料,1994(11):29.

第五章

助新之器

——无线电广播与城市的近代化

从鸦片战争后被迫卷入资本主义世界以来,中国开始了艰苦且漫长的近代化进程。中国的近代化,也被称之为中国早期近代化或现代化,具体则指的是近代中国社会资本主义化的历史进程。① 这种整个社会的资本主义化主要表现在三个方面,第一个是在生产力方面,主要体现为从以家庭为单位的手工生产向机械化大生产的转变;第二个是在生产关系方面,主要体现为从封建主义生产关系向资本主义生产关系的转变;第三个则是在政治制度方面,体现为由封建君主专制政体向资产阶级民主共和政体的转变。

从某种意义上来说,"近代化"概念是一个舶来品,不同于西方国家的"早发内生型近代化"②,中国的近代化是在封建社会受到西方侵略,进而被迫卷入西方世界体系的大背景下出现的,既有中国人主观上寻求变革以应对先进国家挑战、维护自身生存空间的原因,同时也是一种客观上对来自更先进世界的外部挑战所展现的回应。

按照约定俗成的理解,中国的近代化进程中存在着一条从器物层面向制度层面乃至最终的心理层面转化递进的三段式演进模式。这一模式在天津近代化的过程中展现得淋漓尽致。从洋务运动时期李鸿章等人在

① 孙占元. 中国近代化问题研究述评[J]. 史学理论研究,2000(04):124.
② 孙占元. 中国近代化问题研究述评[J]. 史学理论研究,2000(04):124.

天津大力兴办洋务开始,到袁世凯在天津按照西方模式对城市管理机构和制度进行顶层设计,再到民国时期,天津获得"东方小巴黎"之称谓,"电线连成蛛网,路灯列若繁星"①。天津在近代化进程中的路径,正是经历了从器物向心理的三级跳式转变,进而"由一个近畿的府属县城发展为仅次于上海的全国第二大工商业和港口贸易城市"②。

在城市社会学者看来,城市是指"占据某一特定地区的人口群体,拥有一套技术设施和机构、行政管理体系,以及自身有别于其他集团结构的组织形式"③。这个复杂的组织形式展现出了"共同的习俗、情感、传统的集合"④。换句话说,这种共同习俗、情感和传统的集合就是一个城市所展现出的文化。新马克思主义社会学的代表人物卡斯泰尔认为,环境的进化与文化、社会的进化是相伴而行的,在某种程度上说,是后者决定了前者。⑤

城市是基于各种网络的流通和交换,是货物、人员、服务、文化、记忆等八面来风五方杂处的中心地,这些因素在流动的交往之中,它们共同构成了城市。⑥ 媒介是文化的重要传承载体。探讨文化对城市近代化的作用和意义,离不开对媒介的探讨。国民党中央广播事业管理处处长吴保丰在《十年来的中国广播事业》一文中曾提到:"从广播事业之本身而言,以前仅为一种新奇玩品,供一般有闲阶级酒后茶余消遣之工具而已,今则

---

① 张焘.津门杂记[M]//罗澍伟主编.近代天津城市史.北京:中国社会科学出版社,1993:17.

② 罗澍伟主编.近代天津城市史[M].北京:中国社会科学出版社,1993:7.

③ [美]R.E.帕克,E.N.伯吉斯,R.D.麦肯齐.城市社会学:芝加哥学派城市研究文集[M].宋俊岭,吴建华译.北京:华夏出版社,1987:169.

④ [美]R.E.帕克,E.N.伯吉斯,R.D.麦肯齐.城市社会学:芝加哥学派城市研究文集[M].宋俊岭,吴建华译.北京:华夏出版社,1987:169.

⑤ 郑也夫.城市社会学[M].北京:中国城市出版社,2002:90.

⑥ 黄旦."新报之事,今日之事":上海进入新媒体时间——初期《申报》与上海研究之一[M]//黄旦主编.城市传播:基于中国城市的历史与现实.上海:上海交通大学出版社,2015:225.

其效能已超乎寻常娱乐之上,进而为推进文化建设之有力工具。"①

对天津在近代化进程中所展现出的异军崛起态势进行分析,以往的研究主要从经济和政治两个方面去寻求解答。但我们也应能够看到,经济和政治的作用更多地体现在对器物和制度层面的影响,造就"面子"上的近代化;而真正形塑近代天津城市内核的则是文化因素,文化的发展带动了天津近代化从器物和制度向心理层面的转移和递进。

天津五口通衢九河下梢的地理位置和靠海而生、沿河发展的演变路径造就了开放包容的城市特点,以西乐歌舞和话剧文明戏为代表的时尚西洋文化以及以评剧大鼓和相声莲花落为形式的杂耍市井文化都能在这片土地上生根发芽。在推动近代天津各种文化交融杂处的过程中,媒介产生的力量是难以估量的,甚至从某个角度上说是决定性的。我们从这张近代天津主要媒体位置概况示意图中就可以看出,近代天津报刊媒体和广播媒体呈现出一种极为典型的集聚效应,而它们集聚的核心位置,正是20世纪30年代形成的天津商业中心,即由日租界旭街到法租界梨栈大街一带。(图5-1)这里商铺林立,饭店舞厅戏楼影院星罗棋布点缀其间,正是近代天津中西文化汇聚的中心区域。特别是广播电台,从20世纪20年代至40年代,天津大大小小的各类电台几乎大部分汇聚于此,商业、电波、文化形成了一种你中有我、我中有你的紧密互促样态,推动且形塑着近代天津的发展。

戏剧、曲艺、歌曲、话剧、讲座、新闻报道……实际上这些在广播电台中可以随时听到的节目形式都是一种种文化载体和媒介,通过男女报告员和男女艺员的播音,勾连起听户和天津这座城市的近代化。从这个意义上来说,广播可算得上是助推天津城市近代化的日新之器。

---

① 吴保丰.十年来的中国广播事业[M]//抗战十年前之中国(1927—1936).南京:商务印书馆,1937:693.

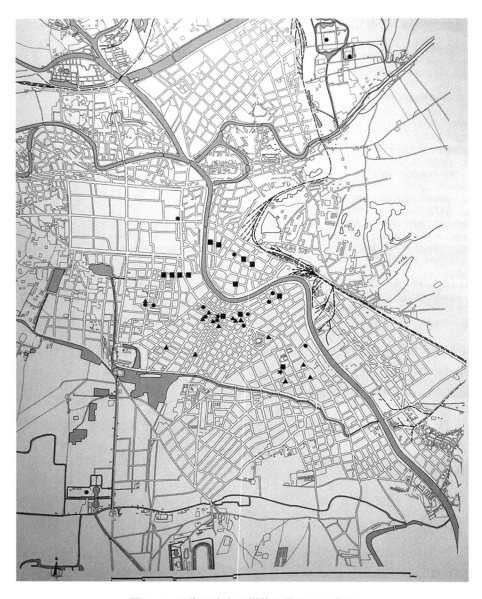

图 5-1　近代天津主要媒体位置概况示意图

注：★为 20 世纪 20 年代创办之电台；●为 20 世纪 30 年代创办之电台；▲为 20 世纪 40 年代创办之电台；■为近代天津部分知名报刊媒体

第一节 广播与天津近代政治的发展

无线电广播在我国出现后,起初由于其播送的内容主要以音乐和戏曲等娱乐节目为主,且听户多为在华外国人或国人中的"有闲阶级",因此在广播传入我国初期,人们更多看到的是其"酒后茶余消遣之工具"的娱乐属性。在谈到无线电广播及其节目的性质和作用时,"一般人都知道广播节目是娱乐品"①,广播电台在设置栏目、播放节目时,"必须投听户之心理,兼收广告之效"。进而"只播送唱片商情广告等,专供听众娱乐之用"②,传播者这样的心理预期,导致受传者也就是广大听户在收听广播节目时,自然也抱着一种休闲娱乐的心态,这就导致了"收听无线电者其心理大都是娱乐性质"③。

但无线电广播之功效远非仅仅求得茶余饭后让有闲阶级获得娱乐消遣或为了电台多获利润、商户多销货品。伴随着无线电广播事业在我国的发展和普及,越来越多的从业者和管理者乃至普通听户认识到了广播之于国家和社会的重要意义。"无线电广播之为用于政治宣传及普及教育,既已甚明。吾人即应设法尽量利用。"④在天津的《广播日报》中,有读

---

① 流.文化节目与家庭常识[N].广播日报,1935-11-22(2).

② 吴保丰.十年来的中国广播事业[M]//抗战十年前之中国(1927—1936).南京:商务印书馆,1937:693.

③ 昭华.关于电台广播节目争议之检讨[N].广播日报,1935-11-25(2).

④ 王崇植,恽震.无线电与中国[M].上海:文瑞印书馆,1931:123.

者亦明确提出:"外国的电台极少是营业性,每天播音的时间是在业余时间,播音者是有相当学识、地位的。所播的内容是有关于新闻、文化、教育、卫生、商情、科学、卫生以及名人演讲,等等。全是与国家社会人民等有益的声音。"①国民党南京中央广播电台也在日常播出的节目中特别设立了宣传类节目,并规定"凡关于阐扬主义,报告政治及警策语等均为宣传类"。在当时的管理者看来,这类节目的播出"对于统一全国意志,集中全国力量,行将借播音之力,于无形中,完成其重要使命"。②

无线电广播之于政治宣传等方面的重要意义在民国南京政府中央广播事业管理处及其他相关管理部门所颁布的各项规定及文件中已可窥见。而在具体的实施中,我们也可以看到仅以天津为例,无线电广播事业对政治的近代化就展现出了重要的贡献。

一、政治近代化的概念及典型表现

我国的政治近代化指的是国人的政治观念和政治制度的资产阶级民主化。③ 政治近代化是我国近代化过程的一个重要组成部分,也是时间跨度最长的部分。从 19 世纪 70 年代的洋务运动开始一直到 1949 年国民党在大陆政权的瓦解告终,其间经历了近 80 年的进程。按照现有的说法,在这 80 年的政治近代化过程中,我国经历了包括资产阶级和平改良、暴力革命以及中华民国期间的全面政治衰退三个时期。④ 在这三个时期中实现了从君主立宪向民主共和的转变。中国的政治核心逐步完成了从

① 达.我国播音界的错误[N].广播日报,1936-3-2(2).
② 吴保丰.十年来的中国广播事业[M]//抗战十年前之中国(1927—1936).南京:商务印书馆,1937:693.
③ 周彦,赵丽娟.论中国政治近代化的演变[J].齐齐哈尔大学学报(哲学社会科学版),1999(06):55.
④ 孙红兵,宋长琨.中国政治近代化的历史特点探析[J].北方论丛,1998(02):52.

君主到国民的转变。"君权日益尊,民权日益弱,为中国致弱之根源""立宪政治非他,即国民政治之谓也""国也者,积民而成,国家之主人为谁?即一国之民是也"①等观点的提出,表明在经历了几千年的君主专制政治体制后,中国开始走向了政治的近代化。

在政治民主化的进程中,孙中山所提出的"三民主义"成为主权在民的最直接表现。"民族、民权、民生"三大主义的提出"反映了那个时代中华民族的现代化理想,释放了凝聚中华民族共趋革命的巨大社会功能"②。"反映了中国人民力图使中国快速近代化、快速汇入人类世界主流文明的迫切要求。"③为了在当时的中国顺利实现三民主义,"军政、训政、宪政"三阶段思想被提出。"军政"代表一切制度隶属于军事,政府的任务是"一面用兵力扫除国内之障碍,一面宣传主义开化全国之人心,而促进国家之统一"。训政时期,"政府派员到各县协助人民,筹备自治,人民受四权使用之训练,而完备其国民之义务,誓行革命之主义"④。在其后"选举县官,以执行一县之政事,选举议员,以议立一县之法律,始成为一完全自治之县,完全自治之县,其国民有直接选举官员之权,有直接罢免官员之权,有直接创制法律之权,有直接复决法律之权,凡一省全数之县皆达完全自治者,则为宪政开始时期……全国有过半数省份,达致宪政开始时期,则开国民大会决定宪法而颁布之,中央统治权则归于国民大会行使之,宪法颁布之日,则为宪政告成之时"⑤。国民党及民国南京政府

①　梁启超.饮冰室文集点校(第2集)[M].吴松,卢云昆,王文光,段炳昌点校.昆明:云南教育出版社,2001:670.

②　陈剑安.略论三民主义的文化内涵及其社会功能[J].江西社会科学,1996(10):27.

③　韩隆福,刘平政.论孙中山的三民主义及其历史作用[J].常德师范学院学报(社会科学版),2002(02):67.

④　孙中山.国民政府建国大纲[M]//中国国民党浙江省党务指导委员会训练部.政纲与政策.杭州:弘文书局,1928:11.

⑤　孙中山.国民政府建国大纲[M]//中国国民党浙江省党务指导委员会训练部.政纲与政策.杭州:弘文书局,1928:14.

通过对"军政、训政、宪政"三个阶段的分步骤实施作为其实现政治近代化的方略。

除此之外,民国北京政府时期也通过一定程度上的政治近代化手段,实现了从世袭政治权力向竞争政治权力以及"法制"名义下的"自由平等独立"社会秩序的过渡。[1] 但无论袁世凯执政时期的妄图复辟帝制,还是后来直系奉系等集团对政府权力的交替挟持,中央政府都展现出一种"军事分权政治"的意味,在这种政治体制下,政治派系背后是所谓的军事派系,各军事派系则根据自己政治经济需要和军事实力交替控制中央和地方的政权。[2]

二、天津的政治近代化建设

在某种意义上说天津是中国政治近代化的一个起点,从清末袁世凯在天津试行地方自治开始到民国南京政府时期特别市的建立,天津政治近代化的道路成为中国政治发展探索的一个缩影。

与中央政府的军事分权不同,民国北京政府时期在地方实行了一种沿袭自清末的地方自治制度。可以说,这种自治制度的策源地之一就是天津。早在清末立宪运动之中,袁世凯就在天津试行过地方自治。1906年,袁世凯在天津设立自治局,并选派通晓法政的士绅到所属城乡宣讲自治法理和利益,还通过编印报刊讲义、开设研究所、选送人员赴日考察等方式探索地方自治道路。1907年暑期,天津县议事会被选举产生,这次选举也是我国历史上第一次地方选举。[3] 在当时的天津县自治过程中,

---

① 郭剑林.中国近代社会的转型与过渡——北洋政府时代[J].历史教学,2001(02):43.

② 郭剑林.中国近代社会的转型与过渡——北洋政府时代[J].历史教学,2001(02):44.

③ 来新夏主编.天津近代史[M].天津:南开大学出版社,1987:202.

虽然"自治无法脱离封建政府统治的轨道"①,但却促进了一些当时时兴的西方宪政思想和民主制度的传播,体现了民主政治在地方政权建设上的尝试。

　　进入民国北京政府时期后,天津在地方政治环境的建设上基本延续了前清模式,其间于1912年和1913年先后经历两次更迭并最终确立县制。但由于天津当时在直隶省的特殊地位,天津县的许多政务事项都直接由直隶省办理,因此知事对包括警备、勤务、卫生、工程等各项政务均无权过问。② 1913年后,天津升级成为直隶省会,天津各项事务基本由直隶省级机构及省长直接办理。③ 可以说,在民国北京政府时期天津虽在一些领域受制于直隶省,但却在一定程度上延续了自治制度,这也为民国南京政府时期天津特别市的设立奠定了基础。

　　1928年国民革命军北伐胜利后,天津老城厢及周边地区被设立为"天津特别市"。特别市的设立,是根据中华民国《市组织法》中的相关条款"首都、人口在百万以上者、在政治上经济上有特殊情形者,为特别市,直隶于行政院"而确定的。④ 虽然在此之后的1930年天津曾作为河北省省会而改制为省辖市,但1935年河北省省会迁往保定后,天津重新被设立为特别市。

　　较之民国北京政府时期天津县设置的模式,天津特别市的机构设置则更加完善,也更趋近代化。天津特别市政府内设参事室、设计委员会、秘书处、技术室、市政传习所、自治事务监理处。而在市政府之外还设立了包括社会局、公安局、财政局、工务局、教育局、卫生局、土地局、港务局等分管各项事务的八大局。⑤ 其中市政传习所的宗旨便是"养成市政专

---

① 来新夏主编. 天津近代史[M]. 天津:南开大学出版社,1987:202.
② 来新夏主编,郭凤岐编. 天津的城市发展[M]. 天津:天津古籍出版社,2004:153.
③ 罗澍伟主编. 近代天津城市史[M]. 北京:中国社会科学出版社,1993:341.
④ 中华民国现行法规大全[M]//罗澍伟主编. 近代天津城市史. 北京:中国社会科学出版社,1993:342.
⑤ 来新夏主编,郭凤岐编. 天津的城市发展[M]. 天津:天津古籍出版社,2004:170.

门人才并培植地方自治精神"①。

1937年7月30日,天津沦陷,日本在天津先后建立了伪治安维持会和伪天津市公署(1943年改称为伪天津市政府)。无论是初期的治安维持会还是后期的伪天津市政府,都要听命于日本当局。其通过市政议会对伪当局的各项政策进行控制:会议召开需要有日本特务机关长或市府顾问参加;重大决策推行则需要由日本特务机关长定夺。在本时期内,天津伪政权包括施政方针和具体政策等在内的一切活动,都由日本特务机关一手炮制和操纵。② 而相应的,天津的政治近代化进程也宣告停滞。

1945年10月,抗战胜利后重新组建的天津市政府建立,下设总务处、秘书处、会计处、新闻处、统计处、人事处、外事处以及民政局、财政局、教育局、社会局、地政局、卫生局、工务局、公用局、警察局等9个局。③ 虽然行政机构进行了搭建,但直到1946年11月,天津市政府才公布了施政方针,主要内容则包含了推行地方自治、增进市民福利、扶植工商业、转移社会风气等几个部分,而对城市的整顿和治理则成为这段时期天津政治生活的核心。④

综上可知,近代天津政治的演变和发展在数十年间经历了一种从发展到停滞甚至倒退的变化过程。这也是我国政治近代化的一个缩影。从清末开始对政治近代化的追寻没能随着1928年"训政"的开始而走向孙中山所期待的"上而总统,下而巡差,皆人民之公仆"⑤的主权在民,相反却由于抗战的兴起和国民党一党专制统治的加强而走向了衰退。

---

① 天津特别市政府市政传习所传习简章[Z].教育公报,1930(24):85.
② 罗澍伟主编.近代天津城市史[M].北京:中国社会科学出版社,1993:688.
③ 来新夏主编,郭凤岐编.天津的城市发展[M].天津:天津古籍出版社,2004:171.
④ 罗澍伟主编.近代天津城市史[M].北京:中国社会科学出版社,1993:688.
⑤ 孙中山.孙中山选集(上卷)[M].北京:中华书局,2006:157.

三、无线电广播对天津近代政治发展的推动

虽然天津的政治近代化就像民国时期政治近代化所表征出的前期发展和后期倒退一样虎头蛇尾,但几十年间天津民众的政治素养却伴随着国家政体的更迭和包括"三民主义"等主权在民思想的传播而得到了彻底的涤荡,公民、主权、国家、平等、婚姻、选举等观念逐渐深入人心。而在此期间,无线电广播所发挥的作用也是不可忽视的。

(一)无线电广播与家国意识培育

从封建王朝时期的天下意识到民国时期的家国意识,在短短几十年的时间中中国民众对于国家的认识有了从臣民向主人的天翻地覆般的转变。这种转变并非是单纯的来源于辛亥革命以及后来历次政治运动及革命活动的兴起,也并非主要源自西方人侵略所带来的民族敌对和仇恨,更不仅仅因为名人和政客开发民智的宣教和演讲。这种家国意识的形成,更多的则是上述各种因素叠加在一起,辅之以宣传教养而逐渐形成的。这种宣传教养的最直接推动力量,便是各种形式的媒介。

有关近代新闻宣传对于民众家国意识的培育在既有研究中更多关注了报刊等纸质媒介的作用和贡献,但很少有人注意到,除报刊之外的广播无线电对于家国意识的宣传不仅较之报刊毫不逊色,甚至因为其传播的广泛性和对受众的不加选择及不具限制而更有意义。

1. 电台通过新闻类节目培育民众家国意识

天津的无线电广播对民众家国意识的塑造和宣传,首先体现在新闻类节目的播放上。早在民国北京政府于 1927 年 5 月 15 日创办的天津广

播无线电台开始播音后就已经在日常每晚 8:30—12:15 的节目设置中安排了从 9:17—9:25 每日 8 分钟的"国内新闻"节目。（周六及周日作为特别日不播出）（图 5-2）

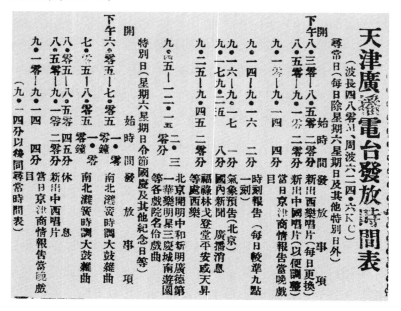

图 5-2　天津广播电台发放时间表（1927 年 10 月 30 日）

其后伴随着天津广播无线电台每日播音时长的增加,新闻节目扩展为每日两次。从 1932 年 9 月 1 日的广播无线电节目表可以看出（图 5-3),此时期中新闻节目播出时间一次为下午的 3:15—3:25,播放"重要新闻及商业广告";一次为晚间的 9:00—9:35,播送当天重要新闻。较之先前每日八分钟的节目,不仅在时长上有了较大的增加,在频率上也有了提升。

天津广播无线电台停播后,天津进入了民营电台四分天下的时期。仁昌、中华、青年会和东方四大电台在 20 世纪 30 年代中期的竞合带动了天津广播事业的大发展。在此期间虽然民营电台将盈利和娱乐节目的设置放在节目安排的突出位置,但新闻节目也并未因此废止。青年会电台在每日节目中均有对商业信息的报告,而周末节目中也会在早晨

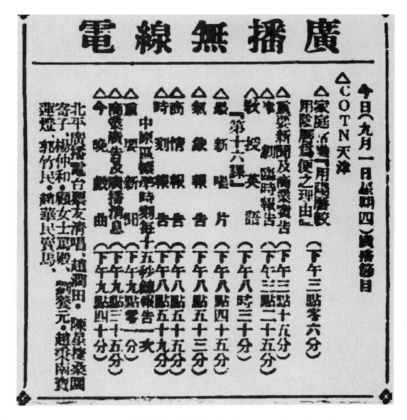

图 5-3　天津广播电台发放时间表(1932 年 9 月 1 日)

10:00—10:20 播送 20 分钟的当日新闻节目。

　　1936 年 4 月 20 日起,中央广播事业管理处对全国各无线电台播出的新闻节目加强了管控,规定一律需于每日下午 8 时至 9 时 5 分转播中央台的节目(周日除外)。其目的在于"对于节目孜孜改进,不遗余力宣传党义政治,注重成人教育,儿童教育,提倡高尚娱乐与智德修养,以期民众不为低级娱乐所腐化,迎头赶上,得与欧美电台并驾齐驱。"①天津的四家民营电台也接到命令,从当日起转播中央台节目。《广播日报》也从当天

①　新闻报.《新闻报》关于行政院令饬全国广播电台一律转播中央台节目的报道[M]//上海市档案馆,北京广播学院,上海市广播电视局编.旧中国的上海广播事业.北京:档案出版社;北京:中国广播电视出版社,1985:220.

起每日在一版的《电台消息》中介绍第二天晚间转播的具体节目预告,如4月21日将播出包括简明新闻、国内时事、钢琴独奏、中委叶楚伧演讲、西乐演奏等节目。① 同时还注明:"有设备者按时转播,无则由八点至九点零五分停放他种节目。"②

抗战胜利后,中广处天津广播电台对新闻节目的重视更加突出。天津广播电台第一套节目早上 8:40—9:00 转播北平台新闻节目;中午12:10—12:45 转播北平台新闻类述;下午 8:40—9:10 转播北平台新闻;9:10—9:40 播出天津本市新闻、简略新闻、时事述评、英语新闻等节目。全天的新闻类节目多达 7 项。

从 1927 年天津广播无线电台创始之初的每日 8 分钟新闻节目,到1945 年底中广处天津广播电台每日高达 115 分钟的新闻类节目,不到二十年时间中天津电台中的新闻类节目播放时长增加了 14 倍。而这仅仅是该电台一家的播出时间,本时期天津共有近 30 家合法或非法播音的电台,这些电台每天都会安排大量的时间进行新闻节目的播出。

新闻节目的大量播出,使得天津听户和民众对于家国大事的发生和发展更加熟知且关注,也更加便于他们在思想上塑造自己的家国意识,形成牢固的家国观念。在 20 世纪 30 年代天津的四家电台开始转播中央台节目后,《广播日报》曾对转播情况做过调查,结果显示"转播成绩均好,听户方面因身在津地听到南京莫不感觉别有趣味"③。

2. 电台通过特别节目培育民众家国意识

家国意识的塑造除了通过日常固定播出的新闻节目外,还有特定时期的临时节目。在每年的一些特定日期,天津各电台也会通过特别节目或停播节目等形式来塑造听户的家国意识。在孙中山先生去世十周年的

---

① 电台消息[N].广播日报,1936-4-20(1).
② 播音消息[N].广播日报,1936-4-20(2).
③ 电台消息[N].广播日报,1936-4-21(1).

纪念日,青年会电台、中华电台、仁昌电台等均暂停了日常节目的播出,转播孙中山逝世十周年的特别节目。以青年会电台的节目为例,在当天晚8点至22点的节目中,包括了党歌、总理遗训、《纪念总理逝世应有之认识》讲演、燕社演唱及播讲总理纪念歌、总理事纪以及总理伦敦蒙难大鼓词等相关节目。① 而在当年的“双十节”期间,青年会电台独特地在节目中播出了8点奏乐升旗,6点奏乐降旗的节目。听众表示:“这是为一般人所忽略的事情,而青年会电台能利用播音唤起人们的注意,苦心孤诣。”②

战争时期的广播节目更能有效地提升民众的爱国情怀。在1932年淞沪抗战期间,天津广播无线电台就取消了原来的播出计划,而设立了“战时节目”。其间下午3:00—6:00的节目被暂停播出,晚上9:00—9:35播出紧要新闻栏目,而娱乐类栏目大量减少。1933年热河抗战期间,天津广播无线电台播出“战时人民须知”。而在1936年绥远抗战期间,天津的仁昌、中华、东方等三家电台联合举行募捐游艺会,并在电台中进行连续宣传,号召听户支援前线。

在政局纷繁动荡、华北危急的日子里,广播是民众最重要的心理安慰。署名为“流”的作者曾在《广播日报》上撰文表达其收听到有关家国大事的消息后的感受。“在莫谈国事的条件下声音播放了出来,一件又一件都是国家大事……后来听了一件上海的消息,这消息能感动人心,大意是当地三千多学生到市政府请愿,从出发地走了五六十里的路程……三千多学生都跪在风雨里向市政府请愿。听着报告这件事时情绪旺盛又热心的朋友有三位落下了泪珠。”③民众的爱国精神和家国情怀也在天津沦陷时期寄托于广播电台的节目,“人们唯一的希望,是每晚听一听中央广播电台放送的消息。无线电事业在近期确曾做了极利市的买卖……每

---

① 广播无线电今日节目[N].大公报,1935-3-12(13).
② 国庆日的收音机里[N].广播日报,1935-10-12(2).
③ 流.无聊与收音[N].广播日报,1935-12-29(2).

夜街头巷尾,老是有许多人围在有收音机人家的附近,屏息静听,只有从无线电里希望佳音"①。

广播电台在民众家国情怀的培育和塑造方面有突出作用,但这种作用也曾被加以利用,成为宣传独裁统治的利器。在解放战争进入到战略进攻阶段的1947年7月6日,蒋介石发表广播演讲纪念七七事变十周年。在演讲中其发布反动的"戡乱建国"动员令,天津各广播电台接到南京中央广播电台指示,一方面在当天晚上九点全部转播讲话,另一方面在天津市第十区民园广场设置扩音器进行集体收音。据《大公报》报道,当日来到广场进行收听的民众有数千人,节目开始后,民众皆"脱帽致敬,掌声如雷。旋即鸦雀无声,均于阴云密布下静默",且"当蒋主席演讲时,沿街各商号均收听播送,行人止步,鹄立各商号门前,至转播完毕始各离去"②。国民党当局借助广播被动收听、无远弗届的特点强迫民众收听,他们不仅要求转播,设置广播站集体收听,还传令天津各机关、学校、工商业者必须进行收听。但事与愿违,据时任天津市市长的杜建时回忆,虽然市民们被迫聚集在全市各处收听,但却并非如《大公报》所说"掌声雷动",大部分市民因听不懂蒋介石的宁波话而纷纷闲谈,几乎没有人认真听。③

(二)无线电广播与平等观念树立

平等观念的逐渐传播,是政治近代化的又一个表现。1947年元旦颁布的《中华民国宪法》第五条明确提出:"中华民国各民族一律平等。"同时,第七条也表示:"中华民国人民,无分男女、宗教、种族、阶级、党派,在

① 长江,小方.沦亡的平津[M].武汉:生活书店,1938:71.
② 数千人集合民园静听蒋主席广播[N].大公报,1947-7-7(5).
③ 杜建时.从接收天津到垮台[M]//杨大辛,方兆麟编.天津历史的转折——原国民党军政人员的回忆.天津:天津市政协文史资料研究委员会资料,1988:40.

法律上一律平等。"

　　无线电广播是一种被动收听的传播介质,听户只要能够听得懂当时的标准国语,就可以正常地实现收听。因此较之于传统媒体来说,无线电广播在受众选择方面相对更加平等,也更便于社会中下层民众的信息接收和娱乐休闲。从这个意义上说,无线电广播本身就在一定程度上带有平等的色彩。

1. 无线电广播推动阶级平等

　　虽然广播在传入天津之初,其对于设备的高要求使得其被认为是"供一般有闲阶级酒后茶余消遣之工具",且天津广播无线电台在1927年3月试验播出之时,"当晚天津收听者只有三十余家"①。但在当年10月的相关报道中,已经有人注意到了无线电广播并非只能供有钱有闲的上层阶级使用,"无线电为无阶级之消遣品,人人均可装用"②。

　　广播电台在天津兴起后随即掀起了一场无线电热潮,天津民众无论贫富,都争相收听或购买组装无线电收音机。当时的情景被形容为:"很有向上发展的趋势,也可以说是一种狂热,比较时髦些的人家,差不多都装设起来,于是屋顶的天线,密密层层。"③《广播日报》曾有一篇题为《商人洪福》的文章,其中介绍了买卖人在店铺中收听广播的情形,"如今与先前大大的不同了。有了这古古怪怪的无线电,坐在柜台里面就能听玩意了。而且是天天如此,不论掌柜和小伙计,只要你有耳朵,或是耳朵不聋,就有权利享受,真可谓洪福齐天"④。这篇报道虽然意在介绍收音机对于商户休闲的作用,但其"无论掌柜还是小伙计只要有耳朵就有权利享受"的现实还是说明了广播在节目收听上淡化了阶层关系,体现出了

---

①　京津广播无线电日前试验成绩甚佳[N].大公报,1927-3-31(7).
②　诸君何不听听无线电[N].大公报,1927-10-31(8).
③　广播无线电听户不及从前起劲[N].大公报,1930-6-20(7).
④　商人洪福[N].大公报,1935-10-14(2).

相对的平等。

广播电台的节目设置上也显示了某种意义上的平等意识。在天津民营广播最为发达的 20 世纪 30 年代中期,四家电台播出的节目中基本都为戏剧、曲艺、相声、大鼓书、评戏、落子等娱乐节目,这种节目设置在当时遭到了许多人士的批评,批评者皆认为这是为了"迎合社会心理"和"投听户之心理"。虽然电台节目设置在当时的格调低下应值得反思,但从另一个方面来看电台播出大量的娱乐节目,正是因为这些节目在听户之中具有相当的影响力和受众空间,能够吸引听户的关注进而让电台获得利润。而较之格调严肃的新闻、教育节目或面向西人及摩登人士的西乐话剧等来说,戏剧鼓曲的播出彰显了一种在节目选取上倾向于一般听户的平等意识。

2. 无线电广播促进性别平等

在收听平等和节目平等之外,广播电台在天津的发展还为当时天津社会男女平等观念的塑造发挥了重要作用。无论清末民国,女性社会地位较之男性较低是不争的事实,天津作为当时较早开放的商埠之一,虽然浸润了较为先进的男女平等观念和思想,但真正像中华民国宪法中所表述的那样无论男女在法律上一律平等则尚未做到。而广播电台在本时期对于女性报告员的职业设定和声音及形象包装则掀起了民众对这个群体的崇敬乃至着迷,客观上提升了当时社会中女性地位,改善了男女不平等的关系。

女性报告员职业群体的诞生一方面与其声音特点有关,在《由标准报告谈起》一文中,古月认为男子的声带宽、音低、听着粗糙,报告员的业务终被"字正声清"的女性掠夺而去。[①] 由于各无线电广播电台的节目主要以戏曲曲艺等节奏轻松愉快的娱乐节目为主,且报告员播送的多为节

---

① 古月. 由标准报告谈起[N]. 广播日报,1936-3-1(2).

目预告或商业广告,因此各电台均青睐于"发音柔和,不可强硬,能使听者动容"的女性。不仅如此,各电台选择女性报告员另一方面原因在于也能够从她们的姣好形象中获取利益。仁昌电台、中华电台和东方电台都会不定期地在《广播日报》上刊登其形象气质较好的女性报告员的照片,并配文介绍其信息。听户在每日听其声、终得见其人的情况下,会不由自主地生成一种仰慕的心理。在其驱使下,女性报告员在听户心中已经不再是传统观念中只得相夫教子的女性,而成为听户们仰慕的心中的偶像。不外乎《广播日报》提出:"本台刊登他们的照片,不过是介绍与社会人士相见,正是因为不知有多少听户男女老幼企慕一瞻他们的风采,企慕的心理,正如同敬仰伟者。"①

　　听户的仰慕和崇拜让女报告员为所在电台赢得了商业利益。"广播无线电台所聘用之女报告员,于电台上之生意大有关系,现在仁昌之唐宝玲罗友兰二位女士最受听户之欢迎,各广告商号皆乐请唐、罗二位女士报告,效力极大。"②电台聘请女报告员,一方面能够吸引听户关注,进而引发相应的偶像崇拜;另一方面借助这种听户形成的崇拜,商号随着邀其播报广告又能给电台带来经济收益,无外乎在当时"女性报告员,是一种极高贵的职业"③。

　　在 20 世纪 30 年代天津的广播电台中,出现了包括仁昌电台主任报告员张继、中华电台主任报告员潘卫华等在内的众多知名女报告员。她们的工作和生活成为听户关注和探寻的热点,她们的消息也因此经常被刊登。《广播日报》曾于 1935 年 9 月和 1936 年 3 月分别撰文介绍潘、张二人。果不其然,二人的工作生活成为听户向报纸经常咨询的问题,请求二位报告员在报纸上发表文章,更多介绍自己,潘卫华为此特意致信《广播日报》,表示"对于写稿这件事我不敢出风头,我写不好,肚子里没有材

---

① 台长报告[N].广播日报,1935-9-20(2).
② 电台拾零[N].广播日报,1935-9-20(2).
③ 台长报告[N].广播日报,1935-9-20(2).

料,并且一天忙到晚没有工夫写稿子"①。张继成名后,甚至其率领小学生参观展览以及生病请假也成为新闻,"仁昌电台晚班报告员张继女士昨下午一时许率淑修小学全体学生到河北第二公园参观卫生展览,至三时结队出场"②。"仁昌电台主任报告员张继女士曾因患时症告假,兹悉张女士病已告瘥,唯需善养,故昨到电台管理处面辞已准。另以王杰女士担任早班,晚班则由毕莲宝任。"③

女性报告员带来的实际利益使得当时天津各电台在聘请报告员时均倾向于招收女性,且待遇不断提升。1935 年 9 月,《广播日报》刊载招聘启事:"本市某新电台,拟招聘女报告员一位,需能操极流利之国语,具有高中程度,身家清白,且能耐劳者。"④1936 年,中华电台在招聘时对女报告员的基本条件和收入进一步进行了明确:"月薪 20 元,供给膳宿。有志服务而具有高中毕业资格或相当程度,兼需发声清楚,口齿伶俐,操纯粹北方语者,年龄在 18 岁至 28 岁。"⑤从不公开提出待遇到月薪 20 元并提供膳宿,女性报告员的社会地位随着对其价值的发掘而不断提升。而相比之下同时期男性职员的待遇则相形见绌,仁昌电台提出的要求和待遇是:"年在 25 岁至 30 岁,言语和平,自问有办事能力,会在社会服务者为合格,薪金暂定每月 15 元,供宿不供膳,如能操国语,有所欢迎。"⑥

女报告员较高的收入和职业认同,使得报告员成为当时天津女性最青睐的理想职业。在仁昌电台的一次招聘中,共有 64 人报名。而中华电台的招考,4 天时间中就吸引了 20 余人报名。相比之下,男性报告员成为各电台的备选,只有当女性报告员请辞或离职后,男性才会得到机会。青年会电台原本也设置女性报告员,但在其因病请辞后,考虑到"考选女

---

① 潘卫华女士来函[N].广播日报,1935-10-12(2).
② 电台消息[N].广播日报,1936-5-13(1).
③ 电台消息[N].广播日报,1936-7-16(1).
④ 招聘启事[N].广播日报,1935-9-7(2).
⑤ 中华招聘报告员[N].广播日报,1936-5-4(1).
⑥ 仁昌招聘男职员[N].广播日报,1936-5-10(1).

报告员非易且任职多不长久,时长更换,台方不无损失,兼以欧美电台之报告员多系男性"①,因此才决定从此开始聘用男性播音。

女性报告员的兴起,为电台节目吸引了关注,同时也为电台带来了经济收入,更重要的是形成了一种女性优于男性的职业排序。这使当时天津女性在工作和就业方面争取与男性的平等成为可能,也激发了当时天津女性对自我的认同以及对其自身价值的重新判断。可以说,无线电广播选用女性报告员虽出于吸引听户,提升利益的经济考虑,但其对于从职业认同上逐步实现男女平等的政治近代化却客观上做出了重要贡献。

3.无线电广播呼吁婚姻平等

与主动宣传阶级平等和性别平等不同,无线电广播对婚姻平等的宣传则更像是一场"现身说法"。一桩离奇的"电台艳史案"将中华电台置于风口浪尖,也吸引了报刊媒体的持续关注。

1935 年 11 月 24 日,天津发生了一起离奇的女子失踪案件引起社会轰动。而这桩案件的主角竟是当时在天津赫赫有名的中华电台主任龚伟及电台的女报告员张学敏。根据本时期《大公报》及《益世报》等报刊的报道,张学敏为龚伟新婚妻子,新婚不久即发现龚伟早已有家室,且在婚后张曾遭到龚伟虐待,于是一气之下出走成迷,张父在女儿失踪后报案。七日后张学敏现身法院控告龚伟诱奸、骗婚、重婚、妨害自由、伤害等罪名。② 而龚伟则辩称张对其已有妻室一事早已知晓,二人结婚实为娶妾。经过调查,检察院认定张学敏早知龚伟情况,因婚后与其妻不合而负气离家。法院经过审理判决二人犯重婚罪,龚伟被判一年两个月,张学敏被判六个月。宣判后二人均不服,案件被上诉到河北省高等法院第一分院。再诉期间龚伟推翻先前供词,辩称未与张结婚,而张则要求法院解除二人婚姻关系。最终河北省高等法院裁决二人离婚并驳回了龚伟的上诉。

---

① 青年会电台决改用男报告员[N].广播日报,1936-8-19(1).
② 张学敏孤身漂泊七日[N].大公报,1935-11-28(6).

这场由失踪事件引发的离婚官司持续半年之久,成为当时天津各报争相报道的社会热点,引起了听户和读者的广泛关注,该案甚至还被形象地称作"电台艳史案"。按照当时民国法律规定,男女双方在结婚前"不得已有配偶,但前婚无效或撤清或离婚或一造有死亡时再行婚嫁者不在此限"①。这场发生在中华电台之中的官司,虽然给该电台带来了严重的负面影响,但其持续半年的反转发酵也为当时天津民众普及了文明的婚姻模式,特别是《大公报》对该事件的持续关注和报道吸引了众多读者的关注。在 1936 年 2 月 16 日,该报又在第五版以半个版面的篇幅刊登了法院判决书的全文,并配以律师的讲解。在报道中,《大公报》将法院对龚伟的判决书中最重要的量刑缘由以加粗加黑的形式进行突出,明确提到:"龚伟有配偶而重为婚姻,贻误青年女子,于情于法,均无可恕。"②而律师王同福对于其所触犯的刑法的解释也更加详细地向读者受众进行了量刑说明。该案件的持续报道,使民众直接感受到了近代法律对婚姻关系的约束作用,许多人第一次懂得在父母之命、媒妁之言以外,婚姻关系能否维系还需靠法律来裁决。虽然电台在本事件中并非婚姻平等的直接宣传者,但以知名电台为背景的该案件还是最大限度地激发了民众和听户的热情,客观上推动了对现代婚姻家庭观念的认识。

(三)无线电广播与公民权利保障

民国时期,"国民"的概念被提出并逐渐为民众所接受。从先前的臣民到如今的国民,身份的变化也带来了相应权利义务关系的改变。不同时期出台的多部宪法也在法条中明确提出了中华民国公民的权利义务。对民众权利的保障和维护,一方面要通过法条的明确规定,而另一方面则需要通过媒介在民众之中进行宣传和扩散。在传播国民权利方面,无线

① 孙祖基. 婚姻法:英美法与中国法之比较观[J]. 妇女年鉴,1925(2):233.
② 龚伟与张学敏重婚案判决书全文[N]. 大公报,1936-2-16(5).

电广播所起到的作用较之报刊媒介来说毫不逊色。

1. 无线电广播对选举权利的宣传

根据宪法规定,中华民国公民具有选举和被选举权利。作为习惯了"臣民"身份的民众来说,选举是什么,如何选举都成为需要普及和教育的。在 1933 年出版的《小学公民课本》中就已经加入了专门介绍选举权的章节,并将对选举权的介绍以学生练习的模式呈现。在其中对选举权做了进一步界定:"选举权是第一个民权,人民运用选举权可以选出议员官吏替人民服务,所以人民对于选举权应十分重视,不可放弃。"[①]

天津的广播电台在提升听户和民众对选举的重视方面也曾做出过努力。抗战胜利后中广处天津广播电台经常在各项选举前后一段时间中播发有关选举及竞选的相关节目。1946 年 4 月 3 日为了迎接即将开始的天津国大代表复选,天津广播电台特别开设了竞选节目,节目以讲演为主要形式,每次时长 20 分钟,并规定"演讲词需于三日前送经电台审核"[②]。一年后的 1947 年 8 月,天津市政府秘书长梁子青也曾在天津广播电台中播讲天津市国大代表及立委选举问题。在这段时间中,广播电台也曾拿出专门时段播讲候选人演讲词。在 1948 年天津市参议员选举过程中,天津市参议员选举事务所曾借助广播电台进行选举宣传,号召民众参与选举,重视自己的选举权。其宣传节略中写道:

> 本市参议员是全市一百七十万市民的代表,他们为全体市民作喉舌,能替全体市民谋幸福,我们必须慎重的考虑,选举贤能的人来做我们的代表。
>
> 选举市参议员,投票的时间在二月二十九日上午八点到下午五点,希望人人都带着有公民戳记的国民身份证去投票。

---

① 赵侣青,徐炯千,黄铁崖. 小学公民课本[M].上海:中华书局,1933:8.
② 津广播电台增竞选节目[N].益世报,1946-4-3(4).

参议员候选人正在办理登记,希望本市公正廉明素孚众望的人士踊跃参加竞选,为地方尽义务,为市民谋福利。

选举市参议员,凡本市年龄满二十岁领有国民身份证者尽有公民资格戳记的,就有选举权,年龄满二十五岁的就有被选举权。参议员的区域候选人,需经本区公民三百人以上的签署提名,职业团体候选人,应由有选举权的会员会同初选人十分之一以上(最少不得少于三人)签署提名才能登记竞选。①

在这份广播讲稿的节略中,参议员选举的意义、时间以及选举办法都较为详细地进行了公布。同时讲稿中也反复提及了民众的选举权和被选举权,这对于在听户及民众之中普及选举信息,鼓励更多市民参与投票甚至参与选举,唤起他们的政治参与有很积极的意义。

1948 年国民党政府的统治行将终结,面对政治、经济、军事等方面的民心尽失和节节败退,出于转移民众注意等因素的考虑,中华民国进行了总统和副总统的选举,这是在 1947 年《中华民国宪法》颁布实施后首次举行的全国性总统选举,也是中华民国政府首次在中国境内举办的重大政治选举活动。在这次选举中,蒋介石毫无意外地当选总统,李宗仁则在激烈复杂的选战竞争中击败孙科当选副总统。在本次国民大会选举副总统期间,天津广播电台四个频率的节目同时暂停了原定节目而开设广播实况转播,为"使关心选举的市民明了选举进行时的情况及结果"②。此外在蒋介石当选总统就任的 5 月 20 日,天津市内的各家民营电台"为庆祝二十日总统副总统就任大典,定是日晨八时起至二十四时止,整日举行联合广播"③。

在连续数年的选举活动中,天津各电台均安排了相应的时间对选举

---

① 天津市档案馆档案[Z].401206800-J0039-1-000032-059.
② 选举副总统天津电台今日广播[N].大公报,1948-4-23(5).
③ 就任实况电台联播[N].大公报,1948-5-19(5).

情况及候选人的竞选演讲进行了播放。在这期间,听户可以通过广播收听到竞选者的演讲并从中了解其竞选纲领和施政方法,这对于在听户和民众之间普及选举权的相关知识、明确民众的选举权利都有一定的积极意义。

2. 无线电广播对知情权利的保障

除了报告选情、培养听户的选举意识外,伴随着国内外环境及形势的发展变化,民众对政情政令的及时获取也显得越发重要。让民众在最短时间内最广泛地获悉政令,则除了广播外恐别无二法。

在抗战胜利接收原日伪天津广播电台之初,刚刚被任命为中广处天津广播电台台长的孙国珍就在1945年10月17日向天津市政府提出在电台中开设专门时段广播有关市民之政令的建议:"为使中央及地方军政机构政令普及民间便于进行起见,特于每日五点四十五分至五十五分开设'政令传布'节目。"①天津市政府于一个月后同意该建议并转发包括地政局等在内的各局,要求他们"将有关市民各项政令随时赐下以便广播周知"②。1948年12月25日,天津市政府秘书处再向全市各局发函,要求将各项政情有关需要通告民众事项交于电台广播。在其致天津市工务局的公函中提出"为便利市民周知各项政情起见所有本府各局处有关需要通告民众事项自即日起应将是项文件送达本处统交电台广播"③。此外,天津市政府也在本时期中开设了广播室以"加强服务与宣传工作",该广播室"安装专线与天津广播电台联系并按时播布新闻"且"已向市属各局处接洽,由各单位指定专人负责发布新闻"④。

借助广播电台覆盖范围广、传播速度快的特点,天津市政府将需要市

---

① 天津市档案馆档案[Z].401206800-J0002-2-000658-017.
② 天津市档案馆档案[Z].401206800-J0101-000155-002.
③ 天津市档案馆档案[Z].401206800-J0090-1-001102-012.
④ 市府新闻处加强服务设播音室[N].大公报,1947-11-14(5).

民及时知晓的政令信息进行发布,其出发点虽然是为了方便其管控,但客观上也推动了民国时期天津市政府各项政令的公开发布以及公众的及时知情。虽然在此时期民众的知情权和对政府信息公开等方面的规定尚未明确,但借助广播发布相关信息以达民众获悉仍在保障民权方面具有一定积极意义。

第二节 广播与天津近代工商业的升级

近代天津作为北方最早开埠的城市之一经济社会发展迅猛。这其中,工商业的发展也颇具特色。从清末北洋时期开始,天津就成为洋务运动中率先兴办近代工商业的城市之一。包括轮船招商局、天津机器局、开滦煤矿等知名工矿企业的出现为早期天津近代工业的发展奠定了基础,但由于清末八国联军侵华的破坏,天津刚刚起步的近代工业全部被摧毁,发展出现了短暂空白。① 进入 20 世纪后天津工业重新起步,袁世凯在主政天津时期提倡工商,奖励实业,天津工业重新起步,"人人各印入实业二字于脑中而如斯响应"②。商业的发展也是如此,天津被迫开埠后洋商洋货大量涌入津门,天津市的商业结构也因被卷入了资本主义世界市场而开始转型,从之前国内贸易为主转向以进出口贸易为经济支柱。③ 进入 20 世纪后,随着九国租界的确立和各国在天津经济存在的不断加强,天津的进出口贸易带动商业快速发展,商品经济取代传统的自然经济占据了城市经济发展中的统治地位。④ 一时间天津洋行林立,分工细密,银

---

① 罗澍伟主编. 近代天津城市史[M]. 北京:中国社会科学出版社,1993:413.
② 周尔润. 直隶工艺志初编[M]//罗澍伟主编. 近代天津城市史. 北京:中国社会科学出版社,1993:414.
③ 罗澍伟主编. 近代天津城市史[M]. 北京:中国社会科学出版社,1993:195.
④ 罗澍伟主编. 近代天津城市史[M]. 北京:中国社会科学出版社,1993:365.

行兴盛,商场汇聚。

民国北京政府时期,第一次世界大战的打响为中国的发展赢得了短暂的机遇期,天津工商业也在此期间实现了快速腾飞。工业上,基础设施的完善、军阀官僚的投资使得天津近代工业发展进入黄金时期,逐渐形成了以轻工业为主的工业体系。1924 年前后,在五四运动倡导国货的思潮引领下,天津工业迎来了第二次发展高潮,工业格局进一步明晰,纺织业、面粉业和化学工业成为发展最快的三个工业部门。[①] 商业上,伴随着远洋运输的大发展和贯穿华北的铁路网的兴建,天津成为连接世界,沟通海陆的枢纽,进而成为名副其实的华北经济中心。[②]

但一战结束后,列强又重新将关注点转移至东方,特别是伴随着 20 世纪 30 年代初资本主义世界性经济危机的爆发,西方各国需要通过中国进行商品倾销和资本累积。因此,外商资本大量进入我国,而天津作为当时北方最大的沿海开放商埠,成为各国在华投资最多的城市之一。到 1936 年,各国在天津投资总计超过了 1 亿美元。[③] 在这其中,日本在天津市的工业投资发展最为迅猛,从 20 年代末远不及美英等国到 1936 年已占据全部外资工业的 56%。[④] 由于外商资本的冲击,天津民族工商业在本时期呈现出曲折发展的困难局面。工业规模缩减,结构上也未能取得突破,纺织、化学和食品三类占据绝对优势。截至抗战军兴,天津工业发展位列华北第二位,仅次于纺织业发达的青岛。[⑤] 而商业的发展也呈现出曲折态势,一方面在天津市内由于传统华界与新兴租界间融合交往的增多,传统商业与近代商业在其间进一步渗透交叉;另一方面在进出口上由于海关新税收政策的实施和日本在华走私的猖獗泛滥,天津的进口贸

① 任云兰.民国时期的天津工业[J].天津经济,2004(05):77.
② 罗澍伟主编.近代天津城市史[M].北京:中国社会科学出版社,1993:377.
③ 李洛之,聂汤谷.天津的经济地位[M]//罗澍伟主编.近代天津城市史.北京:中国社会科学出版社,1993:502.
④ 罗澍伟主编.近代天津城市史[M].北京:中国社会科学出版社,1993:505.
⑤ 罗澍伟主编.近代天津城市史[M].北京:中国社会科学出版社,1993:645.

易持续下降而出口贸易则上下摆动,并于 1935 年和 1936 年连续收获贸易顺差。

日伪统治时期,天津工商业被裹挟成为日本军事经济体制中的一个组成部分,在天津市新建的日资、中日合资以及一些所谓中国资本企业粉墨登场,但这些工厂企业的建立,却也在客观上刺激了天津工商业生产能力的提升。传统工业如纺织业发展速度远超青岛上海;机器工业发展迅速,到日本投降时天津已有 300 余家机械厂商。① 除此之外,包括冶金、化工、橡胶、制盐等工业在本时期均有所发展。在日本卵翼扶持下的天津工业资本于 1941 年超过青岛,工厂数量已是青岛的 172%,成为华北最大的工业城市。② 七七事变后日伪在华北成立所谓华北开发公司,全权负责对华北包括交通、运输、港湾、通信、电力等重要产业的开发。③ 日本在天津的投资在天津沦陷期间持续增长,1938 年已达日本关内投资总额的 25%;1942 年日资企业在天津达到了 225 家,中日合办企业达 17 家。④ 到 1944 年,天津共有银行总行 31 家、外商银行 14 家、保险公司 37 家、信托公司 4 家以及各类银行银号 200 余家⑤,全面超过了同时期的华北另两大城市青岛和北平,华北经济中心的地位更加巩固。日本在天津市的大量投资虽推动了工业和金融领域的发展,但由于战争的破坏天津的国内外贸易萎缩严重,与英美等国的国际贸易中断;对内陆地区的国内贸易也因战局动荡而时断时续。日伪强行将天津的各种商品纳入其战争轨道,致使天津商品贸易名存实亡,华北贸易中心的功能也在此期间逐步丧失。⑥

① 瘫痪了的机器工业[M]//罗澍伟主编.近代天津城市史.北京:中国社会科学出版社,1993:647.

② 罗澍伟主编.近代天津城市史[M].北京:中国社会科学出版社,1993:651.

③ 北支蒙疆年鉴[M]//罗澍伟主编.近代天津城市史.北京:中国社会科学出版社,1993:639.

④ 罗澍伟主编.近代天津城市史[M].北京:中国社会科学出版社,1993:642.

⑤ 李固荣.北方经济的回顾与前瞻[M]//罗澍伟主编.近代天津城市史.北京:中国社会科学出版社,1993:639.

⑥ 罗澍伟主编.近代天津城市史[M].北京:中国社会科学出版社,1993:654.

抗战胜利后,国民党政府接管了全部原日伪工业资产。而天津此时期已发展为工业门类齐全、生产规模大、技术水平较高、生产设备先进的北方工业中心,工厂数量仅次于上海位居全国第二。① 国民党政府对敌伪资产接管后,对重要的工矿企业均采用"国营"名义纳入其控制的官营资本序列,这使得官营资本在天津工业比例中占据了绝对的垄断地位,这也引发了工业发展不平衡、产品结构失调等次生问题。直至天津解放,天津工业发展萎缩严重,工业生产陷入困境。工业上的萎缩也传染给了商业。抗战胜利后美国对华贸易一家独大,借助与国民党当局签署的《中美友好通商航海条约》等商贸条款,美商在华大量倾销商品掠夺原料,天津消费品市场上充斥着美国生产的商品;而天津所生产商品也几乎清一色地销往美国,再也不复抗战爆发前进出口贸易连通世界的辉煌图景。伴随着通货膨胀的加剧和国内政局的动荡,天津物价飞涨民不聊生,再也难现当年北方经济中心的气派。

从对天津近代工商业发展的整体分析中可以看出,天津虽然在近代较之其他地区水平较高且已经跃升成为北方工商业中心,但推动工业发展进步的仍是基础纺织、化工和食品领域,轻重工业比例失衡,高技术领域发展缓慢,商业发展也以进出口贸易为支撑,受各种不确定性因素影响较大。

在分析天津近代工商业发展的过程中,宏观影响因素是必不可少的决定性力量,但在涉及工业转型和商业升级等问题上,大处着眼小处着手的研究方法却往往能带来不一样的视角。无线电广播及与之相关的收音机工业便是这样一种助推天津近代工商业发展的力量。在笔者看来,天津近代工业的转型升级和商业中心的迁移巩固都与无线电广播的发展密不可分。

---

① 罗澍伟主编.近代天津城市史[M].北京:中国社会科学出版社,1993:729.

一、收音机制造推动天津工业升级

传统基础工业的发展对国计民生至关重要,但国家的富强仍须以高科技引领的先进技术推动。电子工业为代表的高科技产业长期以来肩负着推动国家科学技术发展的重要使命。在写作本节的过程中,笔者对天津收音机工业历史博物馆馆长王欣进行了访谈,他认为今天当我们谈论到天津近代工业发展时,往往忽视了以收音机制造为代表的天津电子工业在近代的快速发展。甚至可以说,正是因为有了以近代天津收音机工业为代表的电子工业的发展推动,才有了 1949 年后我国面对外部封锁时所展现的自立自强,以及抗美援朝中自行生产军用电台和后来的"小北京""华夏第一屏"等知名产品的问世。① 从这个意义上看,广播事业的发展及配套收听工具的制造和演变,推动了天津无线电工业的发展,也进而推动了天津近代工业的升级。

(一)天津收音机制造的起步和缓慢发展

我国境内最早一批广播电台很多都是由无线电器材经营公司建立的。因为对于无线电器材公司而言,广播节目是副业,而借助广播节目吸引顾客推销收音机才是最主要的目的。② 诸如上海的大陆报—中国无线电公司广播电台、开洛公司电台、新孚洋行电台等,他们都是为了推销公司的无线电器材和收音机产品。天津亦是如此,天津首家无线电广播电台义昌洋行广播电台其所有者日商义昌洋行,就是一家主营无线电器材的日本商号。

---

① 综合笔者对天津收音机工业博物馆馆长王欣的访谈总结提炼。
② 郭镇之.中外广播电视史[M].上海:复旦大学出版社,2005:40.

义昌洋行等商号当时所经营的无线电器材较为基础,最初只销售比如漆包线、自然铜、胶木板和耳机等用来组装矿石收音机的元件。这些元件需要进行二次组装后才能使用,且收听效果较差。加之当时日本生产的收音机器材无论质量还是外观均无法与美商设备相比较,因而义昌洋行电台的广告也并未对其生意起到太大的促进作用。但义昌洋行的矿石收音机还是在一些家境富裕的中国人当中引发了无线电热潮,很多学生在这里购买元件自行组装收音机,并形成了天津市当时最早的一批无线电爱好者。① 此后,义昌洋行也曾销售日式直流电子管收音机及配套器材以及交流电子管收音机,但这些收音设备价格昂贵,购买者主要以政府企业为主。

在义昌洋行之外,当时天津也出现了不少经销无线电器材的商铺。如在 20 世纪 20 年代中期天津最大的综合性商场,位于法租界杜总领事路的天祥市场中就有多家经营收音机及配套元器件的电料行。此后,包括天津劝业场、中原公司、慎昌钟表店、瑞和隆公司等都相继经营过收音机及无线电元器件。这些商号经营的多为美商及日商产品,也有少量国产设备。

广播在天津问世之初,收听工具基本全部被美商及日商垄断,这种状况一直持续到 20 年代中后期,此时天津的民族收音机制造工业开始缓慢兴起。1928 年左右北洋大学和南开大学先后开设了无线电相关课程,为当时的中国培养了第一批高级无线电技术人才。在此之外,创建于 1928 年的天津中国无线电业股份有限公司也为天津民族收音机工业的兴起提供了技术和设备的保障。

中国无线电业股份有限公司创立于 1928 年,地址在当时天津商业最为繁盛的法租界福煦将军路基泰大厦内。该公司是当时天津规模最大的民族无线电企业,在创立时该公司就可以进行移动无线电报机和广播发

---

① 网信天津. 会说话的机器——收音机(五)[EB/OL]. [2018-7-20]. http://mp. weixin.qq.com/s/sTwGlA3NkK0KfMPq5hBxGA.

射机的生产和制造。① 该公司还有一个重要的身份,它是当时世界知名的收音机工业领军者,美国无线电公司(RCA)在中国的独家代理商。全国各地的收音机经销商都要来天津通过中国无线电业股份有限公司购买RCA 收音机。1936 年,中国无线电业股份有限公司迁往上海,RCA 又在天津成立了位于维多利亚路和博目哩道交口招商局公寓内的美国无线电公司驻天津办事处。该办事处主营无线电器材销售,同时也进行设备的维修翻新和安装等。虽然价格昂贵,但即便如此还是在抗战胜利后垄断了华北地区的高端无线电机器维护市场。

　　外商对制造收音机的技术管控严格,因而 20 世纪二三十年代天津收音机制造业并不发达,多数商户以销售维修为主业。除了中国无线电股份有限公司能够制造部分无线电设备外,1930 年创办的天津华生电池厂也开始为直流收发报机、收音机和电话机生产电源电池。② 在日本侵华前,我国具有收音工具制造和组装能力的几个地区为上海、南京和天津等。其中,1925 年上海亚美公司曾成功组装矿石收音机,并于十年后的1935 年成功研制我国第一台五灯超外差收音机,同时另一家亚尔电工社生产的模范乐牌收音机已开始向暹罗出口。③ 民国南京政府也出于军事上的考虑开始在上海和南京建立数家生产收音机等设备的通讯器材厂。在这段时期中,国产收音机已逐渐受到关注。1935 年天津《广播日报》曾刊发文章向当时的国产收音机制造提出建议,认为国产收音机"外表要必须富丽堂皇……机内用何线路,用者从不注意,机外好看方可人人欢喜,故需注意"。样式上"钟式最受人欢迎,有线者除少数摩登家庭外难能出售,长方形者必须直放式切不可做成横式"。颜色需要"假红木色最

---

　　① 网信天津. 会说话的机器——收音机(二)[EB/OL]. [2018-6-22]. https://mp.weixin. qq. com/s/x9TsCkeduC5nPz7yBNTf4Q.

　　② 网信天津. 会说话的机器——收音机(六)[EB/OL]. [2018-7-27]. https://mp.weixin. qq. com/s/tS5CpmU0OAhLoZ7xR4eCaA.

　　③ 网信天津. 会说话的机器——收音机(六)[EB/OL]. [2018-7-27]. https://mp.weixin. qq. com/s/tS5CpmU0OAhLoZ7xR4eCaA.

受内地居民欢迎,棕黄色者在都市中受人欢迎"。在木料上"能用红木做必可风行全国。三夹板制者恐难免被人认为劣货"。[①]

这些厂商的设立虽然为我国自主生产收音机奠定了基础,但本时期国产收听工具的生产还基本处于整机仿制或元件生产阶段。各地听户心仪的还是质量优良的美日收音机。总体上说天津沦陷之前民众的收听工具并不普及,除少数西方人和达官显贵有能力购买美日收音机外绝大多数本地听户会选择在商铺门前集体收听或制作简易矿石收音机。1935年后,一种由日资松下无线株式会社生产的"骆驼牌"再生三、四灯收音机开始在天津出现并大量倾销,虽然其主观上是为了日本在华北的殖民统治服务,但客观上却也推动了收听工具在天津的普及。[②]

(二)日伪时期对收听工具的全面垄断

在 20 世纪 30 年代天津的收音机市场中,美商收音机因其质量较高、外形大方而受到用户喜爱。而伴随着日资在天津的急速膨胀和日本侵略脚步的逼近,日本收音机因其低廉的价格成为中国市场占有率最高的外国收音机。[③]

七七事变后,日本相继在北平和天津等地设立伪电台,此后设立伪华北广播协会对广播事业进行严酷的殖民管控。他们一方面控制电台内容,播出奴化宣传节目控制民众思想;另一方面控制收听工具,妄图从播出和收听两个环节上全面操纵天津的广播事业。一台小小的收音机终于也在沦陷后无法幸免,被卷入了侵略战争的洪流。

平津沦陷后,日伪当局建立了所谓华北开发株式会社控制了所有事

---

① 雨林. 国产收音机[N]. 广播日报,1935-9-10(2).

② 参考傅俊卿于 1983 年 6 月 24 日撰写的《关于解放前天津市广播事业概况的调查综述》。

③ 网信天津. 会说话的机器——收音机(三)[EB/OL]. [2018-6-29]. https://mp. weixin. qq. com/s/CP-_zKf5gE-HZE_CbRdAIg.

关军事的重要工业部门,其中就包括无线电制造。这之后,他们大量抓捕从业人员,妄图对天津的无线电制造业进行彻底控制,使得刚刚发展起来的天津民族无线电工业遭受了毁灭打击。此外,他们还开办了包括东京芝浦株式会社天津厂、义昌洋行电器工厂、松下无线株式会社、华北电线株式会社、精器株式会社、山中电机株式会社、太平洋电线株式会社、安宅精机厂、东光电气株式会社、永信料器厂等大量日资企业进行无线电器材生产。①　这些工厂利用殖民特权,大规模生产军用发报机和民用收音机。在民用收音机生产方面,这些日资企业在天津大量设厂组装再生式电子管收音机并在沦陷区内强制倾销。当时的天津俨然已经成为日本在华最大的无线电工业基地。②

　　天津沦陷期间,日本共在天津生产了四种再生式电子管收音机。包括华北标准型三号、四号两种四灯高放式收音机和华北标准型十一号三灯直放式收音机以及标准十三号四灯高放式收音机,此外还有一种名为"华北标准型矿石受信机"的矿石收音机,值得注意的是,为了控制用户的收听,这些收音机均不具备短波收音功能。③　其中华北十一号是一种直放式再生收音机,其元器件质量差,售价47日元,在天津大量倾销,包括松下无线株式会社、精器株式会社、山中电机株式会社等都曾生产这种廉价收音机。(图5-4)以华北十一号为代表的日本收音机也成为从抗战时期开始直到1949年后,天津拥有量最高的一款收音机。④

　　一方面对天津听户进行登记并去除其短波收音功能,另一方面以"官方采购"和"分期付款"等多种方式推销劣质日本产收音机,日伪当局

---

① 网信天津.会说话的机器——收音机(三)[EB/OL].[2018-6-29].https://mp.weixin.qq.com/s/CP-_zKf5gE-HZE_CbRdAIg.

② 网信天津.会说话的机器——收音机(三)[EB/OL].[2018-6-29].https://mp.weixin.qq.com/s/CP-_zKf5gE-HZE_CbRdAIg.

③ 网信天津.会说话的机器——收音机(三)[EB/OL].[2018-6-29].https://mp.weixin.qq.com/s/CP-_zKf5gE-HZE_CbRdAIg.

④ 网信天津.会说话的机器——收音机(三)[EB/OL].[2018-6-29].https://mp.weixin.qq.com/s/CP-_zKf5gE-HZE_CbRdAIg.

图 5-4　华北十一号再生收音机（图片来源：网信天津）

在当时垄断了天津广播收听工具从生产到使用的各个环节，进而全面控制了天津的广播事业和无线电工业。在日伪统治时期，以再生式收音机为代表的低端收音机垄断市场，日伪借助这种质量低下的产物实现了收听工具规模和数量的不断扩张，低端收听工具的不断膨胀虽然在主观上是为日伪殖民统治服务的，但也应看到，其在客观上起到了普及收音机设备推动相关产业发展的作用。

（三）近代中国收音机工业中心地位的最终形成

日本全面侵华前中国的民族无线电工业主要集中于天津、南京和上海三座城市，其中上海的地位更加突出。日本占领天津后，因将天津作为其无线电工业基地，正如上文所述，这主观上是为其侵略战争和殖民掠夺服务，但也在客观上使得天津的收音机工业在规模和技术上快速发展，直至远远超越了另外两个城市。抗战胜利后，国民党政府对沦陷区的日伪资产进行全面接收。在天津这个当时最大的无线电工业基地，昔日那些日资无线电企业也被悉数接收，摇身一变成为了国民党的官营资本，并开始与其原有的重要无线电企业进行合并。1946 年 6 月，平津地区 11 个日资无线电厂商被合并重组为中央电工器材厂天津分厂;同年资源委员会下属的中央无线电器材公司重庆分厂被整体迁入天津与日伪升恒机器厂合并改建为中央无线电器材厂天津分厂,原重庆分厂厂长马师亮①担任厂长;国民政府国防部则将东京芝浦株式会社天津厂、义昌洋行电气工厂等接收,在此基础上改组为中美无线电器材厂。②

在此之外,伴随着抗战胜利一些民营无线电企业也在天津恢复或新建。这其中较具代表性的企业有协昌无线电行、四强无线电行、华懋无线电行、合记无线电行、真美无线电行等五家企业。但这些企业受制于设备和技术相对落后,仅能进行简单的修理及装配性生产,无法形成规模。在这五家企业之外,野玫瑰无线电行和强声无线电行所生产的收音机也在市场上十分畅销。其中诞生于1936年的野玫瑰无线电行是由徐广茂创办的一家老字号民营无线电企业,该企业早期销售收音机及相关产品,同时从事修理等工作。1949年后转变为生产收音机的工厂,并于1952年更名为"野玫瑰电机厂"③。至1949年天津解放前,天津民营无线电行共有77家,基本都采用"前店后厂,工商兼营"的经营方式。④

沦陷时期,天津的收音工具基本全部被日本垄断,华北标准十一号等日本收音机成为天津市销量最多的收音机。而抗战后,美国商品又开始在天津进行大规模倾销。天津的各家收音机制造厂商开始大量引进美国

---

① 马师亮毕业于上海交通大学,后赴美留学获密歇根大学博士学位,回国后曾任教于武汉大学和浙江大学。20世纪40年代开始研究无线电技术,是我国无线电工业重要奠基人之一。新中国成立前夕曾冒生命危险保护了上海、天津、南京、重庆、昆明等地的无线电工厂和设备。1949年后曾先后任上海大同大学、天津南开大学及天津大学教授。

② 盛世收藏. 天津市收音机工业发展史[EB/OL]. [2012-10-26]. http://www. sssc. cn/a/20121026/135122054780308. shtml.

③ 网信天津. 会说话的机器——收音机(五)[EB/OL]. [2018-7-20]. https://mp. weixin. qq. com/s/sTwGlA3NkK0KfMPq5hBxGA

④ 盛世收藏. 天津市收音机工业发展史[EB/OL]. [2012-10-26]. http://www. sssc. cn/a/20121026/135122054780308. shtml.

著名品牌收音机进行组装生产。这其中最著名的两个品牌是一直从 20世纪 20 年代延续下来的 RCA 和另一个美国品牌飞歌。国民党中央无线电器材公司天津分厂主要负责 RCA 牌 56X 型电子管五灯超外差收音机以及飞歌牌 806 型、2806 型电子管五灯超外差收音机的组装和生产。这种收音机较之 30 年代日本生产的收音机更加先进,增加了短波收音的功能,同时接收距离更远、信号更强、音质更佳,但售价也远远高于日本产收音机,在当时需要将近 100 大洋左右。① 美式收音机及配件的大量倾销导致刚刚劫后重生的天津民族收音机工业刚出狼窝又入虎口,沦为了美商收音机的装配流水线。各家工厂组装生产的收音机,包括电子管元器件、收音机底盘、外壳、螺丝螺母,甚至导线和说明书都是从美国进口的,完全丧失了自主设计制造的能力。天津解放前,仅中央无线电器材厂天津厂就生产了 4885 台飞歌 806 型收音机。② (图 5-5)

图 5-5　飞歌 806 型收音机(图片来源:网信天津)

---

① 　网信天津. 会说话的机器——收音机(一)[EB/OL]. [2018-6-15]. https://mp. weixin. qq. com/s/jePlPn3sxmbOrsdpu6npYA

② 　盛世收藏. 天津市收音机工业发展史[EB/OL]. [2012-10-26]. http://www. sssc. cn/a/20121026/135122054780308. shtml.

虽然美商收音机的制造和倾销严重影响了民族收音机工业的复苏，但也应看到其客观上却培养了一批经验丰富的专业工人。据统计，到天津解放前，中央无线电器材公司天津厂员工已发展到 570 人，其中工人 444 人。① 在装配生产中设置的 200 台装配线和定额计件工资制度以及三分钟一台的装配标准使得流水线上的工人更加熟练，进而也在客观上提升了收音机装配制造的水平，为天津解放后收音机无线电工业的再发展在一定程度上奠定了技术基础。

天津解放后，天津市军管会对包括中央无线电器材公司天津厂、中央电工器材公司天津制造厂以及中美无线电器材厂等在内的国民党经营的各种无线电器材厂商进行了接管。经过改造，中央无线电器材公司天津厂和中美无线电器材厂被改造为中央电工器材厂第二制造厂，并在 1953 年 3 月更名为著名的国营第 712 厂。

从 20 世纪 20 年代由外商引进并销售收听工具到新中国成立前建立起独立且完善的无线电器材制造工业，天津收音机制造工业在短短二十年的时间中实现了从无到有、从小到大、从修理组装到整机生产的跨越式发展。虽然截至天津解放，受到日本统制天津收听工具制造工业以及国民党官营无线电工业一家独大、美制收音机垄断产销各环节等不利因素的影响，天津收音机制造工业在很大限度上还停留在加工制造的层次上，但工业体系的完善和人员、技术、设备的稳定充足还是使得天津在 20 世纪 40 年代中后期超越上海和南京成为近代中国收音机工业的中心，并最终在解放后成为我国电子工业重新起步的基地。②

以收音机制造为代表的电子工业的发展，推动了天津近代工业的升级转型，使得天津在保持传统优势工业的基础上实现了在高技术电子工

---

① 网信天津. 会说话的机器——收音机（一）［EB/OL］.［2018-6-15］. https://mp. weixin. qq. com/s/jePlPn3sxmbOrsdpu6npYA

② 网信天津. 会说话的机器——收音机（一）［EB/OL］.［2018-6-15］. https://mp. weixin. qq. com/s/jePlPn3sxmbOrsdpu6npYA

业领域的快速发展乃至全国领先,推动了天津近代轻重工业的协调并进。

二、电台在场促进天津商业中心转移巩固

通常意义上考量近代天津城市空间的扩展和管控范围的变迁,主要诉诸的影响因素为政治、经济和军事、地理等方面:袁世凯的新政和在他授意下爆发的兵变、西方列强对天津的强行租借、国民政府出于多方考虑的政策制订以及天津自身经济结构的演变升级和海河对于天津城市空间构成的影响等因素在宏观上架构了 20 世纪前半段天津城市空间格局及管控范围。但除了这些因素外,微观层面上的机制刺激也在其中起到了一些促进作用。这其中,广播电台便通过自身的"在场"推动了天津近代商业中心的转移巩固。

(一)天津近代城市空间的变迁与扩展

近代以来,天津的城市空间范围经历了多次扩展。在天津被迫开埠之前,城市空间基本遵循着沿袭自雍正时期天津府的建制范围。雍正九年(1731 年)天津州因其"系水陆通衢,五方杂处,事务繁多,办理不易,请升州为府……附郭置天津县,同该州原辖之青县、静海及沧州、南皮、盐山、庆云……统归新升之府管辖"①。而天津城基本也沿袭了自明朝永乐帝建卫时的基本模式,以如今天津老城厢四周的东西南北四条马路为城墙,中间为天津内城。②(图 5-6)本时期内天津的城市空间形态为依托

① 世宗实录[M]//天津社会科学院历史研究所编. 天津简史. 天津:天津人民出版社,1987:56.
② 六百年前设卫筑城[M]//贾长华主编. 六百岁的天津. 天津:天津教育出版社,2004:9.

海河水系而形成的市中有城,城中有市的开放式布局。①

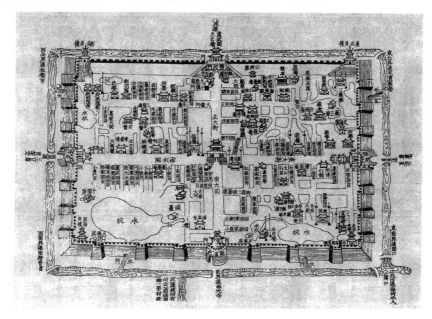

图 5-6 《津门保甲图》

第二次鸦片战争后,天津被迫开放为商埠,英国于清咸丰十年十月(1860 年 12 月)起在天津强行划定租界范围,随后法国和美国也沿袭英国先例在天津设立租界。三国租界互相毗连,面朝海河,背靠直通北京和渤海入海口的津塘大道(今天津大沽路)。法租界北起马家口,南至今营口道;英租界北起营口道,南至今彰德道;美租界北起彰德道,南至今开封道。② 甲午战争后,德日两国先后也在天津开设租界,德国租界北邻美租界,东至海河,南至小刘庄以北,西至大沽路以南。日租界范围则东北临海河,西南临墙子河(现津河),东南与法租界相接连,西北至天津城南

---

① 张秀芹,洪再生. 近代天津城市空间形态的演变[J]. 城市规划学刊,2009(06):94.

② 天津社会科学院历史研究所编. 天津简史[M]. 天津:天津人民出版社,1987:117.

门外。①

1900 年八国联军侵华期间,俄意奥三国攻陷天津并将其占领区开辟为租界,其间俄国租界范围最大,东北自天津火车站起沿京榆铁路向东,南至大沽路,西邻海河,西北沿俄意交界路(今五经路)与意租界接壤,面积超过 5400 亩,超过当时英法美德日五国租界总和,是当时天津最大的租界。② 意大利租界则位于俄租界西端,海河北岸至北宁铁路之间。奥匈帝国租界东沿铁路线,东南接意租界,西邻海河,北达金钟河。比利时虽未参战,但本时期亦强行在天津建立了西邻海河,东至大直沽,南迄小孙庄的近 550 亩租界。③

由于俄国租界面积过大,这又引发了英法德日等国的不满,几个国家于 1900 年至 1903 年期间纷纷在天津划分“扩充界”“新界”及“推广界”进一步扩大自己的租界范围。据统计,从 1900 年到 1915 年期间,各国在天津的租界总面积达到了近 23350.5 亩,较之 1900 年之前增长了近 4 倍,比天津旧城区大了 7.9 倍。④ (见表 5-1)天津也在此时期中成为了中国当时仅有的一个设立有九国租界的城市。⑤

表 5-1　天津各国租界概况

租界名称	设立时间	设立时面积	扩展后面积	收回时间
英	1860 年	460 亩	6149 亩	1945 年
美	1860 年	131 亩		1902 年并入英租界
法	1861 年	360 亩	2836 亩	1945 年
德	1895 年	1034 亩	4200 亩	1919 年
日	1896 年	1667 亩	2150 亩	1945 年

---

①　罗澍伟主编. 近代天津城市史[M]. 北京:中国社会科学出版社,1993:138.

②　罗澍伟主编. 近代天津城市史[M]. 北京:中国社会科学出版社,1993:324.

③　罗澍伟主编. 近代天津城市史[M]. 北京:中国社会科学出版社,1993:322.

④　天津社会科学院历史研究所编. 天津简史[M]. 天津:天津人民出版社,1987:209.

⑤　罗澍伟主编. 近代天津城市史[M]. 北京:中国社会科学出版社,1993:322.

续表

租界名称	设立时间	设立时面积	扩展后面积	收回时间
俄	1900 年	5474 亩		1924 年
意	1902 年	771 亩		1945 年
比	1902 年	740.5 亩		1931 年
奥	1903 年	1030 亩		1919 年

各国租界相继建立后,形成了一个 8 倍于天津老城区的新城市空间,这个城市空间通过道路和桥梁等多种媒介与老城区相连,使得天津城市空间从原来依托三岔河口呈东西横向发展转变为沿海河呈西北—东南放射式延伸。[①]（见图 5-7）

租界的兴起冲击了天津传统的城市空间布局和建设形式,也带动了传统华界的进一步升级扩展。本时期,天津租界外的市区被划分为东西南北中五个区,东区东起海河沿岸,西至鼓楼,南接日租界,北至金家窑;西区东起堤头,西至西于庄,南至红桥,北至西站;中区东起大胡同,西至赵家场,南至北马路,北至北运河;南区东起鼓楼南大街,西至双庙,南至南关,北到北马路。[②] 与此同时,在袁世凯任直隶总督主政天津期间,曾于 1903 年在河北区建立了新火车站和开启式铁桥金钢桥,在车站与北洋通商衙门间修建了三华里长的大街(今中山路),沿街修建了官署、学校等并进一步扩展了金钢桥至南运河金华桥之间的道路,将这里开辟成非租界的商业区。[③] 这就是本时期可以与租界相抗衡,被称之为近代史上政府新区带动城市发展优良范例[④]的天津河北新区。

---

① 张秀芹,洪再生. 近代天津城市空间形态的演变[J]. 城市规划学刊,2009(06): 95.

② 天津社会科学院历史研究所编. 天津简史[M]. 天津:天津人民出版社,1987: 453.

③ 来新夏主编. 天津近代史[M]. 天津:南开大学出版社,1987:206.

④ 张秀芹,洪再生. 近代天津城市空间形态的演变[J]. 城市规划学刊,2009(06): 95.

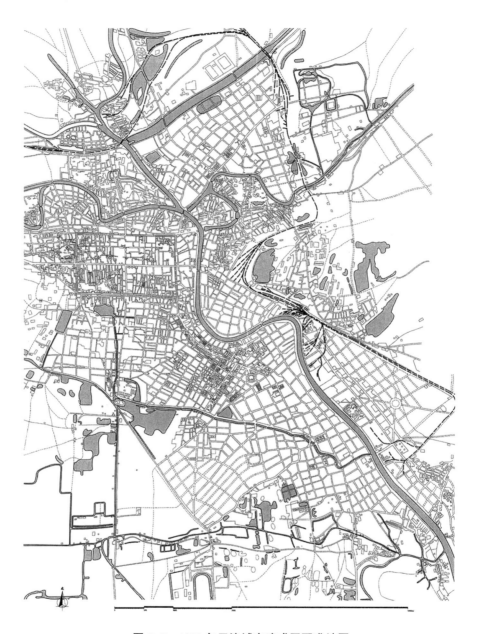

图 5-7　1928 年天津城市建成区配准地图

　　经过一段时间的建设,新区建成后,进一步改变了天津传统的政商格局。到 20 世纪 30 年代,河北新区成为天津的新政治中心;而经济中心则由从前老城区大胡同、租界区紫竹林双中心向海河西岸单中心转变①;商业中心则经历了从老城区大胡同到日租界南市再到日租界旭街(今和平路)和法租界梨栈、天增里(今南京路劝业场)一带的转移。②

　　进入民国后,特别是民国南京政府时期,天津除了城市空间的扩展变迁外,还曾短暂的成为河北省的省会。

(二)电台在场助推商业中心的转移巩固

　　上文已述,天津城市商业中心经历了从老城区大胡同到日租界南市再到日租界旭街(今和平路)和法租界梨栈、天增里(今南京路劝业场)一带的转移。这种转移基本在 20 世纪 30 年代完成:1922 年,中心商业区为靠近日租界的南市一带;1928 年后逐渐南移到法租界梨栈、日租界旭街一带。③ 这里打破了传统模式下同业聚集的商业结构,形成了多业聚集的高密度综合商业中心。④

　　但也应该看到,天津商业中心的转移并不是一蹴而就的,以大胡同为代表的传统商业中心并非在一夕之间就衰落下去,降为次级商业中心。在众多影响诱因之中,我们应该注意到的是本时期商业中心的转移与天津无线电广播事业的兴起和发展恰好重合,而这一点也并非偶然,广播电台的选址和设置在某种程度上与新商业中心的转移和巩固互有影响。

　　天津的第一家电台创办的地址正是位于当时日租界旭街四面钟的义昌洋行楼下。义昌洋行是一家经营无线电器材的商铺,而其开设电台的

---

① 张秀芹,洪再生. 近代天津城市空间形态的演变[J]. 城市规划学刊,2009(06):95.

② 罗澍伟主编. 近代天津城市史[M]. 北京:中国社会科学出版社,1993:577.

③ 罗澍伟主编. 近代天津城市史[M]. 北京:中国社会科学出版社,1993:578.

④ 罗澍伟主编. 近代天津城市史[M]. 北京:中国社会科学出版社,1993:580.

目的也是在于为了扩大商铺的影响。虽然义昌电台并未在经营上为义昌洋行提供太多的帮助,但这种背靠商行同时选址于闹市的电台设置方式还是给后来的天津各电台,尤其是天津的各民营电台带来了启发。

在义昌电台之后,天津广播事业逐渐兴盛起来,特别是到了20世纪30年代期间,民营电台迎来了大发展。此时期民营电台的选址,也大都有意无意地参考了先前义昌电台的选址,集中在日租界和法租界闹市之中。如仁昌电台由仁昌绸缎庄开设,电台起初设置于东马路,后来搬迁到了今和平路与长春道交口,也就是当时法租界梨栈附近。中华电台原址设立在法租界4号路,后来搬迁到意租界大马路29号。东方电台原设立在法租界32号路,后迁址于法租界2号路大陆银行货栈。从位置可以看出,当时天津知名的四家民营电台中有三家将电台设置在了法租界之中,而当时的法租界汇集了包括劝业场、泰康商场、天祥市场、中原公司、渤海大楼、兴业银行、国民饭店、惠中饭店等众多商业和金融设施,是天津乃至华北地区最繁盛的商业区。[①](图5-8)唯一不在法租界落户的青年会电台,则因其设置于天津青年会会址楼上,而实际上其所在位置也处于天津东马路上,这也是20世纪30年代时期天津的次级商业中心。

众多民营电台将台址设置在天津新兴的商业中心区域出于多方面的考虑。首先,以四大电台为代表的民营电台"均为营业性质,须投听户之心理,接收广告之效"[②]。在这些电台每日放送的节目中,广告占据的位置可以说是非常重要的。从现有的资料和文字报道来看,当时在各家电台购买时间播出广告的知名商户有包括东亚毛纺公司、天津国货售品所、正兴德茶庄、盛锡福鞋帽店、瑞蚨祥绸缎庄、亨得利钟表店等。作为依靠广告收入维持生计的商业电台,其地理位置的选取也颇有讲究,如果离商业中心太远就意味着远离了众多广告客户,不利于电台的长期发展。

---

① 罗澍伟. 商业繁华耀眼北方经济中心[M]//贾长华主编. 六百岁的天津. 天津:天津教育出版社,2004:105.

② 不平. 对于昭华君再勉仁昌之评论[N]. 广播日报,1935-11-22(2).

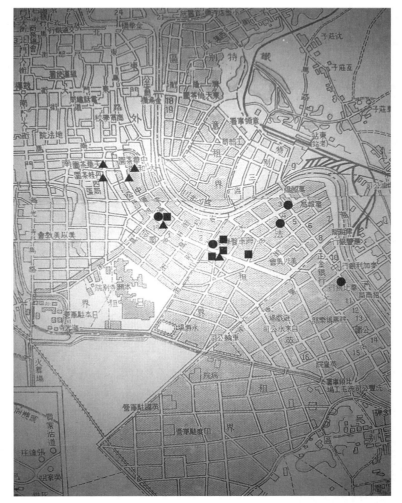

图 5-8 20 世纪 30 年代天津商业区电台、商场及戏院分布图

注：●为电台、■为商场、▲为戏院

其次，在 20 世纪 30 年代的众多民营电台之中，有些电台本身就是由商业公司或商场商铺经营的，它们属于该商号的"自媒体"，在地理位置上自然要与其母体公司紧密相连。如本时期的中原公司广播电台，其本身就是中原公司设立的"自媒体"，位置就设置于中原公司(现天津百货大楼)的五楼舞场之中。其仅有 15 瓦功率的电台自然不是为了在全市乃至更大范围内播放舞曲音乐，而目的显而易见是想通过舞场音乐吸引周

边听户,进而让他们来到中原公司进行购物和娱乐。

最后,伴随着 1936 年位于梨栈的当时华北规模最大、设备最先进的戏院——中国大戏院的建成,20 世纪 30 年代的日租界旭街和法租界梨栈附近集中了六十余家影剧院、饭店、舞厅和浴池,在全国范围内屈指可数。① 本时期的民营电台为了吸引听户,除了邀请艺员到电台进行表演外,还设置了一种特殊的现场直播节目,即每日实况转播天津一些游艺场和茶园的演出,而这些游艺场和茶园普遍开设在旭街和梨栈等商业中心和闹市区附近。由于转播技术的限制,电台要对这些茶园游艺场的节目进行转播需在这些场所内装置设备、开设专线。在当时远程信号传输技术尚不完善的状态下,尽量缩短与这些游艺场和茶园的传输距离就成为节目传输质量优劣所必须考虑的因素。

20 世纪 30 年代期间,天津各家民营电台在转播剧场茶楼实况方面均有所涉及。仁昌电台先后曾转播燕乐升平茶园、中华茶园、天祥市场三楼小广寒茶社、中原公司游艺场等剧场茶楼的曲艺实况;而中华电台则在 1936 年间转播中华茶园的演出实况,并在剧场休息时插播广告。这种转播模式刚刚创立时,以中华茶园为代表的茶楼剧场还曾对其产生过质疑,认为转播可能会降低上座率。但经过一段时间的运营后各家剧院茶楼发现这种转播模式实际上是为剧院做了免费宣传,前来听戏的观众非但没有减少,反而增加许多。其后各家剧院开始争相与电台合作进行实况转播,甚至提供专门包间。②

正如中华茶园一样,各家电台对游艺节目的转播,一方面使得天津听户能够不花费用便可听到各家游艺场和茶园的节目,另一方面也为各家茶园和游艺场做了有力宣传,使得本地和外地听户不断增加对游艺场的

---

① 罗澍伟.商业繁华耀眼北方经济中心[M]//贾长华主编.六百岁的天津.天津:天津教育出版社,2004:105.

② 部分案例参考傅俊卿于 1983 年 6 月 24 日撰写的《关于解放前天津市广播事业概况的调查综述》。

兴趣,并逐渐形成强烈的消费欲望。

广播电台因追求利益的最大化而选址于商业中心,而其也利用自身的"在场"来进一步繁荣了商铺和戏院等的贸易经营,巩固了新形成的商业中心。由于听户对广播电台节目的热衷和喜爱,收听广播成为当时许多民众最主要的娱乐休闲方式。《广播日报》曾报道南门里杨宅一家人口众多,时常因收听无线电节目而发生口角。[1] 署名"清士"的读者也表示他有"收音癖":我家中没有不爱听无线电的人,只要到了电台播音的时间,将电门开开一直到播音完毕时再关上,大概有一年之久,灯泡不知烧坏了多少个,收音机修理了好几次。[2] 节目吸引听户,进而广告便络绎不绝。在节目中插播的广告从最开始的两三段到后来增加到十几段,仁昌电台在开办期间的累计广告收入也因此达到了三万余大洋。[3]

电台节目吸引听户收获关注,商号向电台投放广告吸引顾客,听户因电台中的广告而产生对相关产品的购买欲望;商户自设电台并以音乐曲艺等多种形式的播出吸引听户;电台转播游艺场和茶楼演出,借以扩大戏曲曲艺影响,吸引本市及周边听户消费,这种从上游节目、广告和宣传垂直引导至下游个体消费活动的过程使得听户和消费者以及他们的购买活动集聚于业已形成的商业中心,从而进一步对商业中心的地位加以巩固。就这样电台与商户林立的商业中心之间形成了一种联动的上下游关系,成为一荣俱荣、一损俱损的利益共同体。

---

① 问答栏[N].广播日报,1935-9-6(2).
② 清士.我的收音癖[N].广播日报,1935-12-12(2).
③ 由国庆.老字号热衷"自媒体"[N].天津日报,2014-7-28(12).

第三节　广播与天津近代文化的塑造

如果说城市空间的构成给予了一个城市以肌体,政治制度的规制给予了一个城市以身份,那么文化思想的塑形则赋予了一个城市以灵魂。而这种灵魂是伴随着城市的成长发展而演变递进的。具体到天津来说,近代文化的形成和发展与这座城市自近代以来的多元汇聚密切相关。

著名作家冯骥才在谈到天津近代文化时认为天津"只有生活文化形态,而无思想文化形态",同时地方文化上呈现出一种"保守性"。特别是较之上海的崇洋文化心理来说,天津只有租界内与上海近似,而其他城区对于"洋"从不顶礼膜拜,最多只是好奇。① 这种观点虽有一定深意,但将租界与老城区分开审视却割裂了作为整体的近代天津。

天津近代文化在总体上呈现出一种从多元汇聚兼容并收向逐步趋向世俗化发展的特点。这也使得近代天津文化的形塑过程成为中国沿海开放商埠城市中的一个较为特殊的形态。中国近代文化,特别是城市文化一方面是传统东方文化与近代西方文化相互冲击渗透的结果;另一方面也是乡村文化和市民文化相互融合的产物。② 这一点在天津近代文化的发展演变过程中表现得极为明显,不同于上海开放而自成一格的"海派

① 冯骥才. 指指点点说津门[M]//冯骥才. 冯骥才的天津. 北京:生活书店出版有限公司,2016:95.
② 罗澍伟主编. 近代天津城市史[M]. 北京:中国社会科学出版社,1993:608.

文化",天津近代文化在中西汇聚、城乡杂糅的过程中并未因某种文化因素的强盛而产生偏废,甚至能够出现了近代西方文化和传统东方文化在某一领域和某一时空中同时存在、各处一隅而并行不悖的局面。

以西方文化为代表的新文化在租界林立的天津迅速发展并借助有形无形的媒介在天津华界之中快速传播。租界作为一种融合了政治、经济和文化的实体,加速了天津的城市近代化,建构了与传统不同的城市景观、文化制度,改变了所在城市的生活方式、审美观念等。① 而由于以河北地区为代表的周边农村人口在本时期的大量涌入,由他们所带进天津的乡村文化逐渐在社会中生根发芽,进而演变成城市文化的一个组成部分。② 而在二者之间,不能忽略的还有在本时期天津一个特殊的阶层——寓公。

所谓寓公指的是民国初年到 20 世纪 30 年代期间,来到天津租界隐居的前清贵族、遗老遗少和仕途上落魄失意的北洋政府要人。③ 寓公群体一方面频繁往来京津之间,将来自北京的传统文化如京剧等曲艺带到了天津;另一方面他们又乐于接受西方文化,特别是西方的消闲娱乐文化。如黎元洪曾陪夫人及女儿们去电影院看电影。④ 这个群体在天津文化形塑的过程中实际上起到了一种融通中外的聚合剂作用。

在包括西人、寓公和周边村镇人口以及工商业者和新知识分子等群体的相互作用和影响下,天津在 20 世纪 20 至 30 年代的文化形态呈现出一片繁荣。传统的京剧、曲艺以及由西方引入的话剧、歌剧以及西洋音乐在本时期的天津并行不悖,各有拥趸。

---

① 任吉东.近代天津城市文化中的租界元素研究[J].南京社会科学,2013(06):135.

② 罗澍伟主编.近代天津城市史[M].北京:中国社会科学出版社,1993:608.

③ 王丽.近代天津寓公群体的文化特质研究[J].湖北函授大学学报,2018,31(08):122.

④ 王丽.近代天津寓公群体的文化特质研究[J].湖北函授大学学报,2018,31(08):123.

虽然不同群体在天津众多文化形态的变迁过程中起到了引进和传播的作用,但仅依靠人际传播的能量去实现文化的普及和发展则显得鞭长莫及。在此之外应该看到,在天津近代文化发展演变的过程中,大众媒介亦发挥了重要作用。在以往探讨媒介对文化的传播和形塑作用时,外界更多关注的是本时期天津知名的报刊,如《大公报》《益世报》等,但对于无线电广播在这期间所发挥的作用则谈之甚少。而实际情况则不然,正如前文所说,虽然本时期天津的几家大报产生了全国性的影响力,但毕竟其对于受众和读者的影响更多停留在具有识字能力的中上阶层之中。按照当时天津华界居民不足 41.3% 的识字率[①],报刊能在社会中下阶层中发挥的作用并不显著。而真正将中西文化传播开去并实现阶层传导和扩散的是更具有受众基础的无线电广播。

一、西方文化借助广播落地生根

天津近代文化最终形成的过程恰逢天津广播的兴盛时期。在无线电广播发展的过程中,满足听户休闲娱乐方面的需求一直是各家电台特别是民营电台办台和经营的最重要目标之一。因此,借助丰富的娱乐休闲节目来提升听户对电台的满意度和忠诚度就成为本时期许多电台的手段。由于早期各电台播放的娱乐节目中大多以戏剧曲艺为主,因此主观上为了拓展生存空间,一些别具慧眼的电台开始将服务的听户锁定为在津的西方人群体和崇尚西方文化的摩登群体。

(一)西乐歌舞通过电台得到宣传推广

对传播推广西乐最为不遗余力的莫属东方电台。从试播时八个小时

---

① 罗澍伟主编. 近代天津城市史[M]. 北京:中国社会科学出版社,1993:608.

听不到一句中国话,到被听户提出建议要"播出的节目多些中国片子,少放西乐的唱片"①。东方电台一直将传播西式文化作为主要内容播出。以至于在听户对其的评价中多可见诸如"节目日新月异""甚属新颖""是时代的潮流"等词句。在其所传播的各种西式文化中,西乐及舞曲节目最多也最为有名。以 1936 年 4 月 3 日刊登在《广播日报》上的节目单为例,在从上午 9:00 开始到午夜 0:30 结束的东方电台全天播出节目中可知,其中西乐及歌舞类节目包括早 10:30—10:50 的杂样歌唱;下午 1:15—2:00 的西乐歌唱跳舞音乐;3:00—3:15 的杂样歌唱;5:00—6:00 的乐队音乐;6:30—7:00 的西乐歌唱;7:00—7:30 的跳舞音乐;7:30—8:00 的杂样乐曲;8:45—10:00 的跳舞音乐;10:00—10:15 的回力球场舞厅西乐;10:15—10:30 的跳舞音乐,总计全天西乐歌舞的播出时间达 305 分钟,几乎占全天播出节目的三分之一。②(表 5-2)

表 5-2 东方电台 1936 年 4 月 4 日播出节目预告

播出时间		节目名称
上午	9:00—9:30	单世伟实业演讲
	9:30—9:45	评剧歌唱
	9:45—10:30	本台同人说天方夜谭
	10:30—10:50	杂样歌唱
	10:50—11:50	刘文斌说唱小八义
	11:50—12:30	评剧歌唱,国外股票金融行市
下午	12:30—1:15	胜利公司借座节目
	1:15—2:00	西乐歌唱跳舞音乐
	2:00—2:15	天津妙峰山佛经
	2:15—3:00	张浩然大宋八义
	3:00—3:15	杂样歌唱

① 东方广播电台中西乐似可参互播送[N].大公报,1935-2-13(16).
② 东方电台播出节目预告[N].广播日报,1936-4-3(3).

续表

播出时间		节目名称
	3:15—4:00	王树田小可怜相声
	4:00—4:30	评剧歌唱时刻报告
	4:30—5:00	儿童歌　儿童故事
	5:00—6:00	乐队音乐
	6:00—6:30	戏剧
	6:30—7:00	西乐歌唱
	7:00—7:30	跳舞音乐
下午	7:30—8:00	杂样乐曲
	8:00—8:45	公惠洋行借座节目
	8:45—10:00	跳舞音乐
	10:00—10:15	回力球场舞厅西乐
	10:15—10:30	跳舞音乐
	10:30—10:45	国外股票金融行市
	10:45—11:45	刘文彬说呼家将
	11:45—0:30	张浩然雍正剑侠图

　　东方电台对西乐歌舞的播放,在当时天津各电台中独树一帜,形成了独特的"歌舞电台"定位。署名"一麈"的听户在《广播日报》撰文说:东方在津市可称为最大之电台,所采节目,先也注重音乐,现虽亦间唱鼓词,及其他游艺,其主体仍为音乐,所以该台每至播送舞乐,以及各种音乐,一般摩登男女,贵族家庭,大有闻声与舞之概,以此笔者称东方电台:系华贵的,东方电台可谓为贵族化的电台。① 乾坤也评论东方电台为"节目上是中西合组,西洋节目比中国节目多一点……说一个比喻,她好像是个从西洋留学回来性情极端静娴的一个中国小姐"②。东方电台对西乐歌舞的

---

① 一麈.四电台之比较[N].广播日报,1935-10-13(2).
② 乾坤.一九三五广播事业的回顾[N].广播日报,1936-1-1(增刊).

播出不遗余力,赢得了一些当时天津摩登听户的欢迎。"东方电台叶主任,对于国乐西乐的节目,特别注重,近几天来,晚间七点以后的播音,全都很受欢迎,差不多高尚的家庭和时髦商号,全都收听。"①

(二)无线电广播使天津成为北方话剧之都

如果说东方电台对西乐歌舞的播送是基于抢占市场而让天津的听户和民众管窥了西方文化和风尚,那么话剧则借助各家电台的播放,逐渐让天津民众所接受,进而形成了广阔的社会基础和强大的社会影响力,天津也在本时期成为中国北方话剧的摇篮。②

话剧在清末传入中国,在当时被称之为"新剧"或"文明戏""时装戏"③。1909 年,话剧传入天津并为当时南开中学的校长张伯苓引入学校。他创办南开新剧团并自编自导了《用非所学》,该剧团在北方的话剧运动中起到了很大作用。④ 话剧的表演形式不同于当时新旧混杂格调低俗的文明戏,虽情节简单但锋芒毕露。南开新剧团的演出,为话剧在天津的早期发展奠定了基础,包括周恩来、曹禺等南开学子都曾在新剧社编排的话剧中扮演角色。⑤ 但由于新剧社不以营利为目的且主要演出在学校举行,因此当时天津社会对话剧的接受程度并不太高,观众大都局限于青年学生。⑥

南开新剧团虽然未能在天津民众之间普及话剧,但却拉开了天津话

① 电台消息[N].广播日报,1935-10-13(2).

② 甄光俊.天津,北方话剧的摇篮[M]//贾长华主编.六百岁的天津.天津:天津教育出版社,2004:111.

③ 天津社会科学院历史研究所编.天津简史[M].天津:天津人民出版社,1987:499.

④ 绾仲.关于南开新剧团[J].新文学史料,1978(1):12.

⑤ 甄光俊.天津,北方话剧的摇篮[M]//贾长华主编.六百岁的天津.天津:天津教育出版社,2004:111.

⑥ 罗澍伟主编.近代天津城市史[M].北京:中国社会科学出版社,1993:617.

剧创作和演出的序幕。在他们的引领下,20 世纪 30 年代天津众多学校开设了业余剧团,一批专业从事话剧演出的剧团也应运而生。① 这些专业话剧团体除了在舞台上公开演出外,还首次尝试了话剧艺术与无线电广播的结合。从此,天津各电台每日播出的节目中,又多了一种新的西式节目。

1935 年 9 月 9 日,天津青年会电台尝试播出话剧。但由于话剧诉诸观众的视觉和听觉,而广播仅能满足听户的听觉需要,因此最初的尝试青年会电台并不看好。"我们今晚所播的话剧,是本会礼堂表演的舞台话剧,不是为电播的,所以我们不敢预测成绩是否能使听户满意。"②

话剧初始在电台中播出后,反响并未如其他节目形式一样获得听户的喜爱。由于早先在电台中播出的话剧基本都是舞台话剧的录音而非专门为电台设计的,加之本身听户对这项艺术并不了解,因此关于话剧是否能够适应电台播音,还曾在当时的天津广播界引发了一次争论。在青年会电台播出了话剧节目后不久,《广播日报》上就刊发了一篇名为《话剧与播音》的文章,在其中作者表明了对电台播放话剧的担忧。"有些剧团,公演过多次,也有的根本就还没有一次公演,或中途夭折,或昙花一现,转来转去,依然是那几个人。虽然气象旺盛风雨满城,结果难免令人失望。一个剧团在舞台上的成功,而搬上电台来播音,表面是由难就易,其实难获得圆满的批评。舞台脚本既不适于播音之用,这就是根本上立脚不稳。以往话剧播音仅可以说是点缀,谈不上贡献或成功。"③

针对这种观点,当时在天津较为知名的话剧团体咪咪社进行了驳斥。他们认为:"在理论上话剧似乎不能在电台播音,在实际上,话剧并不是哑剧,只凭着动作表情来激发。要知道戏剧不只是一种简单材料而构成的,她是综合的艺术。"咪咪社并不认为话剧必须依靠表情和动作来展

① 罗澍伟主编. 近代天津城市史[M]. 北京:中国社会科学出版社,1993:617.
② 青年会电台对听户的声明[N]. 广播日报,1935-9-9(2).
③ 话剧与播音[N]. 广播日报,1935-11-7(2).

现,因为"中国的剧作家很少见以表情动作去结束整个剧情的,只有少数的人他们认定了话剧只能交给舞台,蓄意的以流氓的笔调来破坏话剧播音"。文章的最后,他们提出了自己的观点:"话剧要使他大众化,不得不借重于广播电台了,因一个剧团演出票价又那样的昂贵的确够一个小家庭一天的花销。电台播音好像是能促进演剧进展又可以减轻民众的负担,两全其美的事何乐而不努力提倡呢?"①

在咪咪社的文章中可以看出,作为当时华北有名的专业话剧社团,他们对于话剧的普及和发展有着清晰的看法,这就是借助广播的力量使其向听户和民众传播。在咪咪社的文章于《广播日报》发布后,话剧是否适合在广播电台播出的争议逐渐消散,以孤松社、喇叭社、青青社、鹦鹉剧团、中国旅行剧团、燕社和咪咪社为代表的专业话剧社开始设计专门在电台播出的话剧,并逐渐获得听户的认可。一时间包括仁昌电台、东方电台等均开始与各剧社合作,播放话剧。东方电台在 1935 年 12 月 2 日与咪咪社合作播放了话剧《王昭君》,收到了听户良好的反映,一位听户给《广播日报》写信表示剧中演员孙苓苓小姐"口齿爽利,发音嘹亮,虽然是播音,听着跟在舞台上一样"②。此后,东方电台又于 12 月 9 日播出了其下设儿童播音团主播的话剧《回头是岸》,"本市一般高尚家庭及学校商店莫不收听,均予以好评"③。在此之后,每逢周日东方电台都会播出一次儿童话剧或音乐。中华电台也曾于 1936 年除夕播送了话剧《咖啡店之夜》和《别人的幸福》。

在众多电台播出的话剧节目中,最受听户欢迎和关注的是燕社话剧《血与泪》。这部话剧在青年会电台和仁昌电台等均进行过播放,作品以当年长江及清江、汉江、洞庭湖水域发生的区域性特大洪水为题材,反映了灾民的痛不欲生。话剧播出后,仁昌电台和青年会电台均接到了众多

① 咪咪社.话剧不能播音吗？[N].广播日报,1935-11-21(2).
② 电台消息[N].广播日报,1935-12-2(2).
③ 电台消息[N].广播日报,1935-12-9(2).

听户的信函,很多听户表示:"燕社之话剧《血与泪》一剧,很能感动听众,又有益于被水灾之难民,请该台再放演一次,以便广为宣传。"①而《广播日报》也借机对该剧进行了宣传,并提出希望读者和听户能够一同"慷慨解囊,救救可怜的灾民"②。

话剧《血与泪》在电台播出的成功,不仅证明了话剧这种西方艺术形式不仅只适应舞台,而且能够适应广播电台中的播音。同时,由其引发的听户收听热潮和随着而来的对灾民的关注和捐助,更是表明了话剧借助电台传播能够产生极强的反馈效应。

在电台话剧逐渐被听户接受后,中华电台别出心裁,推出了梁赤侠的单人话剧并迅速风靡天津和北平。一位北平听户给《广播日报》的信函中写道:"起初都以为是好几个人表演呢,到后来看了广播日报,才知道是只有他一个人分饰各角色。……在电台中,压根儿就没有过这种节目,自然受多数的欢迎,加上梁君口齿很雅致清楚……希望以后中华电台常常有这样新奇节目的贡献。"③

单人话剧兼具广播剧和口技之长,有固定的故事,各样的人物,表现各种声音,组合成完整的故事情节,表演者由梁赤侠一人担任。④ 梁赤侠是天津老城西头大伙巷人,早年曾加入文明戏班在戏院中演出了不少作品。其所在的戏班因没有名角而解散,梁赤侠在当时受到了在电台中播讲话剧的各剧团启发,研究探索出了参照口技艺术播讲话剧故事的独特艺术形式单人话剧。他的话剧多以社会问题及家庭伦理为主题,宣扬惩恶扬善的价值观念,当时轰动平津的"北平东站厢尸案"也曾被其改编为话剧播出。

梁赤侠在中华电台的单人话剧通俗易懂,故事完整,情节动人,颇受

---

① 电台消息[N].广播日报,1935-10-25(2).
② 我们为什么介绍血与泪的剧本与播音[N].广播日报,1935-10-30(2).
③ 电台消息[N].广播日报,1936-1-18(2).
④ 王木.回忆一个泯灭的广播节目——单人话剧[J].天津广播电视史料,1995(5):27.

当时天津和北平听户,尤其是妇女和老人的喜爱。在 1936 年《天津晨报》发起的播音大王评选中,梁名列第二。[①] 此后梁赤侠曾计划组建晨曦话剧团并在《广播日报》上刊登征求女播音员的广告,但因故未能组建。天津沦陷后,梁赤侠因电台停播而赋闲在家,1942 年日伪天津特殊电台创办,梁曾短暂播音并受到听户欢迎,但于一年多后病故。

　　生于天津的著名剧作家曹禺曾说:"戏(话剧)是很严肃的,是为教育人民、教育群众,同时自己也受教育。"[②]20 世纪 30 年代,天津之所以能够成为中国北方的话剧之都,除了较早的引进外,离不开本时期天津各家电台对话剧节目的播出和支持,也离不开像梁赤侠这样将西方艺术形式与东方传统技艺相结合,创新播出形式的努力。无论西乐歌舞还是话剧,它们都在天津各家广播电台的节目中找到了属于自己的位置,进而锁定了相应的听户,拉近了与天津民众的距离。从这个意义上看,无线电广播对于西方文化在天津的落地生根,起到了重要的推动作用。

二、传统文化借助广播获得新生

甲　"当当当! ……"

乙　怎么啦?

甲　"少林寺老和尚广播电台……"

乙　这是电台呀?

甲　"本台 1234567 千赫……"

---

　　① 王木.回忆一个泯灭的广播节目——单人话剧[J].天津广播电视史料,1995(5):27.

　　② 黄殿祺.曹禺的创作与天津[M]//贾长华主编.六百岁的天津.天津:天津教育出版社,2004:112.

乙　这是什么频率?

甲　"现在开始广播。"

乙　咱听听广播什么?

甲　"下面请听广告节目……"

乙　先做广告。

甲　"太太小姐们,春天就要到了,春季里家家忙,家家忙做新衣裳,要问谁家料子好,山东老号瑞蚨祥。瑞蚨祥绸缎布匹,欢迎比较任意择、布匹颜色鲜,欢迎比较、欢迎批评。瑞蚨祥地址在济南经二路纬三路路北,全国各地均有分号,欢迎购买。"

乙　还真清楚。

……

甲　"下面请听京剧《二进宫》……"

乙　好!

甲　"百代公司,特请梅兰芳、金少山、马连良合唱《二进宫》……"

乙　咱也过过瘾。

甲　(唱)"怀抱着,幼主爷,江山执掌……"

乙　这是花脸。

甲　(唱)"为什么恨天怨地假带愁肠所为哪桩……"

乙　这是老生。再听青衣的。

甲　(唱)(歇斯底里,不搭调):"并非是……哀家……假带……愁肠,为只为,我朝中不得……安康……"

乙　哎哟我的妈呀?

甲　"各位听众:刚才是梅兰芳先生吃咸菜吃多了!"

乙　不像话!

……

甲　"下面请听广告……"

270

乙　广告倒挺勤的。

甲　"先生们,女士们,夏天快到了,您不想买皮帽子?"

乙　夏天买皮帽子?

甲　"请你到盛锡福帽店去买吧,戴上以后准能出汗……"

乙　能不出汗吗?

……

甲　"少林寺老和尚广播电台现在转播少林寺小和尚广播电台的播音。"

乙　弄一群和尚!

甲　(做转播状:戴耳机、弄旋钮)"哼……哼……嘚……(做触电状)"

乙　怎么啦?

甲　跑电啦。

乙　寸劲儿。

甲　"少林寺小和尚广播电台……"

乙　通了。

甲　"少林寺小和尚广播电台,现在报告新闻:新闻有三点。第一点,第一项,第一条,第一节,第一回,第一次,并且它包括了第二点,第二项,第二条,第二节,第二回,第二次,也包括了第三点,第三项,第三条,第三节,第三回,第三次……"

乙　说明了半天就一点。

甲　"一点说得过去,过去从前,似乎对付,马马虎虎,大概……当然的了!总而言之新闻报告完了!"

乙　你报什么了?一嘴茄子!

甲　"下面请听外国歌曲……"

乙　又外国歌曲啦?

甲　(用外国味唱出谁也不懂的歌曲)(白)我这外国话连外国

人也听不懂!

乙　是听不懂![1]

这是一段由天津著名相声表演艺术家孙少臣回忆整理的传统相声《学电台》,其中我们可以看到很多在 20 世纪 30 年代活跃于天津各大茶馆剧场以及广播电台的著名曲艺和戏曲名家,如京剧大师梅兰芳、马连良等。借助电台,传统的曲艺走上了新的传播平台,并逐步摆脱了以往"根植于社会底层"的刻板印象,达到了"与戏曲并驾齐驱"的地步。[2] 而通过本时期电台的播送和传播,各种曲艺节目也从市井走向天津的各个阶层甚至走向全国,从某种意义上讲,天津"曲艺之乡"地位的奠定,与无线电广播的功劳密不可分。

(一)曲艺杂耍借助广播重新复苏

旧时曲艺被称为"什样杂耍",包含的形式也丰富多样,主要有单弦、大鼓、时调、快板书、相声、评书、数来宝等近 40 种。各曲种虽然表现形式不同,但都具有生动灵活、亦庄亦谐、演出要求低等特点。[3] 杂耍传入天津的时间较早,清朝乾隆年间,一种名为"打连厢"的曲艺形式就已经在天津盛行。但杂耍发展到民国初年由于战乱和社会多变等因素的影响,依然没能在天津实现普遍化、通俗化,更谈不上雅俗共赏的地步。进入20 世纪二三十年代后,由于社会逐渐趋于稳定,杂耍在天津逐渐恢复发展起来。主要表现为各曲种流派兴盛,涌现出一批极具代表性的曲艺艺人,同时曲艺表演由露天演出开始进入各大茶馆戏院和游艺场,一时间曲

---

①　对口相声学电台[EB/OL].[2011-3-9]. http://www.docin.com/p-143062461.html.

②　罗澍伟主编.近代天津城市史[M].北京:中国社会科学出版社,1993:626.

③　天津社会科学院历史研究所编.天津简史[M].天津:天津人民出版社,1987:496.

艺观众在天津"趋之者众"。①

　　社会稳定及民众生活的好转是曲艺杂耍在天津重新复苏的一个宏观原因,而广播电台在本时期对曲艺和戏曲节目的播出则是曲艺复兴的一个直接诱因。在这一点上,当时人们就已经有所认识。1937 年 3 月王凤稔曾在天津《大公报》上撰文叙述杂耍艺术在天津的兴起和发展。文中提到当年杂耍的再次兴起,"一支最大的力量推动杂耍复兴的,便是市内无线电广播事业的发达"。并认为"(杂耍)这种艺术凭借着这种大城市中所独有的广播事业,相携并进了"。② 其实,天津的广播电台对曲艺节目的播出并非从 20 世纪 30 年代才出现,早在天津广播无线电台于 1927 年成立之初,曲艺节目就成了电台播出的主要节目形式之一。根据 1927 年 9 月 14 日《大公报》刊发的《广播无线电台消息》中对于电台节目的介绍可以看出,当时新成立的天津广播无线电台在每日下午的 6:00—8:30 播放弹词、说书、大鼓、昆曲、滩簧、相声及其他一切南北杂耍"尽收津埠著名者,逐日更换"③。

　　客观上说,天津各家电台对于曲艺的恢复和发展起到"最大的推动作用"更多是一种在追求经济利益最大化原则上的附带作用。按照王凤稔的说法,当时津市商户云集,各商户为追求商业兴隆,争相在新兴起的民营电台中借广告进行宣传。但由于单纯报告广告太过于枯燥,于是一些商贾就想到利用一些短小精悍的节目来"在报告文字前后参加一些动人的游艺,以调剂听户的心情"④。由于杂耍符合短小精悍的特点且便于夹杂广告,因此很多商贾便聘请各游艺场的艺人到电台表演同时附带"报告其营业情况及物品推销状况"。这样做"商户便很容易名利双收,而听户亦可足不出户,得到欣赏艺术的机会,纵然报告文字会使人心厌,

---

①　罗澍伟主编. 近代天津城市史[M]. 北京:中国社会科学出版社,1993:626.
②　王凤稔. 杂耍在天津(上)[N]. 大公报,1937-3-16(13).
③　广播无线电台消息[N]. 大公报,1927-9-14(6).
④　王凤稔. 杂耍在天津(上)[N]. 大公报,1937-3-16(13).

也就顾不得那许多了"①。

商户借座曲艺播放广告是一个方面,天津各家广播电台,特别是民营电台也看中了曲艺在天津民众之中的基础和播出便捷的特点,纷纷邀请艺人到电台进行直播。仅以 1936 年 4 月 20 日《大公报》刊发的四大电台节目预告为例,仁昌电台从上午八点开始到凌晨两点的节目中,共包括张起山单琴大鼓、张浩然说三侠剑、雪艳花单弦、张士诚说唱、陈子贞相声、吟香馆主单弦、马宝山奉天大鼓、刘君衡单弦、马宝山说唱等十余个曲艺节目。中华电台其当日的节目列表中也包含了陈士和说聊斋、常连安小蘑菇相声、金桂笙梅花大鼓、马增芬说唱、齐文洲说唱、吉评三说唱、石慧儒单弦以及多场评书等节目,其他东方和青年会两台亦是如此。②

曲艺节目借助广播电台的声波,在天津重塑辉煌。1936 年《天津晨报》发起的播音大王选举中,前三名除了创造单人话剧的梁赤侠外,听户投票选出的第一和第三名分别为演唱西河大鼓的马增芬和说评书的张浩然。③ 演唱京东大鼓的刘文斌,因最早将广告带入电台播音节目之中,奠定了有声广告的基础。他的唱段深受听户,尤其是家庭妇女特别是老太太的青睐。当时天津街头经常有人哼唱他的段子,就连电台中一些相声大家也纷纷学唱,形成了一股"京东大鼓热"④。

(二) 曲艺表演借助广播登堂入室

曲艺节目在电台之中的红火,也引发了一些矛盾和非议。京东大鼓艺人刘文斌的表演在津市形成了一股热潮,一时间引来仁昌电台和中华

---

① 王凤稔. 杂耍在天津(上)[N]. 大公报,1937-3-16(13).

② 广播无线电台今日要目[N]. 大公报,1936-4-20(13).

③ 天津地方志编修委员会办公室,天津市广播电视电影局,天津广播电视电影集团编著. 天津通志·广播电视电影志 1924—2003[M]. 天津:天津社会科学院出版社,2004:83.

④ 艾红红. 中国民营广播史[M]. 新北:花木兰文化出版社,2016:79.

电台两家的利益纷争。中华电台曾以提高几倍播出费为名要求刘独家演播,而刘文斌却坚持信用仍在中华和仁昌两电台同时表演。一计不成,中华电台又想通过地痞流氓的恐吓威胁逼刘就范,该事件一时闹得沸沸扬扬,刘文斌也暂停了表演。两家电台利益的冲突导致了当时天津青洪帮和警察局的介入,在多方势力的斡旋调和下,刘终于花钱平息了事端,方才能如往常继续在两家电台同时表演。

如果说刘文斌的遭遇是本时期曲艺在天津电台中兴盛的一个个案,那么 1936 年街头盲人艺人和鼓民对电台的控诉则展现了当时各大电台对传统街头曲艺形式的冲击和彻底颠覆。

1936 年 5 月 15 日,天津市 900 多名盲人选派代表到天津特别市政府请愿,要求饬令电台停止播放歌唱鼓曲节目。原来当时各区盲人平日均以街头算命及弹唱说书为生,随着社会文明开化算命风气渐淡,说书弹唱成为他们唯一谋生途径。但"自本市各广播电台成立以来,商店住户大都购机收音,饱聆曲唱,致各区鬻歌盲人无人问津"①。同时,一些街头鼓民也要求电台取缔唱书,理由是影响其生计。② 盲人代表和鼓民的请愿并未立即受到津市政府的重视,社会局仅是要求各家电台酌量取消大鼓会。随后从 5 月到 10 月期间,盲人代表多次到市府进行请愿,其间还发生了盲人互殴转送法院的事件。③

由于鼓民的多次请愿,天津市社会局曾一度要求中华电台、仁昌电台和东方电台停止雇佣鼓民播演,并取消了电台中播讲的喜寿词、单弦等节目。但鼓民依旧不满足,仍要求市府将大鼓、铁片、时调、杂牌曲艺等四项禁止。而三家电台则认为"鼓民生活艰难系受社会不景气影响,绝非停止电台歌曲即能生效"④。在电台的强硬要求下,官方表示"对鼓民电台

---

① 盲人会代表昨日请愿[N].大公报,1936-5-16(6).
② 电台消息[N].广播日报,1936-5-24(1).
③ 为请愿问题盲人互殴头破出血解归法院[N].大公报,1936-9-17(6).
④ 电台广播鼓曲 官方不再禁止[N].大公报,1936-10-28(6).

双方兼筹并顾,公平处理"随即宣布不再禁止电台播放鼓曲。

最终,天津市社会局仿照南京中央台及北平台既有惯例规定天津市各家电台每日播放大鼓节目的时间不得超过两次,同时要求鼓民亦不得妄肆要求。① 至此,耗时半年之久的盲人、鼓民与天津各电台之间的争端终于告一段落。这场在盲人、鼓民与电台之间发生的风波,看似是因为街头艺人的生计受到了电台播音的影响,实则也反映了本时期曲艺在天津各家电台中红火的状态以及听户市民对电台曲艺的认可。甚至可以说,广播电台帮助曲艺从街头巷尾走进了大雅之堂。

(三)曲艺节目借助广播披沙拣金

除了大量播放曲艺节目或借助曲艺形式来宣传广告外,广播电台也在一定程度上促进了曲艺的转型和改良,特别是对于其中一些淫词浪曲和粗俗内容的扬弃,也推动了曲艺的健康发展。各种曲艺样式绝大多数来源于民间,有的是农村的地头小调,有的是船夫、搬运工和脚夫随口哼唱的歌谣小调,其内容虽兼具生活化、趣味化和市俗化的特点,但与生俱来就带有低俗和插科打诨的成分。这种特点如若在市井街头小范围表演尚可接受,但在电台中播出,则极易产生不良影响。有读者曾在《广播日报》发文表示在当时天津的电台中"下流的玩意,淫声邪曲,凡影响社会的不良歌唱及其他均可由电台广播于全国"②。《大公报》上也有文章表示:"关于说相声者,亦应加以改革……勿使其骂人过甚! 否则不免有'骂人艺术'之嫌。且令外人听之,亦有失我国之雅度。"③

为了能够让曲艺节目适合在电台中播出,同时对一些不合规范的节目内容进行淘汰,1935 年 3 月民国南京政府交通部责令各地民营电台

---

① 电台与盲人纠纷解决[N].大公报,1936-11-5(6).
② 凤彩.援不平君[N].广播日报,1935-11-26(2).
③ 雨同.对本市各电台今后之愿望[N].大公报,1936-1-8(11).

"取缔播送淫词邪曲"。天津市电报局与天津市社会局也为整顿当时的广播秩序拟定了管理电台广播节目的暂行办法,其中规定广播节目应遵照下列各项标准:(一)宗旨纯正。(二)不危害治安。(三)不背科学原理。(四)不得加入俚俗秽词及诲淫。(五)不得传递私人消息。同时,对于各电台新添加的节目脚本也要求送审检查合格后才能播送。①

在管控机构的管理之外,一些民营电台也开始自觉地对曲艺艺人及播出内容进行整顿。如仁昌电台规定:"凡讲词曲词等未经经理许可,概不准播音。"青年会电台也曾因单琴大鼓艺人翟青山在节目中出口不逊而将其节目停播,其他三台也因其"常有出口不逊等事,恐得罪听户,皆不敢任用"。②

在天津众多电台的大力推动和校正下,曲艺节目在电台中的播出日趋正规。借助电台的播音,喜爱曲艺的观众和听户越来越多,而各种曲艺形式也从一般中下层民众之中走向上层,一些文人名士甚至开始为艺人改编曲目,当时许多报刊还连载评书鼓词。③ 曲艺的兴盛,自然为天津引来了更多的知名艺员。仅以相声为例,近代以来从天津诞生或曾在天津各家电台中表演的杰出相声演员包括小蘑菇(常宝堃)、赵佩茹、侯宝林、马三立、郭启儒、代少甫、于俊坡等。他们技艺精湛,无论在电台中的播音节目还是借座广告均受听户欢迎,火爆非常。④

如今天津已被公认为曲艺之乡,在这来之不易的称号背后,无线电广播所做出的贡献,是不应该被淡忘和磨灭的。

(四)京剧戏曲借助广播火爆津门

与曲艺一样,同为我国传统文化的戏曲在近代的辉煌也离不开无线

---

① 整理广播节目暂行办法 电报社会两局拟定[N].广播日报,1936-9-7(1).
② 电台消息[N].广播日报,1935-10-10(2).
③ 罗澍伟主编.近代天津城市史[M].北京:中国社会科学出版社,1993:626.
④ 王木.三挡相声角逐在天津电台[J].天津广播电视史料,1995(5):32.

电广播的推动。尤其是京剧，虽然诞生于北京，但借助京津间的频繁沟通和寓居天津的寓公群体，很多著名戏班都曾来津演出。而包括梅兰芳、马连良等梨园名伶也都曾在津献艺。他们之中甚至有人从天津走红。[①] 在当时天津各电台的节目构成中，戏曲较之曲艺毫不逊色，中华仁昌东方等台也曾经常转播北平天津义务戏。1936 年 10 月，在梅兰芳来津演出期间，很多听户曾致信《广播日报》要求东方电台转播梅兰芳在各大剧院的演出。"名伶梅兰芳是谁都已早有耳闻的，几乎连几岁的小孩子都知道中国有一位梅兰芳……前会在北平第一舞台演过几场，经中华电台转播因此对于有无线电住户都得饱满耳福，这是我应该替大众感谢的，现在梅伶又在天津中国国泰明星演剧，这件事几乎是惊动全球……我才要求贵电台转播中国及国泰或明星戏剧，因为这件事是大众所渴望的事情……如果能答应我的要求那么我就替一般听户们深深地道谢了。"[②]不仅如此，在一些天津摩登女性的心中，"最对时髦人口味的便是梨园的旧剧"，当时这些女性为了应付时代，"要学唱旧剧来帮助出风头"[③]，因此一时间关于梨园的各种唱片在津市被听得津津有味。

以曲艺和戏曲为代表的中国传统文化，借助广播的推广和传递实现了从单一阶层向各个社会阶层的扩展，同时也因广播播出的需要而有了新的改良和完善。在当时各种文化潮流如白驹过隙，流行一时却又转瞬即逝的过程中，传统的曲艺和戏曲文化因其世俗易懂、娱乐性强且贴近现实生活的特点，借助广播的力量成为经久不衰的文化现象，不仅为社会所接受，也最终成为中国文化艺术中的瑰宝。

---

①　罗澍伟主编.近代天津城市史[M].北京:中国社会科学出版社,1993:619.
②　肖之栋.给东方[N].广播日报,1936-10-22(4).
③　友.听户心理三部曲[N].广播日报,1935-10-10(2).

三、电化教育通过广播得到推广

无线电广播开设的目的究竟是教育还是娱乐？这个问题从广播在中国落地之初就一直被人探讨。1923 年 1 月 23 日大陆报—中国无线电公司广播电台开播当天,《大陆报》就曾发表了开洛公司远东分公司经理迪莱对广播电台在中国前景及作用的预期。迪莱提到:"中国人民将欢迎广播,因为它不仅证明是一种娱乐的源泉,同时也是一种教育中国青年的手段。"[①]此外,孙中山也认为广播将会"大大有助于在中国传播光明"[②]。从孙中山与迪莱的话语中可以看出,广播自传入中国伊始,无论是传播者还是受众,无论是专业人士还是各界名人都看到了其对于教育民众和提高国民素质会具有重要意义。

随着无线电广播在我国的快速发展,人们越来越注意到其突出的教育作用。在 1937 年国民党中央执行委员会第三十九次常务会议上,广播教育实施办法明确了广播的重要教育意义。"查广播事业为训练民众之有效办法,在此非常时期,尤应善为运用,使其成为教育上之一重要工具。"[③]曾担任国民党政府教育部长的陈立夫也曾提出:"播音设备实为教育上一最有效的利器也。"因为"通衢广场,设一收音机,则化为最大值教室矣……此其所费最少而无地不可施教"。陈立夫希望中国的播音教育可以达到:"何处有收音机,何处为学校;何时开收音机,何时入学校;一广播处可代无数良师;一播音机可教无数民众"[④]。

---

① 上海市档案馆,北京广播学院,上海市广播电视局编. 旧中国的上海广播事业[M]. 北京:档案出版社;北京:中国广播电视出版社,1985:6.

② 上海市档案馆,北京广播学院,上海市广播电视局编. 旧中国的上海广播事业[M]. 北京:档案出版社;北京:中国广播电视出版社,1985:10.

③ 广播教育实施办法[J]//广播周报,1937(134):22.

④ 陈立夫. 广播与教育[J]//广播周报,1940(190):2.

利用广播及其他科技手段普及教育的构想在我国由来已久。从辛亥革命胜利之时,一些进步人士就已经看到了当时中国存在着"穷弱愚私乱"五大弊病。① 五四运动后,民众素质和受教育水平的提升被摆在了突出重要的位置。此后,借助动片(电影)与静片(幻灯)和播音广播应用于学校和民众教育开始逐渐普及。② 广播播音教育的全面推开源于1928年南京中央广播电台的建立,其一方面播送教育节目,同时还要求许多民众教育馆安装收音机接收节目以供民众学习收听。广播作为电化教育的重要组成部分,其积极意义被广泛肯定。"广播事业是最近几十年的新发明,各国都在尽量利用它做工具。像政令的发布,新闻的传达,民智的灌输,娱乐的改善等,都可以借广播的力量,很快的传达到各地。有人叫它是空中学校,实在一点不差。"③1936年3月,民国南京政府行政院通过《国难时期教育方案》,并成立电影教育委员会和播音教育委员会,后两会合并成为"电化教育委员会",将推行"电影教育"与"播音教育"列为国策,从此电化教育成为官方确定的包含电影教育与播音教育的专用术语。④

天津广播事业发展程度高,因此各官办和民营电台也在探索利用广播进行教育的方式和路径。在1927年3月的天津广播无线电台刚刚进行了试验播出后,"名人演说、教育课程"就成为电台每日常设的主要节目。

(一)政府对广播教育的重视和倡导

广播教育在天津得到了从政府、听户到电台三个主体的重视,因而推

① 蔡元培.电影事业之出路[J]//阿伦娜.电化教育的孕育与诞生.电化教育研究,2010(12):111.
② 阿伦娜.电化教育的孕育与诞生[J].电化教育研究,2010(12):112.
③ 教育部播音委员会:怎样利用教育播音[N].益世报,1936-9-13(9).
④ 阿伦娜.电化教育的孕育与诞生[J].电化教育研究,2010(12):119.

动得较为顺利。在政府方面,1936 年 9 月 7 日,天津特别市电报局和社会局联合拟定并出台"整理广播节目暂行办法",明确规定:"广播电台除供给社会人士高尚娱乐外,应负改良社会习惯促进社会教育增加民众基础科学知识之职责。"此外,暂行办法还规定每日下午 7 点至 10 点内"除高尚音乐,演讲,教育,儿童节目,新闻报告及转播中央节目外,其他低级趣味节目不得随意播送"。①

　　天津特别市教育局也在积极筹划建立广播电台。根据 1936 年 12 月 18 日《大公报》报道,天津市教育局拟在河北区民众教育馆兴建广播电台,节目"侧重社会教育,灌输科学常识,约请名流及专家讲座,播放高尚音乐话剧"②。虽然该台已制定了详尽的播出和设立计划并已经进行了选址,但由于当时天津时局的动荡,设立电台的计划最终未能成行。抗战胜利后,当时的天津市政府仍在推动电化教育。市教育局与当时党营的中广处天津广播电台和民营的中国广播电台商议,在天津广播电台每周一三五下午 5:20—5:50 播出教育广播演讲;在中国电台每周一三五下午 5:20—5:50 播出儿童节目,每周二四六下午 5:20—5:50 播出教育类广播演讲。③ 1948 年前后,市教育局再次准备筹设电台。从 1948 年 2 月 9 日市教育局致电信局代为转呈交通部的函件中可以看到,其设立电台的目的及主要节目为"为辅导社会教育,以广播社教常识及宣传文化来对本市民众进行知识上的促进"④。教育局与当时河北省立工学院学生实验电台达成三年合作,购买了机器设备并拟定了相关契约章程。其章程规定天津市政府教育局附设教育广播电台宗旨为推行电化教育,地点拟设立在天津市东马路第八民教馆,功率 350 瓦。电台实行台长负责制,下辖总务课、业务课、工程课、播音课、会计五个部门。节目设置上规定全天节

① 整理广播节目暂行办法[N].广播日报,1936-9-7(1).

② 教育局广播电台开办费用定五千元 节目侧重社会教育[N].大公报,1936-12-18(6).

③ 教育局与各电台已接洽 定期作教育广播演讲[N].大公报,1946-12-5(5).

④ 天津档案馆档案[Z].401206800-J0110-3-000773-003

目的二分之一为教育节目播出时间,另外二分之一为商业广告播出。①
从现有的档案信息来看,该台不仅明确了机构设置计划,也已经规划了明
确的财政收支计划,并且致函教育部请求批准,教育部也将相关手续及文
书等发函天津教育局。② 但正如第一次尝试设置电台未果一般,天津教
育电台又一次因为经费困难而未能实现播出。③

(二)听户对广播教育的支持和拥护

虽然较之教育类节目,曲艺和戏曲等娱乐节目更受当时听户的喜爱,
但也有越来越多的听户开始注意到广播教育的重要性。在这其中,既有
对无线电广播有着较深刻研究的专业人士,也有很多单纯热爱广播的普
通听户。电化教育正式推行后,一些专业人士纷纷发表建议,提倡广播教
育。1936 年 6 月 21 日,署名"子泰"的作者在《大公报》《家庭》副刊中刊
发题为《现代家庭怎样利用无线电》的文章,明确提出要校正把无线电当
作娱乐品,要听无线电就是要听娱乐的节目不然就是关着这种错误观念。
他提出,在无线电广播中播送娱乐节目只是一个目的,而它最主要的还是
播送各种通俗演讲,学术演讲等来提高人民的智识程度。④ "仲贤"也曾
在《大公报》刊文对民营电台提出建议,希望他们能依照教育交通两部门
督促各省市推行播音教育的意旨对于播音节目加以审慎,因为这样"不
但营业可以发达,且可辅助政府实施播音教育"⑤。长期关注天津广播事
业发展的郑梦塘在 1936 年底对当年天津广播事业的回顾中表达了对广

---

① 天津市档案馆档案[Z].401206800-J0110-3-000774-002
② 天津市档案馆档案[Z].401206800-J0110-3-000774-010
③ 天津地方志编修委员会办公室,天津市广播电视电影局,天津广播电视电影集
团编著.天津通志·广播电视电影志 1924—2003[M].天津:天津社会科学院出版社,
2004:87.
④ 子泰.现代家庭怎样利用无线电[N].大公报,1936-6-21(12).
⑤ 仲贤.论播音教育[N].大公报,1936-8-29(11).

播教育的支持。他特别提到了天津市教育局在广播电台播放教育节目和加强儿童教育的做法,认为这是"合理的地方",因为"无线电广播本属传导教育之工具,并不是纯娱乐的东西"。① 曾担任中华电台经理的龚雪甫则从一个广播电台从业者的角度希望各电台能将上午的唱片节目抽出一两小时改为国文英文或日文的教授,对于学术讲座等节目亦可利用此等时间播送,使人注意电台本身是符合宣扬文化的宗旨。②

在近代天津广播事业最为发达的 20 世纪 30 年代中期,《广播日报》上为听户开辟了专门版块用以表达对电台及其节目的意见,很多听户都曾通过署名或匿名的方式向电台提出改进节目质量,增加教育类节目的建议。"清士"对当时天津各大电台中娱乐节目过多而有关家庭教育、妇女常识、民众教育之类节目的缺乏表示不满,他认为:"所听的不过杂耍而已,于人生一点意义没有。"③署名"收音迷"的听户希望电台在每一次播出学术节目时能够征求听户发问,这样则可以引人注意。④ 也有听户表示希望电台能够将播讲的常识教育节目由每天早晨十点播出调整为下午四点至七点播出,这样可以"使一般学生们能够有暇来多听些有益的事"⑤。

(三)电台对教育节目的设置和创新

政府的命令和听户的要求,让广播电台也不得不重视教育节目的安排。由于当时国营电台和公营电台都要将广播教育放在突出重要的位置上,因此这两类电台教育类内容比重很大。南京中央广播电台每日的教育类节目开设有国文教授、中外名人传、自然界、教育节目、儿童教育、基

---

① 郑梦塘. 回顾一九三六年本市的广播事业[N]. 大公报,1936-12-31(13).
② 龚雪甫. 我不能再沉默了[N]. 广播日报,1936-1-23(专刊).
③ 清士. 谈谈节目[N]. 广播日报,1935-12-3(2).
④ 收音迷. 也算是意见吧[N]. 广播日报,1935-9-19(2).
⑤ 听户意见[N]. 广播日报,1935-11-5(2).

本科学、英语述评等多种。中广处天津广播电台也与天津市教育局合作于每周一、三、五的下午固定时间播出教育广播演讲节目。如果说国营和公营电台播放教育节目是由于其自身性质规定，那么一些民营电台提升教育类节目的比重，则更多是源于对自身社会责任和经济利益之间的权衡和深入考量。

天津青年会广播电台创办宗旨便表明要以服务社会宣扬文化为己任。因此开设了各种常规以及临时增加的学术演讲活动。同时还针对当时被听户所诟病的儿童节目不足，对儿童关注不够的情况专门设立了"儿童技艺播音竞赛"，规定全市 12 岁以下的少年儿童均可以单独或以团体形式报名参加，通过唱歌、演讲、器乐和讲故事等形式在青年会电台中进行播音竞赛，而评委则由电台听户担任，选票则刊登在《广播日报》上。

东方电台开播之初就在西乐歌舞及曲艺等节目之外开设了儿童节目和无线电常识讲座，并在后期开设了医药问答等节目。他们特别邀请了儿童教育专家单世伟在每周日下午播讲模范少年、益智常识、实用工艺及各种有关儿童身心健康的节目。单世伟对儿童教育极为重视，他在青年会电台演讲宣传儿童教育时，批评了当时社会上一些父母很早的就叫子女上学的情况，他认为天真活跃的儿童受了过分的拘束势必要呈现着畸形的状态，那么对于他们的创造和独立精神的启发多少是有些阻碍的。[①] 在东方电台邀请单世伟播讲的儿童教育节目中，他们采取有奖问答的形式，由单氏设题征答，凡答中前十名者，一律赠送精美实用物品。[②] 这种有奖问答的节目形式得到了听户的赞扬。1936 年 1 月 21 日开始，东方电台在原有周日播送儿童节目的基础上，又在每周一、周四两日开播儿童英语故事。他们还不定时的播出由"儿童播音团"演出的话剧、曲艺、歌唱等节目，吸引儿童听户关注，进而培养儿童情操。

---

① 单世伟.不要忽略了儿童们的娱乐[N].广播日报,1936-10-26(1).
② 东方情报[N].广播日报,1935-12-6(2).

在两家民营电台设置丰富教育节目的同时,天津南开大学也曾短暂开设广播电台。在他们的节目安排中,名人演讲、科学介绍、科普节目是最主要的形式。遇到学校的重要集会或招生时段,他们也会播放相关节目进行宣传。南开大学广播电台存在时间虽短,但被认为是"一个纯文化的电台"①。

综上所述,广播的教育作用无论政府、听户还是电台本身都较为重视。虽然较之戏曲曲艺等娱乐休闲节目来说,以讲座、科普等形式为主的广播教育似乎较为枯燥无趣,但广播教育在天津的实践已经表明,这种借助新的媒体形式进行教育的方式有着比较坚实的群众基础和较好的受众反馈。而从作为传者的电台方面出发亦能看出,在商业利益和社会责任之间天津的众多广播电台也并非完全是金钱至上,提升民众素质的社会责任始终是他们考虑的重要因素之一。

---

① 梦塘.本市一九三四年广播回顾谈中[N].大公报,1934-12-30(15).

小　结

从明朝时建立起来的军事要地,到城市人口达到近 200 万的北方经济中心城市,天津虽没有其他历史名城那样灿烂辉煌的过往,却在清末民初开始短短三十余年的时间中迅速发展,一度与上海并驾齐驱为中国南北的两个经济中心。城市规模和城市地位迅速发展的同时,天津的近代化步伐也在飞速发展。在从器物到制度再到精神层面的近代化过程中,天津发达的媒介发挥了非常重要的作用。

在《大公报》《益世报》等纸质媒体被一次次的深耕挖掘并反复解读的过程中,支撑天津媒介半壁江山的广播却很长一段时间中并未得到太多的关注和重视。但实际上正如《大公报》等报刊媒体在近代天津社会发展变化的进程中扮演了重要角色一样,天津的广播电台在近代也发挥了不可低估的作用。特别是在天津这座城市近代化的进程中,这种作用被发挥得淋漓尽致。

在从臣民到公民身份转换的过程中,广播电台对天津民众家国情怀、平等意识以及权利义务等政治观念的培育和塑形起到了传统纸质媒体无法比拟的作用。较之对读者知识水平有较高要求的报刊,广播借助其被动收听的优势,将对民众的政治近代化教育落到了实处。而其自身对女性报告员群体的聘用和培养,正是本时期宣扬男女平等意识的一种生动体现。

广播电台的繁荣和收听工具的演变,推动了天津近代无线电工业的诞生和发展。作为近代中国工业诞生与起步较早的城市之一,以广播收听工具的制造为标志,这个自北洋时期开始便兴办洋务的城市终于与当时世界公认的先进电子技术结合在了一起。从此,让天津引以为傲的工业结构不再仅仅局限于纺织化工和食品生产,新中国的电子工业也在这里实现起步。作为一种摩登文化的代表,电台在其诞生于天津伊始,就与商业、贸易和流行文化紧密相连,当其与天津近代密集聚集于日租界和法租界的商业群体相结合的时候,一种神奇的化学反应随之产生。天津近代城市商业中心的转移在这个过程中最终完结,而电台就像是最后几根固定商业中心的支架一样,牢牢地将以法租界和日租界交界处梨栈和旭街为代表的新城市商业中心固定在了天津民众的心中。直至今天,这片形成于当时的商业中心依然作为天津的商业地标和核心商圈经历着时代的变迁。

天津被称为曲艺之乡,当我们惯看相声的幽默、大鼓的精彩和评戏的生动后回首过往,才发现原来曲艺在天津的发展,离不开引其登堂入室的广播电台。正是有了电台看似出于自身利益考虑,迎合听户需求安排的节目设定,才有了 20 世纪 20 至 30 年代天津曲艺在万马齐喑状况下突然爆发的艺术高峰以及众多名家大师的横空出世。时至今日,当天津舞台上的曲艺演员已经历了沧海桑田般的变换,我们依然能从身边的茶馆、剧院舞台上听到那些熟悉的"学电台"和"学评戏"。而与"万国建筑博物馆"相媲美的万国文化荟萃则也通过天津发达的广播事业传播开去,进而形成中西文化的大交叉和大融合。

从政治到文化,从城市布局到工业转型,天津的广播电台几乎渗入了天津城市近代化肌理的每一个细微毛孔,换化成为一种助其加速的催化剂和润滑油。当我们习惯了从政治、经济和社会变迁等宏观角度上去思考一座城市的近代化及其推进力量的时候,不妨放低身段,试着大处着眼小处落笔,细细观察广播这种看似微观的客观存在以及其所代表的媒介对社会发展的助推作用。

第六章

独树一帜

——近代天津广播事业的历史贡献

近代天津广播的发展和演变跨越多个历史阶段。它的诞生得益于清末洋务运动中近代电信事业在天津的首先起步；最早的外商电台和官办电台均形成于民国北京政府时期；在民国南京政府执政的 20 世纪 30 年代中期，它迎来了发展成熟的黄金时期；而随后伴随着天津的沦陷和日寇铁蹄在华北大地的肆意践踏，它一下从巅峰跌进谷底，迎来了最黑暗的一段时期；抗战胜利后，其又迎来短暂复苏，但终成为国民党独裁统治的工具，伴随着天津解放炮声的响起最终与旧时代告别，开启了在新中国的新历程。

正是由于横跨了多个历史阶段，经历了多种复杂政治经济及战争事变的综合影响，近代天津广播发展呈现出一种起伏的整体态势。在这种演变模式的背后，是民国期间虽历经不同政权形式，但对广播电台清一色的规训和管控。这种较之全局上复杂政治军事变迁而言，作用于微观层面的管制，直接浸染形成了几十年间天津广播发展的主色。而在政出多门的管控体制下，天津广播也宛如戴着镣铐跳舞，更多呈现的是身不由己的"规定动作"。

严苛的管控规训划定了近代天津广播发展的边界，而在业已界定的边框内寻求自身独特定位进而形成足以立足全国的特色，则主要仰仗着天津众多民营电台的贡献。正是因为有了部分民营电台在规则允许下

"自选动作"当中的加分,天津广播的发展才足以比肩上海,成为当时中国北方最具代表性的城市之一。甚至可以说,这些框架内的自选动作不仅成就了当时仅次于上海的民营广播事业第二峰,[①]同时也推动了天津这座城市的近代化进程。在无线电广播的助推下,天津在政治、文化、工商业等多个领域进步斐然。在当时天津纸质媒体与广播这种新媒体互动频繁且经常相互扶持,形成了一种错位共栖的关系,这种关系直接导致了近代国内最早的广播类日报——《广播日报》的出现。[②]

在总结归纳了近代天津广播发展历程,并梳理了其规训因素和发展亮点进而探讨其对社会发展所呈现出的促进作用之后,作为全书总结的本章应该呈现的是近代天津广播的历史定位以及其之于那段时期的意义。

对近代天津广播历史地位的梳理和总结,应首先瞄准近代广播发展变迁的这个大坐标系,进而在坐标系的四个象限中固定天津广播应有的定位。我们假设近代广播发展变迁是一个简单的二维直角坐标系,那么对于其中具体坐标的定位,则应从横向和纵向,也就是 X 轴和 Y 轴两个维度来考察。具体到本书中,笔者认为近代广播发展坐标系中的 X 轴,也就是横轴呈现的是同一时间段中不同城市广播电台演进所呈现出的样式和特点。由于各个城市地理空间、政治经济和发展程度等因素的不同,其广播的发展演进必然展现出不同特点,这也丰富了近代广播发展的图景,使其在横向上得到了扩展。而近代广播发展坐标系中的 Y 轴,也就是纵轴呈现的则是从辛亥革命到解放战争胜利这一整段时期,具体来说也就是从 1923 年中国境内出现第一座广播电台到 1949 年国民党政权在大陆的完全败退为止这 26 年间广播电台在不同政权统治下发展演进的全过程。这个过程虽然历时近 30 年,但却可以鲜明的分为四个主题不同、特点各异的时期。因此,较之于横轴上各城市之间的斑斓各异,纵轴

---

①　段然.抗战爆发前天津四大民营电台生存与发展研究[D].中国传媒大学,2016:6.
②　艾红红.中国民营广播史[M].新北:花木兰文化出版社,2016:59.

虽然延伸更长,但却呈现出较为明显的规律性。

在纵横交错的近代广播坐标系中天津广播占据着独特的位置,也因此为近代广播事业的发展做出了独特的贡献。在宏观上,天津广播事业受到政府严格管控的制约,同时又因身处北方经济商业中心,两种力量的相互促进使得天津广播事业走出了一条不同于上海同时也不同于南京广州的发展道路;而在微观上,开放包容的城市文化内核和九国租界并立、政权更迭频繁的客观现实又使得天津各家官商电台摸索出了灵活的运营模式,成为区域广播发展的杰出代表。

第一节　天津广播开创近代广播发展独特路径

聚焦近代广播电台发展的横向坐标,这里汇聚了数个极具代表性的城市。近代以来特别是解放战争时期,我国广播事业形成了旗帜鲜明的国统区广播业和解放区广播事业两大阵营。由于天津长期处于民国政府的管控之下,因而本节对不同城市广播发展异同的分析,主要以国统区部分代表性城市为主,而暂不涉及解放区的广播事业。

梳理近代我国广播电台在不同城市的横向发展可以看出,虽然南京国民政府建立了从中广处、交通部直辖到地方党部兴办的三级广播体系[①],覆盖范围包括了北京(北平)、上海、天津、南京、哈尔滨、沈阳、福州、西安、南昌、汉口、成都、广州等大中城市以及包括浙江、山西、云南、四川、山东、广西、福建、河南、江苏甚至新疆等广大地区,在 1947 年底中广处在全国所属电台已经增加到 42 座[②],但大部分地区的广播事业尚处于初步发展阶段,并未达到成熟。由于战争因素的影响,在近 30 年的时间中广播电台真正得到稳定发展机会的地区屈指可数,少数几个较有代表性的城市也基本是位于沿海地区的早期开埠城市或近代政治经济中心。

具体来说,近代广播电台发展较为成熟的几个城市包括上海、天津、

---

① 赵玉明主编.中国广播电视通史[M].北京:中国广播影视出版社,2014:20.

② 赵玉明主编.中国广播电视通史[M].北京:中国广播影视出版社,2014:85

北京(北平)、南京以及广州等几个城市。而在这些城市之中，上海成为独一无二的排头兵，较之其他城市，无论是在电台数量还是发展程度上都要更胜一筹。仅在全面抗战爆发之前的 1936 年 9 月，根据国民党中广处统计数字就显示，在当时全国共有的 65 座民营电台中，上海独占其中的 41 座，占比达到了 66%。[①]

　　选择这几个城市作为典型的原因主要有两点，一方面是因为这 5 座城市中开设广播电台数量较多。根据相关资料的统计显示，截至 1949 年前，在上海电信局登记的电台达到了 106 家[②]，此外还有未经批准的几十家公营电台[③]；北京(北平)在近代曾先后共设有电台 17 座[④]；南京除拥有中央广播电台和南京短波电台两座国营大台外，还拥有包括益世广播电台以及建业电台、青年电台、金陵电台和首都电台等 5 家民营电台；而在广州开设的电台则共有 7 家，分别是风行电台、国防部军中广播电台广州分台、革新电台、时代电台、新闻电台、广东广播电台、广州市政府广播电台，这些电台均属公营性质[⑤]；而天津的广播电台则少于上海而多于其他 3 座城市。除了数量较多之外，这 5 座城市的广播事业也呈现出三种典型的发展状况，基本可以代表我国近代不同地区广播发展的主要形态。按照中山大学招宗劲的观点，上海的广播事业"偏重娱乐"，而南京和广州的广播事业则"偏重宣传"[⑥]。这实际上是一种根据广播节目内容所进行的分类，在这种分类中，偏重娱乐或是偏重宣传都是一种节目具体的体现。而在这背后，则是由于电台性质不同所造成的根本差异。郭镇之认

①　艾红红.中国民营广播史[M].新北:花木兰文化出版社,2016:59.

②　郁秉坚.上海各广播电台管理状况[M]//艾红红.中国民营广播史.新北:花木兰文化出版社,2016:166.

③　郭镇之.论旧上海民营电台的历史命运[D].北京广播学院,1982:4.

④　宋鹤琴.解放前的北京广播事业[J].现代传播,1984(02):109.

⑤　招宗劲.民国时期广播事业在广州的发展[J].历史教学(高校版),2008(06):26.

⑥　招宗劲.民国时期广播事业研究——以上海、南京、广州为中心[D].中山大学,2010:2.

为,新中国成立前,中国的商业电台绝大多数集中在上海,并且构成了上海广播界的主体。① 而南京则因为是民国政府的首都并且建立了中央广播电台,而更突出了其政治性。甚至"由中央电台跳动的脉搏,完全可以感知国民党中央的心脏是如何波动的"②。同样在广州,广播事业的发展与政治紧密相连,"政府紧紧把电台控制权握在手上"③。由此我们可以看到,在偏重娱乐或宣传表象的背后,显现的是商业性或政治性的电台属性,也可以说是民营电台与党营电台的性质分野。

在笔者看来,先前已经探讨较为成熟的上海、南京、广州等广播电台较为密集的几个城市其发展路径可以分为两类,主要表现为以上海为代表的商业驱动路径和以南京和广州为代表的政治主导路径。而在这两条路径之外,以天津和北京(北平)为代表的北方城市则走出了一条介于二者之间的政商共存的中间路径。而这种路径的不同也直接展现了天津与其他几个城市广播事业发展的异同。

一、商业驱动的上海广播发展路径

上海是我国近代广播事业的发祥地,这里造就了近代我国广播发展的最高峰。作为最早开埠的城市之一,上海成为我国最早接触西方技术和文化的城市,在民国时期发展成为远东第一大城市,被称之为"东方巴黎"。早在 1932 年,当国内众多城市尚刚刚迈出广播事业发展的脚步之时,上海已经拥有包括实验电台在内的各类电台共计四十多座。④ 而到

① 郭镇之.论旧上海民营电台的历史命运[D].北京广播学院,1982:1.

② 汪学起,是翰生.第四战线——国民党中央广播电台掇实[M].北京:中国文史出版社,1988:187.

③ 招宗劲.民国时期广播事业在广州的发展[J].历史教学(高校版),2008(06):28.

④ 郭镇之.论旧上海民营电台的历史命运[D].北京广播学院,1982:3.

了 1934 年，"上海当时有 42 个正常播音的电台……正式注册在案的广播
电台数目约在 50 个左右"①。甚至在抗战爆发前形势以万分火急之时，
上海"仍存电台 29 个"②。值得注意的是，在这些电台之中，几乎全部都
是民营广播电台，官办电台只有 1935 年建成的交通部上海广播电台和
1936 年建成的公用局上海市广播电台。

抗战期间，日本占领上海，除亚美电台拆机停播外，其他电台纷纷迁
入租界寻求保护，而在缺乏政府监管的过程中，上海的商业电台数量又一
次出现了增长的趋势，到 1939 年 1 月，上海电台共计 35 座，其中少量隐
藏在华界，大部分托庇于租界。③ 太平洋战争爆发后，日本进入上海租界
地区强占"孤岛"，在租界中坚持播音的近三十家电台被强行封闭，全上
海仅剩下日伪官办电台以及德意两国电台和著名的"苏联呼声"广播
电台。

1945 年抗战胜利后，民国南京政府一方面对上海的敌伪广播电台进
行接收，一方面对民营电台恢复播出进行严格管控。这种管控直到一年
后才逐渐松绑，但民营电台数量迅速反弹，到当年三月宣布成立的电台已
经超过了 100 家。④ 上海在解放战争时期中的广播发展，呈现出了一种政
府管控混乱、电台畸形膨胀的趋势。一方面国民党虽然对电台的管控越
来越严苛，但却呈现出一种"政令不出电信局"的表现，很多管控措施并
未到位，各种民营电台不顾交通部规定要求，私自建成并播音，其数量远
超交通部广播事业指导委员会核准的最大数额，也就是 6 家。而另一方
面，与国民党各种军政单位和派系有着千丝万缕联系的数十家公营电台

---

①　上海各广播电台一览表[D]//招宗劲. 民国时期广播事业研究——以上海、南
京、广州为中心. 中山大学,2010:86.

②　上海各广播电台一览表[D]//招宗劲. 民国时期广播事业研究——以上海、南
京、广州为中心. 中山大学,2010:86.

③　无线电播音与社会改革[D]//招宗劲. 民国时期广播事业研究——以上海、南
京、广州为中心. 中山大学,2010:88.

④　郭镇之. 论旧上海民营电台的历史命运[D]. 北京广播学院,1982:5.（根据招宗
劲的考察，也有 73 家、54 家、106 家等三种说法）

也粉墨登场,他们虽标榜公营,但实则不受电信局辖制,不受广播公会约束,在政治宣传外大行经营之道。① 一时间上海的广播电台泥沙俱下,不可计数。这种状况一直持续到上海解放才终于告一段落。1950 年上海市军管会对全市电台进行了统计,结果显示当时上海共有公营电台 23 家,私营电台亦是 23 家。②

从近代上海电台数量在不同时期的变化和演变趋势就可以看出,上海电台数量多、发展快且形式多样,但其中自始至终占据主导地位的都是民营电台。即使是在解放战争时期面对国民党政府对于电台登记实行严厉管控,民营电台依然泰然处之,大肆播音。这一点与同时期中天津各家民营电台因监管严苛而只得依附于各种军政单位有很大不同。

除了佛音电台和福音电台两家宗教电台外,在 26 年的广播发展变迁中,上海共出现了前后约 100 多个民营电台,这个数量远超民国期间上海官办电台数量的总和。高度繁荣的民营电台主导了上海的广播市场,也塑造了上海广播事业高度商业化的发展路径。由于民营电台将自身经营及生存放在首要突出的位置,因此营利成为电台的第一要务。正如一些上海电台商人所言:"我们是做生意的。"③进入 20 世纪 30 年代后上海广播电台的商业韵味和节目娱乐韵味显著增强。在 1934 年对当时近 30 家民营电台进行的节目统计中,以弹词、评话、歌唱、苏滩等为代表的娱乐性节目共计 217.5 档④,而同时期的非娱乐节目总共才 39 档。⑤ 在商业利益的驱动下,上海民营电台呈现出了迎合市民需求(特别是中小资产阶级民众的需求);力图远离政治以及节目内容趋于庸俗的特点。⑥ 这种特

---

① 郭镇之. 论旧上海民营电台的历史命运[D]. 北京广播学院,1982:5.
② 招宗劲. 民国时期广播事业研究——以上海、南京、广州为中心[D]. 中山大学,2010:94.
③ 郭镇之. 论旧上海民营电台的历史命运[D]. 北京广播学院,1982:6.
④ 每档为 45 分钟或 1 小时
⑤ 俞子夷. 谈广播节目[J]. 中国无线电,1934(09):384.
⑥ 郭镇之. 论旧上海民营电台的历史命运[D]. 北京广播学院,1982:12.

点即便在上海沦陷时期也没有改变,开设于租界中的一些电台由于深感自己的命运可能"朝不保夕",因而大量播放"内容肉麻、颓废"的唱片等节目。曾有人认为上海广播电台节目质量不高的原因在于"上海人爱财超过爱国,等炮声去远,就以为天高皇帝远"①。虽然在不同的历史时期中,也曾出现过诸如亚美电台为"一·二八抗战"组织募捐;华美、大中华、中西和上海四家电台联合举行抗战救国演讲等不计利益,致力公益的爱国行动,但整体上追逐利益的初衷和目标还是驱动着民营电台的经营和发展,也引领着近代上海广播事业的发展。这其中,自然有政治经济文化等一系列复杂因素的影响,同时租界的林立和贸易的兴盛也使得广播电台同这个城市的其他产业一样与商业密不可分。

二、政治主导的南京、广州广播发展路径

上海广播的商业属性与其发达的经济和被称为"东方巴黎"的国际化都市定位等有直接的关系。在当时的中国,可以说这种模式恐怕并不具备可复制性。即便是与上海同为早期开埠城市且经济发达的广州,其广播发展都走上了一条完全不同的道路。

广播的性质是什么?是娱乐休闲的工具还是宣传教化的利器?这种认识上的分歧从广播被引入中国伊始就存在着争议。在商业娱乐属性高度发达的上海之外,以南京和广州为代表的一些城市,则贯彻着广播的宣传教化属性,进而形成了一种政治主导的广播发展模式。

1927年4月,蒋介石领导的北伐军在占领南京后成立了南京国民政府,进而开启了中华民国的另一个历史阶段。由于深感"主义急于灌输,

---

① 东廊.播音台上的苦闷者[N].申报,1938-12-12(10).

宣传刻不容缓"①,国民党中央广播电台在南京于 1928 年 8 月 1 日正式建成并开始播音。可见,从南京中央广播电台建立之初,宣传教育就成为了其核心任务。而后来成立的中央广播事业管理处处长吴保丰在谈到南京中央台与当时各地方电台的区别时,也直接表明了二者在性质和目标上的不同。"以前各地之所设广播电台,其主要任务,不外借此作为广告之工具,故其节目多半为娱乐性质……专供听众茶余酒后之消闲而已,自中央电台出,广播事业在文化建设上之地位,于是乎确立。"②

在这种"电台应承担教化国民,宣传党义之功用"的思想指引下,南京中央广播电台与政治紧密结合。在经过 1932 年扩充功率后,当时的中央广播电台成为了"东亚第一,世界第三"的强大电台。在 1936 年该台的主要节目中新闻占据了三分之一的份额,其余节目还包括"总理遗教""国文英文教授""科学杂谈""天气及水位预报""商情商业新闻"等。凡遇重大政治事件,如 1929 年中山陵建成后孙中山归葬南京和 1936 年蒋介石"寿辰献礼"等,中央广播电台都进行了直播。③ 少量的文艺节目也主要以京剧和国乐为主,穿插以"发扬民族精神,鼓励生产建设,阐扬固有道德,鞭策'现有罪恶'"④的"广播剧"。此外,南京中央广播电台播报员的语言使用也突出了政治性,包括外语和方言在内的国语、广州话、英语、藏语等多种语言在电台成立之初的使用是对"五族共和"的特殊强调,表明南京中央广播电台将自己定位为向全国各地宣传党义、教义的领

---

① 汪学起,是翰生.第四战线——国民党中央广播电台掇实[M].北京:中国文史出版社,1988:98.

② 吴保丰.十年来的中国广播事业[M]//抗战十年前之中国(1927—1936).南京:商务印书馆,1937:694.

③ 招宗劲.民国时期广播事业研究——以上海、南京、广州为中心[D].中山大学,2010:123.

④ 汪学起,是翰生.第四战线——国民党中央广播电台掇实[M].北京:中国文史出版社,1988:100.

导者。① 此后,包括沪语、闽语、客家话、台山话、蒙语、回语等方言和少数民族语言以及法语、德语、日语、意大利语、俄语、荷兰语、印度语、阿拉伯语、马来语、朝鲜语等外语的使用进一步强化了电台的宣传功能和宣教作用。

正如上所述,南京中央广播电台表现出一种对上海"娱乐立台"的商业路径的"拨乱反正"。这种"改正"最直接地表现在了各种政策的制订上,民国南京政府交通部于 1936 年 4 月 20 日起要求全国民营电台每晚 20:00—21:05(星期日除外)一律转播中央台节目。此后的 12 月 15 日,《指导全国广播电台播送节目办法》中又明确提出"各广播电台不得播送有关禁例或偏激之言论、诲淫诲盗、迷信荒诞之故事及歌曲唱词"②。

作为政治立台的标志,南京中央广播电台对那段时期中国的各种重要政治事件几乎从未缺席,其重要性更是在抗战军兴之时被提升为"除海陆空军之外的第四战线"③。在解放战争期间,南京中央广播电台的宣教属性被展现得淋漓尽致,成为了国民党独裁统治和内战宣传的重要工具,伴随着 1947 年七七事变十周年对蒋介石"戡乱建国"总动员令的播发,南京中央台掀起了反共内战的狂浪。④ 但由于国民党的丧尽人心,南京中央广播电台最终也走向了衰亡。

除了中央广播电台外,南京在近代还拥有另一家功率较大的国营南京短波电台,二者长期把持着南京的广播事业。政治导向在南京广播事业的演进过程中之位置由此可见一斑。即便是抗战胜利后南京终于拥有了第一家民营电台——益世广播电台,这座抗战胜利后国内首家获得执

---

① 招宗劲.民国时期广播事业研究——以上海、南京、广州为中心[D].中山大学,2010:122.

② 赵玉明主编.中国广播电视通史[M].北京:中国广播影视出版社,2014:35.

③ 汪学起,是翰生.第四战线——国民党中央广播电台掇实[M].北京:中国文史出版社,1988:序.

④ 汪学起,是翰生.第四战线——国民党中央广播电台掇实[M].北京:中国文史出版社,1988:124.

照的民营电台其背景及日常节目也处处可见政治无所不至的影响。该台董事长于斌为当时中国南京地区大主教,在当时中国宗教界赫赫有名。①利用他的声望,益世电台才得以成功建立。但这座以"宣读圣经"和"教义讲座"为主要播出内容的电台也曾在1947年7月15日的"学术讲座"中公开播讲于斌附和蒋介石"戡乱建国"的反动叫嚣。甚至在国民党败退台湾之时,这座民营电台也随之仓皇南迁,并于1952年3月在台湾基隆恢复播音。②

国民党对广播宣教功能的高度重视并非源自首都南京,而是早在广州时期就已形成。1924年到上海为黄埔军校招生的陈果夫在这里听到了无线电广播后便引发了利用广播作政治舆论工具和宣传教育手段③的莫大兴趣。1925年7月,国民政府在广州成立后随即实施北伐,军中当时已开始使用无线电作为通讯联络工具。④ 另一方面,陈果夫在得到了蒋介石支持后,准备在广州设立电台,虽经过多方努力但终因资金不足而作罢。后来,建设广播电台的目标终于在国民政府定都南京后实现。这也说明,广州甚至可以说是政治引导广播事业发展路线的逻辑起点。

广州真正拥有广播电台直到1929年5月6日广州市播音台的成立才宣告实现。⑤ 在该台开幕仪式上,这座电台的宗旨和目的被阐释得淋漓尽致:"市府设立无线电播音台,系为引起市民兴趣及研究科学等,并可用于教育……如果党部宣传或团体之演说队出外宣传……若播音台,

---

① 三水.落日楼台一笛风——小记在南京的益世广播电台[J].视听界,1990(01):60.

② 三水.落日楼台一笛风——小记在南京的益世广播电台[J].视听界,1990(01):60.

③ 汪学起,是翰生.第四战线——国民党中央广播电台掇实[M].北京:中国文史出版社,1988:92.

④ 赵玉明主编.中国广播电视通史[M].北京:中国广播影视出版社,2014:18.

⑤ 招宗劲.民国时期广播事业在广州的发展[J].历史教学(高校版),2008(06):26.

无论内外,已能知之了了。"①

广州与上海同为开埠较早的沿海发达城市,但较之上海民营广播的高速发展,广州则略显沉寂。时人曾描述20世纪30年代广州的广播发展情况:"所有之播音台,只有政府一座,倘使有商家或也愈加欲安装一座播音机,均被政府所限制……广州是全中国的第一大商埠,而所有的播音机未能完美。"②究其原因,则是由于广州市政府遵照当时国民政府命令,严禁私设无线电台。③ 根据现有材料显示,整个民国时期广州市的电台总数在10个左右,且民营电台更是受到了严苛的管控,必须要依据政府指令:"宣传市政府以及社会教育"④。正如上文所述,这种与城市定位不相符合的广播事业发展状况,与当时广州市政府对广播电台的长期监管密切相关。从20世纪30年代开始,广州市政府便不断通过各种政策法规及直接命令来规约本就死气沉沉的广播事业:1930年出台修正后的广州市无线电播音台规则案,规定每周增加学校讲座;1934年决定在广州"繁华之处"增设播音机但规定"只限于接收本市政府播音台的节目";通过组织宣传指导委员会来进一步严格订制电台演讲时间和演讲内容同时频繁下令禁播唱片……在政府的严格管控下,广州市的广播电台未能得到充分发展,活力极低。

在南京和广州两个城市广播发展的路径中,我们可以鲜明地看到政治在其中起到的决定性作用。南京作为民国政府的首都,其政治意义毋庸讳言,宣传党义、教化群众的广播事业发展宗旨在这里得到了彻底的贯

---

① 中央公园播音台开幕纪盛[D]//招宗劲.民国时期广播事业研究——以上海、南京、广州为中心.中山大学,2010:147.

② 张德之.欲听广州音者须知[D]//招宗劲.民国时期广播事业研究——以上海、南京、广州为中心.中山大学,2010:141.

③ 招宗劲.民国时期广播事业在广州的发展[J].历史教学(高校版),2008(06):26.

④ 招宗劲.民国时期广播事业研究——以上海、南京、广州为中心[D].中山大学,2010:150.

彻执行,甚至抗战胜利后建立的民营电台也与政治有着千丝万缕的联系。而在广州,只因这里是国民党政权的"龙兴"之处便时时处处需要做到与政府政策的亦步亦趋,以保证永远的"政治正确"。受到复杂政治因素影响的广州,没能因经济和商业的发达而追随上海广播的发展路径,反而"参照南京模式"建立起政治引导广播发展的典型模式。

三、政商合力推动下的津京(平)发展路径

上海广播由商业推动,南京和广州的广播发展则充满了政治主导的意味。这形成了近代中国广播发展的两条路径。而在这两条看似泾渭分明的路线之间,也存在着相互补充的可能。笔者认为,近代天津和北京(北平)广播的发展,就是介乎于商业推动和政治主导二者之间的一种路径。由于天津广播在本时期的发展前文已经叙述,因此在这里我们主要探讨与天津类似的北京(北平)广播事业发展模式,借此举一反三。

北京的第一座广播电台诞生于1927年9月,与天津一样均属东北无线电监督处出资兴建,受到《无线电广播条例》《装设规则》和《运销规则》等条款的管理。最初每天播出七小时,主要节目为唱片、戏曲、音乐等,新闻只占20分钟。[1] 与民国南京政府对于广播电台性质和内容的严格管控不同,民国北京政府时期对广播电台的管理尚处于摸索阶段,甚至一度还无法分清广播电台与无线电台的区别,[2]因此对广播电台的管控更多的是集中在电台的架设和设备的使用上。

伴随着张学良东北易帜,民国南京政府在形式上实现了全国的统一,随后北京也改名为北平,而广播电台则迎来了隶属关系和名称频繁变更的一段复杂混乱时期。在民国南京政府初期,北平先后经历了直属国民

① 宋鹤琴.解放前的北京广播事业[J].现代传播,1984(02):110.
② 赵玉明主编.日本侵华广播史料选编[M].北京:中国广播影视出版社,2015:11.

政府行政院的特别市时期、作为河北省省会的省辖市时期、沦陷成为伪中华民国临时政府时期以及抗战胜利后重新更名北平的几个时期。伴随着政局的动荡变迁,仅在 1928—1932 年期间,北平广播事业就先后多次改换管控机构。北平电话局、太原无线电信管理处、东北边防司令长官公署和交通部等多个部门曾分别进行管理。管理机构的混乱多变使得本时期政府对北平广播事业的管控较之南京及广州等地相对宽松,虽也曾出现诸如 1936 年 12 月电台因娱乐节目时长超标而受到指责的情况,但总体上表现为不温不火。而以燕声广播电台、亚北广播电台和育英广播电台、潞河广播电台为代表的民营广播电台在大量播放娱乐节目及宗教节目外也并无太多过人之处。在此期间,北平还曾作为河北省省会兴建过河北广播电台,但该台仅存在了 7 个月便因民国南京政府筹建西安台而停办。筹建西安台的原因,则是国民党为了应对红军长征胜利到达陕北后进行反共宣传。[①]

抗战胜利后,民国南京政府对日伪时期的北京中央广播电台进行了接管,改称北平广播电台。在国民党对广播事业进行统制管控,进而将其作为独裁宣传工具的背景下,本时期北平党营广播事业于电台经营发展本身无心建树,却积极利用其为发动内战制造舆论。[②] 与天津类似,抗战胜利后北平民营电台再次兴起。但与沦陷前那些真正以营利为目的的民营电台不同,此时的所谓民营电台也如同一时期天津的各家民营电台一样,除了华声电台之外其余六家均与国民党军政各界有着千丝万缕的联系。

从近代北京(北平)广播事业发展演变的历程可以看出,其与天津广播事业发展状况较为类似,且基本处于同样的管控模式之下,经历了相近的演变过程。北京(北平)和天津广播事业在近代的发展路径,既受到了政府管控和政局动荡等政治因素的主导,也曾因为政治因素的暂时缺位

---

①　宋鹤琴.解放前的北京广播事业[J].现代传播,1984(02):110.

②　宋鹤琴.解放前的北京广播事业[J].现代传播,1984(02):113.

或远离政治中心而使得商业因素成为主导进而得到商业因素的推动。同时在商业和政治二者之间，还存在着一条商业妥协于政治的暗线，每每当二者交叉进而发生冲突时这条暗线就会显现并提示我们，京津广播事业的发展是一种戴着镣铐跳舞的态势。

在与上海、南京、广州以及北京(北平)等几个城市的对比和类比中，我们看到了近代广播电台发展演进的三条主要路径，也在横向上为天津广播的发展进行了定位。可以说，近代天津广播事业虽不及上海那样花团锦簇兴隆繁盛，却也不像南京和广州一般政治至上形如工具。在有限的自由中实现政治、经济、文化等各方面利益的基本协调，天津广播事业的发展诚可谓特点鲜明，不拘一格。

第二节　天津广播成为近代区域广播运营代表

任何一个城市,一个地区广播发展的特点,归根结底都要融入近代我国广播事业发展演变的大格局之中。无论是商业路径还是政治路径,它们都是 26 年近代广播发展进程中的一种模式。在横向上,天津这种介于商业路径和政治路径之间的发展道路展现了自身因政治、经济、社会、地理位置等因素而形成的独特性。而在纵向上,天津广播又像极了近代广播事业发展的微缩影像,进而通过在城市特色与复杂管控中因地制宜的运营模式而成为近代区域广播运营的突出代表。

暂不论及在中国共产党领导下的人民广播事业。从 1911 到 1949 这整段民国历史进程中,我国官办及民营广播事业的发展虽然历时近 30 年,但却可以鲜明地分为四个主题不同、特点各异的时期。即第一,早期广播的出现和初步普及时期;第二,"黄金十年"间广播的高速发展时期;第三,日寇侵华中的停滞和挣扎时期;第四,抗战胜利后的旋兴旋灭并最终新生时期。

在近代广播事业诞生发展直至获得新生的 26 年间,很少能有一个城市像天津一样完整参与其中,并在每个历史阶段都留下自己的烙印。作为近代中国第二个引入广播的城市,天津广播在上文所述的每一个历史阶段中都留下过重要的印记。在第一个时期,天津是全国第二个建立外商电台的城市,同时也是全国最早几个开设官办电台的城市之一;在第二个时期,天津成为继上海之后我国广播电台最为发达的城市,本时期天津还诞生了我国近代第一份广播类日报《广播日报》,实现了广播专业类报纸的每日发行,较之当时中广处设立的《广播周报》其进步意义和时效性更加凸显;第三个时期,天津广播在日伪掌控中万马齐喑,伪华北广播协会在京津等多地的专治统制全面暴露了日伪当局对沦陷区广播事业的戕害和奴化;在第四个时期,国民政府广播统制让天津广播沦为独裁内战的工具,天津的广播电台在畸形发展中最终走向衰落。

即使是开创我国近代无线电广播发展先河的上海,其广播事业也未曾如天津广播这样经历了近代史上几乎每一个政权更迭。在民国北京政府后期,由于奉系军阀鞭长莫及,其势力范围仅控制东北及华北地区,因而东北无线电监督处对无线电广播的管控仅涉及天津,而上海等南方地区则在交通部的名义管辖下保持了相对的独立,加之租界当局对广播电台管控的高度介入,这都成为上海数家外商电台得以较长期经营的原因。

作为近代广播事业发展的缩影,天津广播凝聚了 26 年间我国广播发展的曲折和艰辛。当我们通过横向以及纵向的比较和嵌入而将其在近代广播发展的历史坐标系中最终定位后便可以看到,天津不仅仅是我国广播事业起步较早、发展较为成熟的城市之一,她对于近代广播发展的贡献和价值远远不仅于此。在有限的活动边界内以灵活的应对和融通南北海纳中外的包容姿态实现自身发展成长,这使得近代天津广播在发展中处处体现着天津这座城市九河下梢、包容汇通的特点,成为当时区域广播发展运营的典范。

一、开放创新融通中外南北

一座城市的文化的形成,总与这座城市的历史发展和地理空间有着千丝万缕的联系。从历史发展上看,天津建城时间较短只有 600 余年,而其真正登上中国历史舞台的中心更是始自清末。在第二次鸦片战争的炮火中天津被迫开埠,成为近代以来我国最早被开辟为通商口岸的城市之一。从地理空间上看,贯穿城市的海河和比邻而生的渤海亦为天津文化的孕育和发展提供了养分。① 九河下梢濒临大海的独特位置形成了天津独特的"水文化",催生了城市文化的开放性、包容性和多元性。② 因此,无论是被迫开埠造成的客观开放还是九河下梢铸就的主动开放,在天津这个五方杂处的城市中"开放包容"成为城市文化独特的灵魂。

媒介是文化的载体,也是展现文化的平台。开放包容的天津文化通过媒介形塑为外人所知,而在形塑文化的过程中天津的媒介也受到了地方文化的反作用,其本身也越来越多地呈现出开放包容和汇聚创新的特质。近代天津大大小小性质不同的广播电台就是最能够展现这种文化特质的近代媒介。

(一)节目设置上融会贯通

从义昌洋行广播电台开始,近代天津的众多广播电台在节目设置上就一直将融通中外、连接南北作为基本准则。如果说义昌洋行广播电台对日语节目和音乐节目的播出是出于其外商电台的特殊性质和早期并不成体系的播音节目设置,那么其后诞生的天津广播无线电台作为国人在天津市自办电台的滥觞,则从建台伊始便将开放包容的理念贯穿于日常节目的设置之中。

在天津广播无线电台开播后所设置的常规节目中,有来自江南地区的特色曲艺节目"苏州滩簧",简称"苏滩",是一种在上海、江苏等地较受欢迎的曲艺形式。此外,电台曾利用京津之间以及津沈之间的长途电话

① 章用秀.天津文化及其思想精华[J].天津行政学院学报,2004(04):66.
② 李喜所.关于天津文化主脉的思考[N].天津日报,2004-2-16(2).

线路进行节目的转播,当时天津广播无线电台在日常播出的节目中有"北京日戏"固定节目,专门用来放送北京戏院中的戏曲节目和饭店舞池中的舞蹈音乐等节目。作为近代天津的第一家国人自办广播电台,民国北京政府时期的天津广播无线电台对于江南曲艺和西方音乐的播出,体现了电台在日常节目设置中的不拘一格,同时利用固定播出时间转播北京台和沈阳台的节目也表明其并未在日常播出中显现出过多的排他性。

天津广播无线电台的节目设置汇聚南北中西,这也成为了此后各家电台在节目设置中的一个规律,无论是民国南京政府时期"开华北民营电台先河"的中国无线电业公司广播电台,还是在 30 年代中期先后出现的一大批民营电台,在它们的日常节目中,都可以听到诸如西乐唱片、器乐演奏和话剧新戏等源于西方的节目类型;同时也能够听到如奉天大鼓、河南坠子、北平戏剧、广东音乐等融合了南北特色的表演形式。1935 年 9 月,中华电台还曾应天津听户的意见试播具有沪宁特色的苏滩节目。①

对比同是 20 世纪 30 年代发展迅猛的上海各大民营广播电台,在节目设置上的区别则可以一目了然。虽然同为中西文化对冲之地,日常播出节目也都以戏曲和流行音乐等为主,但较之天津的五方杂处和南北并包,上海诸多电台在节目设置中则主要凸显其地区性和国际性。根据教育家俞子夷先生对 1934 年 4 月 5 日上海市各电台节目构成的分析统计可以看出,在这一天各家电台播放的各类节目中,弹词是播放量最高的,其次是申曲、歌唱和评话。② 弹词是一种流行于我国南方包括江苏、贵州、湖南等多地的说唱文学形式,其中最著名的莫过于流行于长三角地区的苏州弹词;申曲即是沪剧的前身,是一种流行于上海、江苏及浙江等地的戏曲剧种;评话则是一种用南方方言来说表的古老曲艺形式,以南京评话和扬州评话最为知名。上海各家电台之中,播放量最高的四类节目均是具有典型区域特色的戏曲和曲艺节目以及西方节目。而在全体 28 家

---

① 电台消息[N].广播日报,1935-9-23(1).
② 俞子夷.谈广播节目[J].中国无线电,1934(09):384.

电台当天节目的统计中,评剧和京胡等北方曲艺形式则因播出次数太少而未被列入具体的统计之中。

从上海民营电台的节目设置可以看出,正如上文所说上海和天津的民营广播电台虽然都以休闲性节目为主要形式并讲求融通,但上海各电台之节目融通是建立在以本地特色为主基础上的中外融通;而天津的各家电台则实实在在地做到了既融通中外,又融通南北。

(二)经营管理上择善而从

近代天津广播发展的开放包容不仅表现在节目设置上,电台内部的经营管理也无时无处不彰显着作为后来者的天津各家广播电台向当时国内先进电台学习的诚恳和热情。

在 20 世纪 30 年代中期天津广播电台竞争最为激烈的时期,为了提升电台节目质量和管理水平,中华电台经理龚雪甫曾先后前往北平和上海观看节目,学习取经。一方面,他在北平"约聘富有兴趣之游艺节目,来津在该台放送,借以唤起听众之注意"①。经过他的考察挑选,包括女鼓王林红玉、奉天调鼓姬朱玺珍等知名艺人被约聘到中华电台演出;另一方面,龚氏又借助在上海中华无线电研究社办理业务之机,在上海考察广播电台发展。他参照沪上电台设置对中华台内部进行整顿,为商户宾客增设阅报桌;为工作人员开设运动室。② 经过其一系列改革后该台营业之发达"为全市各电台之冠"③。甚至"广告商家数达一百二十之多,打破全国各电台收入之纪录"④。

电台发展,和则共赢,分易招损。近代上海作为我国广播事业发展最

① 电台消息[N].广播日报,1935-9-6(3).
② 电台消息[N].广播日报,1935-9-29(3).
③ 新闻[N].广播日报,1935-9-23(1).
④ 白人.津市四电台从业员的个性[N].广播日报,1936-1-22(专刊).

为兴盛的地区,曾于抗战前后先后成立广播电台行业组织,管理电台各项事务,协调行业内部发展。1934 年 11 月 11 日,上海市无线电播音业同业公会成立,其目的在于"联络感情,沟通信息,解决电台互相间的问题"①。抗战胜利后的 1946 年 10 月 11 日,上海 40 多家未获合法播出资质的民营电台联合成立了"上海市民营广播电台商业同业公会"旨在维护民营电台利益,降低会员电台所面临的市场风险。②

在众多电台之间成立行业性的合作组织来规范和约束竞争,促进行业健康良性发展的模式也被天津众多广播电台所借鉴学习。如中华电台经理龚雪甫就曾因不满于当时天津各家电台相互竞争的乱象而提出建议希望各家电台"开诚布公的联合起来,筹划永固的政策"③。抗战胜利后,天津各家民营电台参照上海市民营广播电台商业同业公会的设置模式,也于 1947 年初建立了"天津市民营电台联营社"并制定了具体章程。④一年后天津各家党营和私营电台认识到"在一个城市中往往不止一个广播电台,倘若不能统一步骤,仍然各自为政,那么依然不会有什么效果,必须联合一致互相配合才能收效"⑤。在统一认识的基础上,他们开设起"广播从业人员联谊会",并联合制作了具有开创意义的"天津之声"节目。

(三)官商电台间合作创新

在近代天津广播事业的发展历程中,各色特点鲜明的民营电台成为近代天津广播发展进程中的明星,而主要播出于 20 世纪 20 年代末到 30 年代初以及抗战胜利后到天津解放前夕的官办电台则在一定程度上起到

① 艾红红. 中国民营广播史[M]. 新北:花木兰文化出版社,2016:70.
② 艾红红. 中国民营广播史[M]. 新北:花木兰文化出版社,2016:182.
③ 龚雪甫. 我不能再沉默了[N]. 广播日报,1936-1-23(专刊).
④ 北京市档案馆档案[Z]. J070-002-00586.
⑤ 林学奇. 南市沧桑[M]. 天津:天津古籍出版社,2014:583—584.

了普及广播和宣传教化的作用。从性质上,官办电台和民营电台泾渭分明;在作用上,官办电台强调宣传教化,而民营电台则倾向于娱乐消闲。正像天津首家官办电台天津广播无线电台曾要求天津社会局制止民营中国无线电业公司广播电台播出一样,像这样从性质到作用完全不同的两种电台形式,似乎从其诞生之日起就只存在着竞争关系。对比同时期全国各大城市广播事业发展,官民电台之间互相竞争,官办电台借助政府压制民营电台的事例比比皆是。

官办电台和民营电台往往势同水火。但正是在这样一种看似不可能的情况下,地处天津的官商电台却在 1948 年迈出了合作发展的尝试性步伐。当年 5 月,由中广处天津广播电台和当时天津各家民营电台联合建立的"广播从业员联谊会"成立。同月在联谊会的协调下官商电台尝试了第一次合作特别节目的播出。① 特别节目的播出"不仅在天津是一种空前的创举,即便在全国各大都市也极少前例"②。在初次合作顺利的基础上,天津各家官商电台开始思考进一步加强日常合作的可能性,而联合节目"天津之声"的出现,就是孕育在这样一个背景之中。

在设立这一联合节目的过程中,天津各家官商电台充分考虑到了广播之于所在城市的重要功能和意义。"现在几乎成了这样一种情形,广播电台提倡什么,社会上就流行什么……广播节目确有转移风气的功能。"③同时,他们也认识到了电台之间恶性的相互竞争会给听户和社会造成严重的负面影响。"虽然甲电台广播高尚娱乐,或比较庄严的讲述节目,而乙电台却同时播送低级的娱乐节目,自然足以影响甲电台的效力,因为人类习性易于流下,而艰于争上,自然乙电台节目的听众会多于甲电台。"④"如果某一城市有电台数家,而各自为政,还谈什么发挥广播

---

① 1948 年 5 月 20 日天津各电台举行"庆祝中华民国总统副总统就职典礼特别节目"。

② 且说天津之声[J].广播之友,1948(7):1.

③ 且说天津之声[J].广播之友,1948(7):2.

④ 且说天津之声[J].广播之友,1948(7):2.

节目的功能呢？徒供人低级娱乐而已，如此则只有加速社会的糜烂了！"①可以说，天津之声就是在这样的考量下设立的。其创立目的非常明确，即"加强宣传工作……辅助社会教育，领导改良社会风气，提高人类同情心，提倡高尚娱乐，以及服务社会等"②。

作为一档由官商电台合作创设的节目，"天津之声"在节目设置上没有可以效仿的对象，但同时其也在最大限度上力争出新出彩，正如其设置时所期待的那样"虽然有无上的庄严和肃穆，但是从编排节目的原则上来说绝不应当忽视了听众的兴趣问题，也不能采用说教式的硬性灌输节目"，因此该节目"采用一些最生动、最有趣、最活泼的内容，配以旋律最轻松，曲调最美妙的音乐来充实它，同时也在很短的几分钟之内，告诉给听众们一些必须知道的新闻和地方政府的行政措施以及一切政令"③。在这种雅俗共赏、寓教于乐编排方针的指导下，天津之声的节目主要设置了本市重要新闻（5 分钟）、音乐欣赏节目（15 分钟）以及集锦节目（10 分钟）。在三种常规节目中，轮流播出的集锦节目是最具创新特色的，也最能够体现官商合办节目的兼容互补。

集锦节目由中广处天津广播电台和各民营电台轮流承担。主要节目形式包括了 7 种，即：由名流学者或地方首长担任的专题演讲；聘请专家谈论当前需要或群众关注事件的小型座谈会；就其所长访问社会闻人或社团法人以及就社会当前发生的重大事件访问有关人士机构，"探寻它的真相或始末因果"④；介绍各地奇风异俗、生活习惯的各地风土介绍；报道现代最新科学上的发明，来提倡社会重视科学作用的科学新知；用对话或叙述或质疑等方式播出，期望听众对重要时事得一正确概念和了解的时事观察；供给地方当局，向天津本市和外埠宣传天津重要设施以及一切

---

① 且说天津之声[J].广播之友,1948(7):2.
② 且说天津之声[J].广播之友,1948(7):2.
③ 且说天津之声[J].广播之友,1948(7):2.
④ 且说天津之声[J].广播之友,1948(7):2.

建设工作或地方机关政令的重要施政报告。

当时的"天津之声"节目被安排在天津广播电台第一、二、三、四台每日 20∶30—21∶00 播出，虽然从开播到停播仅仅经过了半年左右的时间，但其在节目设置等方面的探索在当时显现出了鲜明的特点，用创办者的话来说："举办这个联播节目，是一种大胆的尝试，在全国各地说起来，也是一种创举。"[①]可以说，以"天津之声"节目为代表，天津的官商电台在节目设置和其背后的经营互通上体现出了交融互通；而以其中"访问记"为代表的广播访谈类自办新闻节目的出现，可以说是近代天津各类广播电台自办新闻类节目的典范和最高峰。在当时全国各地党营电台清一色转播南京中央台节目，而商业电台更重娱乐消闲节目播出的情况下，自办新闻类节目在天津的出现，毫无疑问是天津广播事业为近代广播创新发展的一个突出贡献。

节目设置的创新多样和经营管理上的多措并举都彰显了近代天津广播包容和开放的特性。如果说同时期上海广播是融通中外，南京和广州的广播是融通政治的话，那么天津广播较之这些城市则更有南北并包，兼容中外的特点。这也反衬了天津九河下梢、五方杂处的城市文化精髓，成为近代天津广播的独特性质之一。

二、多头管控激发灵活应对

近代广播事业管理的一个突出特点就是令出多门，朝令夕改。从全国范围来看，民国北京政府时期掌管无线电广播事业的相关部门就有交通部和受奉系势力把持控制的东北无线电监督处，而在京津地区，还有隶属于东北无线电监督处的广播无线电办事处。[②]进入民国南京政府执政

① 且说天津之声[J].广播之友,1948(7):3.
② 赵玉明主编.中国广播电视通史[M].北京:中国广播影视出版社,2014:15.

时期后,全国性无线电广播管制机构的设置则更加重叠。1927 年 5 月,刚刚成立的民国南京政府交通部就在上海建立了电政总局统领全国电话电报及无线电事业。但一年后的 1928 年民国南京政府又设立了隶属于建设委员会的无线电管理处,并以此为中枢"管辖中国境内及国际间包括广播电台在内的全部无线电事业"[①]。两个部门各设条例,相互牵制且互相掣肘,本是为了促进广播事业更快发展而设立的机构,却因为管辖和职责等方面的冲突而成为制约广播电台设立和广播事业发展的直接障碍。虽然经过会议协调,1929 年交通部最终重新获得了对无线电的管辖权利,但管理资质的混乱和随后导致的令出多门和相互钳制却为此后无论中央抑或地方广播事业管制方面的混乱埋下了隐患。在此后,民国南京政府又相继建立了中央广播事业管理处、中央广播事业指导委员会等机构,使得中央政府对广播事业的管控越来越复杂,千头万绪难以捉摸。

（一）管控混乱导致事倍功半

无线电广播管控的混乱在天津显现得尤为明显。天津广播事业的发展曾多次因为管控部门的更迭和千头万绪而受到影响。例如天津广播无线电台在 1928 年被接收的过程中,就曾因政局的反复而导致管控部门数次易主,最终虽完成接收并继续播音,但却因交通部的一纸政令最终关停。同样的情况也出现在抗战胜利后对伪天津广播电台和伪天津广播电台特殊电台的接收过程中。整个接收过程历时一年多,其间包括所谓"华北先遣军"、美军、中广处等先后都曾对电台进行管理,而原本已被任命的天津广播电台台长人选也被调往北平。此外,官办电台的设置也较为复杂。以 1948 年前后拟设立的天津教育广播电台为例,这座隶属于天津市政府教育局的电台在拟建的过程中先后致函天津电信局、天津市政

---

① 艾红红. 中国民营广播史［M］. 新北:花木兰文化出版社,2016:38.

府、民国南京政府教育部以及民国南京政府交通部,其间各种公函、签呈及训令辗转反复,但该电台终究仍未能成功开办。

官办电台管控混乱至此,民营电台管控混乱程度则更甚。根据 1932 年交通部国际电信局出台的《民营广播电台暂行取缔规则》,如当时的其他沿海发达城市一样,天津的众多民营电台开始跃跃欲试,逐步兴起。根据规则规定,民营电台的设立需要由交通部许可后才得装设,但在实际运营的过程中却并非如此简单。虽然民营电台的最终设置权掌握在交通部手中,但是其日常的运营和监管等问题其实更为复杂,甚至可以说是千头万绪。

根据现存于天津档案馆的天津华声电台《关于电台备案致市政府的呈》等相关档案信息显示,民营电台的设置需要层层递送且缺一不可。该呈报中显示,该台在筹设过程中,"先后呈请国民政府北平行辕、国民政府交通部以及天津警备司令部备案"①。一家民营电台经过筹备且通过备案审批后,日常对其进行管控的机构也是五花八门。在 1947 年 1 月 16 日天津市政府《关于民营广播电台管理要则的提案》中可以看到民营广播电台的日常管控上有这样的规定:"电台于取得交通部执照后方准登记,其播音内容由社会局负责检查,如有违反规则(《广播无线电台设置规则》)则必须予以取缔,呈时得由本府令饬警察局负责执行。"②值得一提的是该提案中为了增加天津当时民营电台数量的第三条未被通过,但对于民营电台的日常管控方法则是根据业已形成的方式制定的。因此从该提案中可以看到,本时期中天津民营电台从筹设到经营的全过程中,需要向交通部、国民政府北平行辕、天津警备司令部、天津市政府等多部门备案;而在开始运营后则要受到交通部天津电信局、天津市社会局的日常管辖,如出现问题须予以取缔,则还要触及天津市政府以及天津市警察局等多个单位。由此可见民营电台的生存空间非常狭窄,在日常经营中

---

① 天津市档案馆档案[Z].401206800-J0002-000583-011.
② 天津市档案馆档案[Z].401206800-J0002-000583-020-00073.

需要应对的问题更是千变万化。

(二)社会局掌控民营台命运

根据现存于天津档案馆的部分民国时期天津广播电台档案文件显示,在近代,特别是 20 世纪 30 年代后天津社会局在天津民营电台的设置和管理中发挥了非同一般的重要作用。就目前可知的部分档案资料来看,涉及天津市社会局的相关文件包括《关于拟具民营电台取缔办法及开业情形致杜市长的呈》《关于报未领执照电台情况致杜市长的呈》《为举办义演准予备案等事致天津中国广播电台批》《天津华声电台四月份讲座表》等。就此看来,社会局对民营广播电台的日常管理涉及方方面面。

在 1928 年 6 月 20 日民国南京政府出台公布的《特别市组织法》中规定,特别市市政府下设财政局、土地局、社会局、工务局、公安局、卫生局、教育局。① 其中社会局的职责为"市农工商业之调查统计奖励取缔事项;市劳动行政事项;市公益慈善事项"②。此后,社会局的职责在多次修订的《市组织法》中又有一定变更,如 1936 年天津市教育局曾一度并入天津市社会局"设科办理"。

具体到天津社会局而言,该局成立于 1928 年,为天津市政府直属机关。在近 21 年的时间中先后经历了民国北京政府、民国南京政府、日伪统治和民国南京政府重新执政等四个历史时期。天津社会局的主要职能是"管理全市社会福利、社团与工商登记、地方自治、劳工、农业经济,及文化事业等事项"③。根据 1945 年 10 月天津市社会局的科室划分可知,

---

① 国民政府司法院参事处编.国民政府司法例规[Z].南京:国民政府司法院参事处 1930:334.
② 国民政府司法院参事处编.国民政府司法例规[Z].南京:国民政府司法院参事处 1930:338.
③ 天津市档案馆.天津市档案馆指南[M].北京:中国档案出版社,1996:60.

当时社会局共设立4室7科。4室为秘书室、人事室、会计室、合作室;7科为地方自治科、工商管理科、团体组训科、劳工行政科、社会福利科、文化事业科、总务科。其中工商管理科职掌私营工商业、银行、银号、商标登记、度量衡管理等事项;而文化事业科则职掌出版登记及文化娱乐方面的事项。① 民营广播电台作为一种传播文化的私营工商业实体,按照规定其登记及日常管理等都须由社会局负责。同时,我们也可以根据天津市档案馆有关社会局的馆藏档案情况进一步确定二者之间的管控关系。在馆藏有关天津市社会局档案中包括天津市文化、新闻等管理规程;报纸、杂志、电影管理办法;报馆、戏剧、电影等行业公司申请登记文件及其解散、迁址、停业、复业、改组、更名、开设分号等文件。

在上海民营电台管控过程中,租界发挥了重大作用。特别是在上海沦陷前后,建于租界内的20多家民营电台曾联名请愿,寻求租界当局的保护,租界当局也出台多项政令对建设于租界内的民营电台进行管理。与上海民营电台管控中租界当局的突出地位不同,天津虽有全国最多的"九国租界",但现有史料表明在津各国租界并未过多参与民营电台的日常管控之中,虽然20世纪30年代天津多家民营电台开设于租界之中,但对其进行日常管理的均是隶属于天津特别市政府的天津社会局。即便是天津沦陷后,身处租界的民营电台面对日寇袭扰,也只能向当时伪天津市治安维持会恳求"予以保护,并准予迁移,以便复台广播"②。抗战胜利后,社会局更是全权掌控了民营电台的日常管控,可以说是将这些电台的生死牢牢握在了自己手中。从《关于民营广播电台管理要则的提案》中可以看到:"电台播音内容由社会局负责检查,如有违反规则则必须予以取缔,呈时得由本府令饬警察局负责执行。"③

综上所述,近代天津广播电台无论在开设还是运营过程中,均面临令

① 天津市档案馆. 天津市档案馆指南[M]. 北京:中国档案出版社,1996:60.

② 林学奇. 南市沧桑[M]. 天津:天津古籍出版社,2014:585.

③ 天津市档案馆档案[Z]. 401206800-J0002-000583-020-00073.

出多门、多头管理的混乱局面。这种多头管理的模式表面上看是为了各司其职,更好地对广播事业进行管控,可实际上却往往导致互相掣肘和各部门间的相互倾轧,电台一方面要执行交通部政令,同时又要执行各地方行政部门出台的临时性规定和办法,往往焦头烂额,顾此失彼。

(三)电台合作应对"扶官限民"

虽然以《民营广播电台暂行取缔规则》为代表的一些法律条文都对民间开设电台做了积极的规定,但近代广播电台在发展上呈现出"官进民退"的现象却也是不争的事实。特别是在抗战胜利后,官办电台的独大和民营电台的苟活呈现出鲜明对比。

造成这种现象的原因众多,但为官办电台塑身型为民营电台扎篱笆的各项愈发严苛的政策法规和令出多门的多头管控无疑是最大的直接诱因。值得庆幸的是,天津广播并未像广州一般因政府监控的严苛死板和冗繁的管制政策而一蹶不振。相反,面对复杂且严苛的管控,以各家民营电台为代表的天津广播电台展现出了灵活协调的应对措施,不仅很好完成了各级政府的政令要求,同时也实现了自身的稳定发展。

这种灵活应对的情况,主要体现在 20 世纪 30 年代中期蓬勃发展的四大电台之中。1936 年 4 月 19 日,天津市各家民营电台收到国民党中央广播电台命令,要求从 20 日起每晚 8:00—9:05(星期日除外)一律转播中央台节目。如无转播设备则在此时间段暂行停播,以杜分歧。这被认为是我国广播电台全国联播制度的开始。[①] 联播制度的展开虽然在推广国语、增强国民党政权在各地区的辐射和影响力等方面有着积极的作用,但却也客观上造成了对民营广播事业发展极不公平的市场环境和竞争格局。[②]

---

① 艾红红.中国民营广播史[M].新北:花木兰文化出版社,2016:52.
② 艾红红.中国民营广播史[M].新北:花木兰文化出版社,2016:52.

联播政令一出,天津的四大民营电台全部暂停了原定于该时段播出的节目而同时对中央台节目进行转播,且"成绩均好"。而听户也"因身在津地,听到南京莫不感觉别有趣味"①而暂时未曾体会广播市场的这种变化。但久而久之,这种转播的弊病开始显现,作为黄金时间的晚八点至九点是听户饭后相对集中收听广播的时间,而此时间段内四台全部转播中央台节目不仅浪费了有限的频率资源,长此以往也会造成听户权益的受损。出于对上述因素的考量,四家电台在一个月后的5月26日发布了转播中央台节目的变通协议。该协议规定"于三全'不违命令''听户利益''电台本身'方策之下,决定由本周起各电台轮流担任一周(由星期一至星期六),旋又规定自当月27日至30日每晚由中华转播,下月一日至六日由仁昌转播,八日至十三日,由青年会转播,15日至20日由东方转播,以后即按此次序轮流担任。"②四台商议,在一台转播中央台节目之时,其他三台暂停播出并根据要求进行休息。

面对严苛的政令,虽然四大电台的应对并未能从根本上扭转官办广播对民营广播的不公平竞争态势,但该措施的施行还是在"不违命令""听户利益"和"电台本身"三者之间找到了一个难得的平衡点:一方面政令得以实施,另一方面电台也可借暂停播出时间进行调整。此后,仁昌电台还因"能按时转播,黾勉从公,中央宣传效能借以扩大"③而获得了中广处的嘉奖。

在应对复杂市场环境和政令变更之时,天津无论规模性质各家广播电台均保持了这种相对灵活的应对态度,1947年3月,当时五家获得播出资质的民营电台曾组织"天津民营电台联营社"用以统一广告价格和艺人费用,以便稳定市场秩序,防止无序竞争。1948年4月,天津市党营民营电台座谈会开始定期召开,官办电台和民营电台之间形成了顺畅稳

① 电台消息[N].广播日报,1936-4-21(1).
② 四电台昨为转播中央协议变通方法[N].广播日报,1936-5-26(1).
③ 电台消息[N].广播日报,1936-12-8(2).

定的沟通机制,在会议中二者达成协议举办联播节目并共享节目资源,实现了双向互利。①

可以说,近代天津广播所蕴含的开放包容之特点和其面对复杂管制时展现的灵活处置是同时期很多城市难以比拟的,这也成为近代天津广播发展进程中的突出特点,进而促使其长期活跃于天津社会近代化的舞台中央,甚至在近代天津许多重要事件背后,都能够看到它的影子。1935年11月3日发生之轰动津门的孙传芳遇刺案背后就有广播电台的影子。替父报仇的施剑翘正是先在仁昌电台的佛教讲座节目中听到了孙氏的声音并来到电台门前"果见孙之汽车停住"②,才有了这后来的林林总总……

无论是在当时还是在今天,广播事业所面临的生存和发展挑战均复杂多变。放眼今日,在媒体融合的浪潮推动下,广播甚至已经面临着不改革即失去市场、丧失生机的更严苛环境,从这个意义上来说,几十年前在错综复杂环境中实现自身发展的天津广播事业,确实能给予今天媒介变局中的新广播以一定的启示和指引。但最重要的是广播作为推动民众素质提升、传播有价值信息的新闻媒介,其贡献于社会、贡献于受众的设立初衷是无论何时都应保持和坚守的。

---

① 天津地方志编修委员会办公室,天津市广播电视电影局,天津广播电视电影集团编著.天津通志·广播电视电影志 1924—2003[M].天津:天津社会科学院出版社,2004:87.

② 施剑翘谈报仇经过[N].大公报,1935-11-15(4).

第三节 近代天津广播的局限与不足

前文已述,天津的无线电广播在短短 20 多年的时间内经历了快速发展,成为我国区域广播发展的典型代表,并且在此基础上建构了一条有别于上海和南京的广播事业发展路径。但在这些成绩之外,我们也应看到较之同一时期广播事业更加发达的上海以及南京来说,天津广播无论在发展道路上还是影响规模上还都存在着不小的差距,具体来说这种差距主要体现在以下几个方面。

一、官办民营广播结构失衡

近代天津无线电广播事业在 24 年的发展历程中经历了数个发展阶段,其间官办电台与民营电台从竞争逐渐走向合作,共同推动着天津无线电广播事业的发展。但不可忽视的一点是,在四个发展阶段之中,天津的官办广播在其中两个阶段处于缺位状态。抛开天津沦陷时期的特殊因素不谈,在 20 世纪 30 年代中前期的广播高速发展阶段,天津广播事业主要由蓬勃发展的民营电台所带动。无独有偶,在 1945 年到 1949 年的这段时间中天津广播事业则主要由官办电台带动,而民营台则处于失语位置。

20 世纪 20 年代后期至 30 年代中期,由于民国南京政府在形式上达成了全国的统一加之国际形势较为稳定,经济社会文化等各领域的发展为无线电广播创造了良好的进步空间。但由于天津的第一座官办电台为奉系军阀所代表的民国北京政府所建,因此当政权更迭后天津广播无线电台的位置和作用也产生了相应变化。1928年后在南京政府交通部的统一安排下,天津广播无线电台在民用播音之外承担起了军用中波通讯的作用,并最终于1933年10月20日奉交通部命令放弃了民用播音的功能,转为海岸电台。

虽然天津广播无线电台从1927年创立到1933年改制共经历了6年时间,但实际上从1928年后该电台就长期处于一种艰难维持、时断时续的播出状态之下。在这样的情况下,天津广播无线电台作为当时天津唯一一家官办电台完全无法承担起推动无线电广播发展的责任。而当其正式退出历史舞台后,民营电台便承担起了这一责任,成为20世纪30年代中前期天津广播发展的唯一助推力量。

虽然在此期间,以仁昌电台、中华电台、青年会电台和东方电台为代表的民营电台通过各种形式节目的呈现和各具特色的内容定位让天津广播事业实现了长足的发展和进步,但仅仅由民营电台助推的无线电广播还是像仅靠一条腿走路一样,在发展中遇到了各种问题。其中最直接的就是民营电台以商业娱乐为主的创办目的和节目设置使无线电广播在新闻宣传和教育教化方面难以避免地出现了缺失。

1945年抗战胜利后,随着民国南京政府的重新执政,天津的无线电广播事业重新起步。而在此之后到1949年1月天津解放的这段时间中,天津的无线电广播事业又出现了党营电台畸形扩张,而民营电台只有背靠国民党各派系才能勉强生存的局面。这种与十年前完全倒置的局面使得天津无线电广播的发展又陷入了由官办电台主导、民营电台基本上完全失去活力和动力的另一个怪圈。

官办民营电台在不同时期的缺位直接导致了天津无线电广播事业在发展中结构失衡,妨碍了无线电广播事业在天津的进一步发展。

二、广播影响辐射范围有限

天津广播事业发展的第二个局限在于其影响力和辐射范围有限,只局限在北方甚至京津及河北等周边省市的范围内,没能像上海或南京那样形成全国性的影响力。

虽然早在天津广播无线电台播出时,就已经有远至美国和日本的听户来信表示能够清楚地接收到电台节目,但这种偶尔的收听并不意味着广播的有效辐射和充分影响。按照现有史料分析,天津无线电广播的影响范围有限,主要停留在以京津河北等周边地区的范围内。如河北唐山听户表示收音机全都放着仁昌电台的播音节目,北平的听户习惯于收听天津四大电台的节目等。《广播日报》曾经专门报道了河北省文安县胜芳镇商号集体收听仁昌电台节目的消息:

> 文安县胜芳镇商号五十余家,于每晚九时齐集商会,听仁昌电台放送庞守诚君报告杂粮行市。翌日籴粜即以报告为准,惟近数日庞君因事务繁忙,或路上耽搁,致到电台有时稍迟,该镇商会主席为此特于昨日函请仁昌电台,转请庞君,每晚准时报告,以便交易,语极恳切,庞君即语,此后决设法暗示报告。[①]

从该报道中可以看出,位于胜芳的五十余家商号收听天津仁昌电台的商业行情节目,其目的在于"以便交易"。这说明胜芳镇的商户与天津市之间具有紧密的商业联系,其日常生活是以无线电广播为媒介被吸附于天津之中的。

---

① 电台消息[N].广播日报,1936-1-8(2).

但除此之外，我们很少能够再看到当时全国其他地区对天津广播经验的介绍和节目的推广。相反，从 1925 年到 1949 年期间，天津广播事业的发展却无时无刻不在汲取着其他城市相关经验的营养。

天津广播无线电台在创立之初，便通过电话线路转播北京开明戏院戏曲、六国饭店舞蹈，同时还转播了沈阳电台的节目。而进入 20 世纪 30 年代后，中华电台曾派人先后前往北平和上海学习取经，一方面聘请艺人来津演出，另一方面参照其他电台先进经验对节目及业务进行改组。加之南京中央广播电台的节目由于各种政策的扶持和要求在天津广泛传播，到 1936 年 4 月建立了覆盖全市的联播制度……这种种措施和做法，使得上海、南京的广播电台对于天津的影响从无线电广播的行业范围扩展到听户范围，但却也在另一方面进一步压缩了天津广播的影响半径。这也是天津广播成为区域发展典范，而无法超越上海形成全国性影响的原因之一。

除上述两点之外，天津各家广播电台特别是民营电台在应对各种各样的法规政策时虽展现出了较为灵活、合作应对的特点，但较之上海，却也难免显得相对处置缓慢、处于被动。在上海，无论是沦陷前的上海市无线电播音业同业公会还是抗战胜利后的"上海市民营广播电台商业同业公会"，这些出于自发建立的行业组织成为上海众多电台合作应对各种政策法规和复杂局面的协调阵地，使得各电台能够灵活地做到处变不惊、趋利避害。而天津各家广播电台之中的合作应对机制建设则相对缓慢，因此也导致其面对多变政策法规时往往表现得力不从心，忙于招架。

天津广播发展的局限和不足，有广播电台自身造成的原因，同时也包含了许多涉及政治、经济乃至地理等多重因素的复杂原因。虽然较之上海等地天津的无线电广播发展仍有一定差距，但瑕不掩瑜，其对我国北方乃至全国广播事业发展的推动作用仍是独树一帜的。

结　语

　　无线电广播诞生于西方，在近代被迫开放的大背景下迅速传入中国，扎根于较早开放的众多沿海商埠城市之中并成为所在城市中充满吸引力的"新媒体"形式。谈及近代无线电广播发展较为成熟的城市，人们往往会提到上海，诚然以现有材料来看上海的无线电广播在全国范围内出现时间最早且电台数量最多，各类型电台发展水平最高。但较之上海，近代天津广播电台的发展虽在数量上难以对等、在诞生时间上略逊两年，但在发展水平上却足以称之为北方翘楚，进而与上海形成"南北并进"之势。

　　由于天津特殊的地理位置和经济地位，在中华民国短短 38 年的历史中这里经历了数次政权更迭，也遭遇了耻辱的沦陷殖民。无线电广播就如同这座城市多舛的命运一样，在历史的大变动、大转折下一波三折，起伏发展。早早起步、迅速发展、坠入深渊、短暂复苏、沦为工具……可以说天津的无线电广播发展经历了较之上海和其他城市有过之而无不及的转折和坎坷。但正是这样的坎坷和遭遇也给了天津广播以历练和磨砺，让其逐步走出了不同于上海、南京、广州的一条独特发展道路，并在因地制宜、突出地方特色的基础上成为近代区域广播运营，特别是北方广播运营的典范。这两点贡献地做出足以证明天津广播在近代广播事业发展上拥有属于自己的独特位置。

　　不同于报纸期刊等纸质媒体，无线电广播诉诸听觉借助电波的无门槛传播方式更便于实现大众传播,加之其"弘扬文化、辅助教育"的定位使得政府当局对其管控异常严格,并逐渐形成形塑党营电台、桎梏民营电台的管控模式。可即便是在这样严苛的管控下,无线电广播还是取得了夺目的发展成绩,特别是当其自觉成为天津近代化发展的助推因素后,其作用显现在了包括政治、文化以及工商业发展等城市近代化的方方面面。

虽然天津的无线电广播在近代发展迅速且取得了一定的成绩,但我们也应该看到其与上海等同时期广播事业发达的地区相比,还是有一定的差距。主要体现在:第一,广播事业发展不均衡,特别是无线电广播在天津实现快速发展的 20 世纪 30 年代中前期,官办广播曾在一段相当长的时间内处于缺位状态,使得天津广播呈现出民营台发展迅猛而官办广播停滞不前的不均衡状态;第二,广播辐射效应不明显,虽然在一些报刊史料中可以看到诸如北平、唐山等地听户收听天津广播的相关报道,但实际上近代天津无线电广播的影响较之南京、上海等地来说仍相对较小。天津广播发展过程中对上海等地的学习参考较多,而鲜见上海等地报刊对天津广播发展经验的总结。因此,近代天津无线电广播虽然在北方形成了一定的影响力,但却远远达不到影响辐射全国的标准。此外,天津各家广播电台虽面对各种管控应对有方,但却也显得相对缓慢,多是出于被动且缺乏相互间的合作应对,这一点特别是在 1945 年后显现得尤为明显。

综上所述,无线电广播在近代天津发展较快、形式多元,虽然经历着严苛的管制,但却以独到的方式为城市的近代化做出了贡献。从这个意义上说,无线电广播之于近代天津,其意义早已超越了新闻史所能企及的书写范围,成为天津近代媒介与社会互动中较之报刊毫不逊色的另一座高峰。

参考文献

一、中文著作

[1]艾红红. 中国民营广播史[M]. 新北:花木兰文化出版社,2016.

[2]艾红红. 中国宗教广播史[M]. 新北:花木兰文化出版社,2014.

[3]常江. 中国电视史[M]. 北京:北京大学出版社,2018.

[4]陈尔泰. 中国早期广播史料题识选注[M]. 哈尔滨:黑龙江人民广播电台,2012.

[5]来新夏主编. 陈卫民编. 天津的人口变迁[M]. 天津:天津古籍出版社,2004.

[6]成文胜编. 新传媒时代新闻传播学系列教材广播新闻[M]. 北京:中国人民大学出版社,2013.

[7]仇喜润,阎文启编. 天津的邮驿与邮政[M]. 天津:天津古籍出版社,2004.

[8]《当代中国的广播电视》编辑部. 中国的广播电台[M]. 北京:北京广播学院出版社,1987.

[9]风笑天. 社会研究方法(第5版》[M]. 北京:中国人民大学出版

社,2018.

[10]傅斯年.史学方法导论跟大师学国学[M].北京:中华书局,2016.

[11]来新夏主编,郭凤岐编.天津的城市发展[M].天津:天津古籍出版社,2004.

[12]郭长久主编.津沽百年[M].天津:百花文艺出版社,2000.

[13]郭镇之.中外广播电视史[M].上海:复旦大学出版社,2005.

[14]黄旦主编.城市传播:基于中国城市的历史与现实[M].上海:上海交通大学出版社,2015.

[15]贾长华主编.六百岁的天津[M].天津:天津教育出版社,2004.

[16]来新夏主编.天津近代史[M].天津:南开大学出版社,1987.

[17]来新夏主编,李世瑜编.天津的方言俚语[M].天津:天津古籍出版社,2004.

[18]梁启超.中国历史研究法附《补编》[M].北京:中华书局,2014.

[19]罗澍伟编.百年中国看天津[M].天津:天津人民出版社,2005.

[20]罗澍伟主编.近代天津城市史[M].北京:中国社会科学出版社,1993.

[21]罗澍伟编.天津的名门世家[M].天津:天津古籍出版社,2004.

[22]马艺,等.天津新闻史[M].天津:天津人民出版社,2015.

[23]穆超.非常时期的宣传政策[M].南京:正中书局,1938.

[24]宋昆,冯琳,胡子楠.地图中的近代天津城市[M].天津:天津大学出版社,2018.

[25]上海市政协文史资料委员会,天津市政协文史资料研究委员会,辽宁省政协文史资料委员会等编.列强在中国的租界[M].北京:中国文史出版社,1992.

[26][美]R.E.帕克,E.N.伯吉斯,R.D.麦肯齐.城市社会学:芝加哥学派城市研究文集[M].宋俊岭,吴建华,王登斌译.北京:华夏出版

社,1987.

[27]申启武,安治民.中国广播研究90年[M].广州:暨南大学出版社,2010.

[28]天津档案馆.北洋军阀天津档案史料选编[M].天津:天津古籍出版社,1990.

[29]天津地方志编修委员会办公室,天津市广播电视电影局,天津广播电视电影集团编著.天津通志·广播电视电影志1924—2003[M].天津:天津社会科学院出版社,2004.

[30]天津社会科学院历史研究所编.天津简史[M].天津:天津人民出版社,1987.

[31]罗世龙主编.天津中华基督教青年会编.天津中华基督教青年会与近代天津文明[M].天津:天津人民出版社,2005.

[32]汪学起,是翰生.第四战线——国民党中央广播电台掇实[M].北京:中国文史出版社,1988.

[33]王崇植,恽震.无线电与中国[M].北平国立图书馆,1931.

[34]王文利.中国广播电视学术研究史稿(1920—2011)[M].北京:新华出版社,2013.

[35]王学仲.天津人民广播事业四十年[M].天津:天津市广播电视局研究室资料,1989.

[36]王云,耿志云.天津人民广播事业四十五周年[M].天津:天津市广播电视局研究室资料,1994.

[37]吴廷俊主编.中国新闻史新修[M].上海:复旦大学出版社,2008.

[38]谢俊美.政治制度与近代中国修订本[M].上海:上海书店,2016.

[39]来新夏主编,杨大辛编.天津的九国租界[M].天津:天津古籍出版社,2004.

[40]由国庆.故纸温暖:老天津的广告[M].天津:天津古籍出版社,2015.

[41]来新夏主编,张仲编.天津早年的衣食住行[M].天津:天津古籍出版社,2004.

[42]长江,小方.沦亡的平津[M].武汉:生活书店,1938.

[43]赵玉明,艾红红,刘书峰主编.新修地方志早期广播史料汇编[M].北京:中国广播影视出版社,2016.

[44]赵玉明,艾红红主编.中国抗战广播史料选编[M].北京:中国广播影视出版社,2017.

[45]赵玉明主编.日本侵华广播史料选编[M].北京:中国广播影视出版社,2015.

[46]赵玉明主编.现代中国广播史料选编[M].汕头:汕头大学出版社,2007.

[47]赵玉明.赵玉明文集[M].北京:中国广播影视出版社,2014.

[48]赵玉明主编.中国广播电视通史[M].北京:中国广播影视出版社,2014.

[49]赵玉明.中国现代广播简史1923—1949(修订本)[M].北京:中国广播电视出版社,2001.

[50]郑也夫.城市社会学[M].北京:中国城市出版社,2002.

[51]中国人民政治协商会议天津市委员会文史资料委员会编;徐景星卷主编.天津文史资料选辑(总96期).天津报海钩沉[M].天津:天津人民出版社,2003.

[52]中国文化建设协会.抗战十年前之中国(1927—1936)[M].台北:文海出版社,1945.

[53]中国国民党中央宣传部.无线电宣传战[M].重庆:中国国民党中央宣传部印行,1942.

[54]周俊旗主编.民国天津社会生活史[M].天津:天津社会科学院

出版社,2002.

[55]周利成,王勇则编.外国人在天津[M].天津:天津人民出版社,2007.

二、英文著作

[1] Jane Robbins. *Tokyo Calls*:*Japanese overseas Radio Broadcasting*,1937—1945[M].[s. l.]:European Press,2001.

[2]Michael Krysko. *American Radio in China*:*International Encounters with Technology and communications*,1919—1941[M]. Kansas State:Kansas State University Press,2012.

三、学术论文

[1]阿伦娜.电化教育的孕育与诞生[J].电化教育研究,2010(12):111—120.

[2]艾红红,王娟.《广播周报》的历史流变与当代启迪[J].新闻界,2006(04):110—112.

[3]艾红红,朱丽丽.民国时期基督教广播特色初探[J].国际新闻界,2010,32(07):104—109.

[4]鲍国华.天津《大公报》载相声史料简释[J].汉语言文学研究,2018,9(04):62—67.

[5]陈剑安.略论三民主义的文化内涵及其社会功能[J].江西社会

科学,1996(10):27—30.

[6]陈克.关于天津文化的理论思考[J].理论与现代化,2003(06):68—70.

[7]邓明洁.20世纪30年代中国广播期刊的特点及使命[J].出版广角,2016(19):58—60.

[8]丁柏铨.媒介融合:概念、动因及利弊[J].南京社会科学,2011(11):92—99.

[9]高璐.民国时期官方广播事业管理机构的变迁[J].新闻春秋,2018(04):35—42.

[10]郭凤岐.从"卫"到"市"——天津城市建置体制的演变[J].天津经济,2004(03):76—78.

[11]郭辉.三民主义思潮研究述要[J].中国文化研究,2015(04):115—126.

[12]郭剑林.中国近代社会的转型与过渡——北洋政府时代[J].历史教学,2001(02):43—47.

[13]哈艳秋,何昊东,李佳.回旋历史的声音(下篇)简论日本侵华时期的日伪广播[J].中国广播,2005(12):49—53.

[14]韩隆福,刘平政.论孙中山的三民主义及其历史作用[J].常德师范学院学报(社会科学版),2002(02):67—70.

[15]韩啸,赵莹莹.民国时期中国广播期刊编辑出版活动特征初探[J].出版广角,2016(20):56—58.

[16]侯鑫.侯宝林与旧天津电台[J].博览群书,2007(11):70—73.

[17]姜红,刘礼堂,吕茵.广播新闻与国家民族意识的构建——以民国上海地区广播电台为例[J].学习月刊,2013(04):72—74.

[18]李暄.与上海市民新式家庭生活[J].新闻与传播研究,2018,25(02):80—97,127—128.

[19]李扬.播音24天的"南京广播电台"[J].民国春秋,1999

（03）:48.

[20]李永东.市井生存与民国政治的沟通:想象天津的一种方式[J].中山大学学报(社会科学版),2016,56(02):36—44.

[21]刘斌,邹欣.新媒体介入与传统艺术变异的"互动"——以民国时期上海广播与苏州弹词的发展为例[J].现代传播(中国传媒大学学报),2016,38(10):93—97.

[22]龙伟.新的"明星":播音员的职业生态与社会生活[J].新闻与传播研究,2013,20(04):78—89,127.

[23]彭先兵.让历史告诉未来:孙中山的"军政、训政、宪政"三阶段方略及启示[J].吉首大学学报(社会科学版),2013,34(04):35—40.

[24]任吉东.近代天津城市文化中的租界元素研究[J].南京社会科学,2013(06):135—141.

[25]任云兰.民国时期的天津工业[J].天津经济,2004(05):77—78.

[26]三水.落日楼台一笛风——小记在南京的益世广播电台[J].视听界,1990(01):60.

[27]邵培仁.传播生态规律与媒介生存策略[J].新闻界,2001(05):26—27,29.

[28]宋鹤琴.解放前的北京广播事业[J].现代传播,1984(02):109—114.

[29]孙红兵,宋长琨.中国政治近代化的历史特点探析[J].北方论丛,1998(02):56—60.

[30]孙占元.中国近代化问题研究述评[J].史学理论研究,2000(04):124—134.

[31]王江蓬.20世纪30年代中国广播期刊编辑研究[J].编辑之友,2016(06):108—112.

[32]王丽.近代天津寓公群体的文化特质研究[J].湖北函授大学学

报,2018,31(08):122—123.

[33]王文利.民国时期国人对广播的新闻事业属性的认知[J].东南传播,2011(12):74—76.

[34]王翔.论中国近代化过程的三个层次[J].中州学刊,1988(04):106—110.

[35]王雨."听"的技术:收音机、空间与听觉现代性(1929—1932).文学与文化,2018(01):41—52.

[36]王玉祥.孙中山政治近代化思想评析[J].历史档案,1994(02):106—110.

[37]谢鼎新.广播学科史的重写:民国框架下的研究初探[J].现代传播(中国传媒大学学报),2017,39(05):32—35.

[38]熊亚平,任吉东.解读与阐发:文明话语下的天津近代化历程——"近代天津的文明建构"学术研讨会综述[J].理论与现代化,2014(03):117—118.

[39]薛文婷.日伪沦陷区的广播媒介控制[J].中国广播电视学刊,2005(08):18—19.

[40]姚璐.《广播无线电台年刊》与无线电广播装备技术的传播[J].西北大学学报(自然科学版),2010,40(01):177—182.

[41]杨大辛.天津向近代城市的转化(上)[J].天津人大,2017(02):44—45.

[42]杨大辛.天津向近代城市的转化(下)[J].天津人大,2017(03):41—42.

[43]张宝志.中国电化教育发展史拾零[J].电化教育研究,2009(01):114—120.

[44]张秀芹,洪再生.近代天津城市空间形态的演变[J].城市规划学刊,2009(06):93—98.

[45]张云燕.论1928—1929年国民政府建委会的无线电管理[J].

河北大学学报(哲学社会科学版),2006(06):107—110.

[46]章用秀.天津文化及其思想精华[J].天津行政学院学报,2004(04):66—70.

[47]招宗劲.民国时期广播事业在广州的发展[J].历史教学(高校版),2008(06):25—29.

[48]赵巧萍.略论抗战前后广州的广播事业[J].今日南国(理论创新版),2009(04):181—182.

[49]赵天鹭.天津青年会广播电台与社会服务——以《大公报》为中心的考察[J].文学与文化,2015(03):124—132.

[50]赵玉明.中国现代广播史研究中的若干问题——兼答陈尔泰同志[J].中国广播电视学刊,2001(05):33—36.

[51]周启万.解放前天津的广播电台[J].现代传播——中国传媒大学学报,1985(01):71—76.

[52]周彦,赵丽娟.论中国政治近代化的演变[J].齐齐哈尔大学学报(哲学社会科学版),1999(06):55—59.

[53]朱莺.民国时期广播事业发展状况研究[J].求索,2004(03):240—242.

四、学位论文

[1]薄璐.亚美广播电台研究[D].中国传媒大学,2013.

[2]陈玳玮.民国时期教育播音研究(1928—1949)[D].内蒙古师范大学,2012.

[3]段然.抗战爆发前天津四大民营电台生存与发展研究[D].中国传媒大学,2016.

[4]葛涛.声音记录下的变迁[D].复旦大学,2008.

[5]公萍.北洋政府时期广播管理研究[D].华东师范大学,2017.

[6]郭镇之.论旧上海民营电台的历史命运[D].北京广播学院,1982.

[7]李煜.国民党广播研究(1928—1949)[D].中国传媒大学,2006.

[8]孙藜."飞线"苦驰"万里天":晚清电报及其传播观念(1860—1911)[D].复旦大学,2006.

[9]田荣娟.开洛广播电台研究[D].中国传媒大学,2016.

[10]汪英.上海广播与社会生活互动机制研究(1927—1937)[D].华东师范大学,2007.

[11]吴春威.民国时期佛教广播发展研究[D].中国传媒大学,2010.

[12]杨晶.民国时期广播教育演进历程研究[D].湖南师范大学,2016.

[13]杨旭.民国时期《广播周报》研究[D].湖南师范大学,2012.

[14]张霄萌.交通部上海广播电台社团音乐节目研究(1935—1937)[D].哈尔滨师范大学,2016.

[15]招宗劲.民国时期广播事业研究——以上海、南京、广州为中心[D].中山大学,2010.

[16]周旋.日本侵华时期天津沦陷区的奴化教育研究[D].河北大学,2018.

[17]朱丽丽.中国大陆基督教广播初探[D].中国传媒大学,2010.

[18]朱叶.广播与民国时政——以国民党广播事业为中心的考察(1923—1945)[D].四川大学,2015.

五、其他

［1］北京市数字档案馆 https：//www. bjma. gov. cn/seas/selfshell. view.

［2］大成老旧刊全文数据库 http：//laokan. dachengdata. com.

［3］大公报数据库 http：//tk. cepiec. com. cn.

［4］瀚堂典藏数据库 https：//www. hytung. cn.

［5］抗日战争与近代中日关系文献数据平台 http：//www. modernhistory. org. cn.

［6］李喜所. 关于天津文化主脉的思考［N］. 天津日报,2004－2－16（2）.

［7］申报全文数据库 https：//spcuc－egreenapple. com.

［8］盛世收藏. 天津市收音机工业发展史［EB/OL］.［2012－10－26］. http：//www. sssc. cn/a/20121026/135122054780308. shtml.

［9］天津市数字档案馆 http：//www. tjdag. gov. cn/eportal/ui? pageId ＝300845.

［10］晚清民国期刊数据库 http：//www. cnbksy. com.

［11］网信天津. 会说话的机器——收音机（一）［EB/OL］.［2018－6－15］. https：//mp. weixin. qq. com/s/jePlPn3sxmbOrsdpu6npYA.

［12］网信天津. 会说话的机器——收音机（二）［EB/OL］.［2018－6－22］. https：//mp. weixin. qq. com/s/x9TsCkeduC5nPz7yBNTf4Q.

［13］网信天津. 会说话的机器——收音机（三）［EB/OL］.［2018－6－29］. https：//mp. weixin. qq. com/s/CP-_zKf5gE-HZE_CbRdAIg.

［14］网信天津. 会说话的机器——收音机（四）［EB/OL］.［2018－7－20］. https：//mp. weixin. qq. com/s/sTwGlA3NkK0KfMPq5hBxGA.

附　录

（一）近代天津广播电台一览表

台名	呼号	功率（瓦）	主办单位及负责人	开办时间	停办时间	地址	备注
义昌洋行广播电台	GEC	500	日商义昌洋行/负责人冈崎义鹿	1925年1月	1927年天津广播无线电台开播后逐步停办	日租界旭街四面钟义昌洋行楼下	天津第一家外商电台，天津第一家电台
天津广播无线电台	COTN	500	天津广播无线电办事处/主任为耿劢	1927年5月15日	1933年10月20日改组为海岸电台	天津市电话局南院内	天津第一家官办电台

台名	呼号	功率（瓦）	主办单位及负责人	开办时间	停办时间	地址	备注
中国无线电业公司广播电台	CRC	750	中国无线电业公司/负责人胡光彪	1930年1月25日	1930年冬停办	和平区基泰大厦308室	天津第一家民营电台
仁昌广播电台	XQKC	7.5-50-200	仁昌绸缎庄/台长王铭荪	1934年春	天津沦陷后于1939年左右停播	最初设在东马路附近,后搬迁到法租界梨栈仁昌绸缎庄,最终迁址紫竹林庆丰里	天津四大民营电台之一;于1946年申请恢复未能实现
中华广播电台	XHKA	50-200	中华无线电研究社/经理龚雪甫后为郭振庭	1934年夏	天津沦陷后于1939年左右停播	最初设于法租界四号路,后迁往意租界大马路29号美最时洋行	天津四大民营电台之一
好莱坞广播电台		30		1934年5月	天津矿石展结束后停播		为矿展会专设
华北运动会广播电台		15	民国北京政府/中国无线电台	1934年10月	运动会结束后停播	天津北站外河北体育场内	为第十八届华北运动会专设

台名	呼号	功率（瓦）	主办单位及负责人	开办时间	停办时间	地址	备注
南开大学广播电台		15	南开大学电机工程系主办/负责人张伯苓	1934年11月16日	1935年假期间停播	南开大学思源堂地下室	未申请呼号，播出时间不固定
青年会广播电台	XQKB	50-150	天津基督教青年会/主任钱仲玫	1934年11月10日	1937年天津沦陷后停办	东马路天津基督教青年会中	天津四大民营电台之一
胜利公司广播电台		15	胜利公司主办	1934年12月初		英租界中街胜利公司内	20世纪30年代中前期天津唯一外商电台
东方广播电台	XQKA	100-150	东方贸易公司/经理陈锦涛	1935年1月25日	天津沦陷后于1939年停办	法租界32号路；后迁往法租界2号路大陆银行货栈	天津四大民营电台之一
北宁铁路局广播电台			北宁铁路局	1935年9月	1935年12月停播	北宁公园内	收音设备安置于全路各车辆内
中原公司广播电台		15	中原公司	1935年10月	1936年停播	中原公司五楼	专门播送舞场音乐

续表

台名	呼号	功率（瓦）	主办单位及负责人	开办时间	停办时间	地址	备注
刘髯公小型广播电台		15	《新天津报》社长刘髯公	1936 年 3 月	1936 年冬停播	刘髯公家宅中	
朱传渠小型广播电台		15	朱传渠	1936 年 4 月	1936 年冬	朱传渠家宅中	
日本公会堂电台		500	日本驻天津领事馆	1936 年	1939 年被伪天津广播电台代替	日租界福岛街大和公园公会堂内	天津沦陷期间曾播出安民告示
伪华北广播电台（伪天津广播电台第一播音台）	XGPT	1000	天津沦陷后伪政府建立/台长村崎敦雄	1938 年 1 月	1945 年 8 月 15 日日本投降后被接收	日租界福岛街公会堂内，1941 年后迁往华安大街 54 号	
伪天津广播电台第二台	XGBP	500	天津沦陷后伪政府建立/台长村崎敦雄	1939 年 6 月	1945 年 8 月 15 日日本投降后被接收	南市华安大街 55 号	节目均为日语播音

台名	呼号	功率（瓦）	主办单位及负责人	开办时间	停办时间	地址	备注
伪天津广播"特殊"电台		500	天津沦陷后伪政府建立/台长村崎敦雄	1942年2月1日	1945年8月15日日本投降后被民国南京政府接收	南市华安大街伪电台大院内	由北京广益公司具体负责开办
中央广播事业管理处天津广播电台（第一、二、三、四广播台）	XRPA	第一广播台500瓦；第二广播台100瓦/500瓦；第三广播台100瓦；第四广播台初为短波后改为中波	国民党中央广播事业管理处/台长孙国珍	1945年10月10日	1949年1月15日天津解放后被中国共产党天津军管会接收	南市华安大街原伪电台大院内	
美军广播电台	XONE	500	美国海军陆战队	1945年10月	1946年美军撤离时停播	美军驻军营盘内	
中国广播电台	XPCA后改为XLMC	500	中美无线电厂/楼兆棉任台长	1946年11月12日	1949年3月被天津市人民政府封停	罗斯福路（原日租界旭街）四面钟义昌洋行楼下	与国民党军统关系密切

台名	呼号	功率（瓦）	主办单位及负责人	开办时间	停办时间	地址	备注
中行广播电台	XTCH后改为XLMB	500	中行贸易公司/陈树铭任台长	1946年12月15日	1950年8月被天津人民广播电台收购成为天津人民广播电台经济台	大沽路151号	新中国成立后天津唯一一个没被接管的私营电台。1950年8月被天津人民广播电台收购
华声广播电台	XPBC后改为XLMA	500	国民党中央统计局主办/舒季衡任台长	1946年12月20日	1949年3月3日被天津市人民政府封停	杜鲁门路寿德大楼二楼	由国民党中统主办，1949年3月被接管，设备为天津人民广播电台经济台使用
世界新闻广播社广播电台	XNBA	200	国民党中央统计局支持/社长范子文	1946年12月28日	1947年6月因无执照停播	罗斯福路中原公司对面	1947年6月因非法播出被查封后改为"文化广播电台"
友声广播电台	XPBA	200	国民党军统局主办/台长郑晓帆	1947年1月3日	1948年下半年停播	陕西路安养里胡同内	停播后设备被收购改为钟镜广播电台

续表

台名	呼号	功率（瓦）	主办单位及负责人	开办时间	停办时间	地址	备注
宇宙广播电台	XTYC	200	国民党十一战区/台长王芝村	1947年2月2日	开播半年后因无执照停播	万全道87号	
青联广播电台		200	国民党军统局天津站/负责人高枫	1947年3月	1947年下半年因无执照停播	日租界常盘街常盘大楼内	为军统天津站学运组青年联谊会组成部分
资源广播电台		500	国民党中央无线电器材公司天津营业处主办	1947年4月	1949年天津解放前夕停办	罗斯福路197号中央无线电器材公司天津营业处楼上	隶属于民国南京政府资源委员会
天声广播电台		500	吴振瀛	1947年6月	1947年8月因无执照停播	锦州道宁静里4号	1947年9月5日改为青年广播电台
青年广播电台		500	经理吴振瀛,朱博儒、刘畏吾先后任台长	1947年9月5日	1948年6月10日因无执照被查封	锦州道宁静里4号	由国民党三青团与天声广播电台合作建立

台名	呼号	功率（瓦）	主办单位及负责人	开办时间	停办时间	地址	备注
文化广播电台	XNBA	200	世界新闻广播社	1948年6月	1949年3月被天津市人民政府封停	罗斯福路中原公司对面	该电台为世界新闻广播社与天津市政府共建
军友广播电台		300	国民党天津警备司令部政工处	1948年6月	1948年9月因经营困难停办	辽宁路91号	国民党军队电台，播出军队日常生活和训练指导军乐等
钟镜广播电台	XPBA	200	迪明无线电行、野玫瑰无线电行	1948年7月	1948年底因无执照停播	法租界长春道	迪明无线电行和野玫瑰无线电行利用有声电台设备开办
军声广播电台	XMLA	200	天津警备司令部政工处	1948年12月1日	1949年1月15日天津解放后查封	湖北路45号	国民党军队电台，使用钟镜广播电台设备
阵中广播电台		500	国民党天津警备司令部政工处	1949年1月1日	1949年1月15日天津解放后被查封	国民党天津警备司令部内	民国时期在天津设立的最后一个电台，使用青年广播电台设备

近代天津广播史

（二）近代天津广播电台位置概况示意图

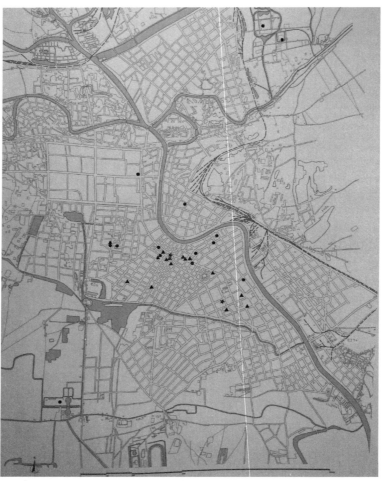

注：★为20世纪20年代创办之电台；●为20世纪30年代创办之电台；

▲为20世纪40年代创办之电台

后　记

　　近代的天津广播,沟通南北,汇聚中外,在动荡的社会环境和严苛的政治管控中走出了一条起伏发展的道路,在24年的岁月中为中国广播事业的发展乃至天津和中国的近代化做出了贡献。在纪念天津广播事业获得新生七十三周年之际,我们通过对近代天津广播事业的追述回忆重温这段鲜活但却逐渐被人遗忘的历史其意义不言而喻。

　　全书写作至此,基本囊括了近代天津广播事业发展的大多方面,但回首从选题到搜集资料再到整理写作的全过程,遗憾和不足仍时常萦绕在笔者脑中,使人长久不能释怀。

　　首先,在本书写作过程中,笔者曾反复阅读学习本领域前辈专家学者的相关著作,从扎实的考证和文献搜集中感受到史论研究的不易和"以史实说话"的重要性。因此在资料收集中,笔者有意走访地方专家学者和电台前辈,希冀从他们身上获得生动翔实的口述史料,充实丰富却看似枯燥的新闻报道和官方档案。但走访人数有限,还有必要进一步深挖寻访。

　　其次,近代天津政局多变且饱受战火侵扰,"城头变幻大王旗"似已成为常态。在政权动荡人员更迭的实际情况下,许多史实资料难以寻觅。加之日寇侵华,天津沦陷期间天津市政府曾遭日机轰炸,20世纪二三十年代部分档案信息现已无从寻访。因此对本时期天津广播发展的考据只能主要通过相关报刊回忆录等二次文献梳理还原。原始文献的稀缺，影响到了更加全面客观地呈现特定阶段天津广播的发展历程。

最后，本书写作过程中笔者脑中的近代天津广播形象逐渐清晰，研究中的许多疑问也都得到了解答。但伴随着先前一些问题的趋于明朗和研究的不断深入，更多的细节问题和困惑却浮上心头：第一，天津广播事业发端的起点到底是否为现今所公认的1925年1月？在上海出现外商电台后的两年时间中天津作为足以与之比肩的北方经济中心，是否曾有较之义昌洋行电台更早的无线电广播出现？第二，20世纪30年代中期，发展迅猛的民营广播电台大多坐落于天津的九国租界之内，而现有史料表明租界当局与坐落其中的民营电台并未产生太多管控关系。在天津沦陷前后，横行天津的租界当局是否介入了民营电台的经营？以仁昌电台、中华电台和东方电台为代表的民营电台能够在天津沦陷后于租界中苦苦支撑近两年的原因何在？第三，近代广播电台其新闻属性并未被彻底开发，特别是在自采新闻方面往往能力不足受制于人。1948年5月诞生的"天津之声"作为全国首创的官办民营电台联合节目，其中别具特色的访问节目是否为电台自主采编新闻的雏形？是否推动了电台新闻自采能力的提升？

诸如此类的问题随着本书的写作一个个在笔者脑中浮现。笔者深知，由于个人能力有限水平不足，尚不足以细致地呈现出近代天津广播发展的方方面面，许多细节信息仍待进一步发掘，史料选取上也势必会出现挂一漏万的现象。但这也将成为促使和激励笔者继续"上穷碧落下黄泉"的动力。近代以来的天津广播事业就像一块璞玉等待着研究者全面深入地呈现，进而与业已成熟的天津报刊史研究实现"两翼齐飞"，进一步推动我国地方新闻史研究的大发展。

行文至此，除了这些尚未解开的疑惑，一直在笔者心中涌动的还有那道不尽的感激和感恩。

笔者要感谢天津市档案馆(天津市地方志编修委员会办公室)。天津市档案馆(天津市地方志编修委员会办公室)资助出版的天津地方史研究丛书,以挖掘天津历史文化资源,繁荣城市文化和学术研究为职责。此前几年中,笔者曾有幸拜读过不少已经出版发行的研究成果,感受到了其中治史之严谨、内容之厚重。2022年,作为一名史学领域的小字辈,笔者的书稿有幸忝列其间,被纳入"天津地方史研究丛书",实在颇感意外。在本书出版过程中,天津市档案馆(天津市地方志编修委员会办公室)的领导老师们不辞辛苦对书稿仔细研读、细致审阅、提出意见,使得书稿内容不断完善。没有他们的大力支持,就没有今天这本书的出版发行。

笔者要感谢天津社会科学院出版社和出版社韩鹏副社长、责任编辑王丽老师。作为一名后生学人,在本书编辑出版的过程中,天津社会科学院出版社的老师们对书稿进行了逐字逐句的认真审读,提出了很多重要且关键的修改意见。特别是韩鹏副社长和王丽老师,作为拥有丰富书刊编辑经验的出版人,他们在百忙之中与笔者反复沟通探讨,以求史料的细致和表述的严谨。让笔者感受到了他们认真严谨、细致入微的工作态度,也让笔者深深地体会到踏实和安心。

笔者要感谢在本书撰写和出版过程中给予支持的老师和专家学者们。本书在撰写过程中得到了中国传媒大学赵玉明教授、艾红红教授、哈艳秋教授、庞亮研究员、官承波教授、刘书峰编审,成文胜教授;天津师范大学马艺教授、李秀云教授、王振良教授;天津人民广播电台原副台长宋银章先生、天津档案局原副局长林学奇先生、天津人民广播电台周启万老师、天津电视台王忠老师、天津市图书馆刘桂芳老师、天津收音机博物馆王欣馆长等诸多学者和专家的大力支持。笔者要特别感谢我国广播电视史学泰斗、中国传媒大学赵玉明教授以及笔者的博士生导师艾红红教授、硕士生导师马艺教授对笔者多年来的教育和指导。今日能付诸出版的书稿,正是来源于老师和专家们的批评指导。没有他们,就没有《近代天津广播史》一书的问世。

最后,笔者还要感谢家人们。在书稿写作修改的过程中,家人一直是笔者最为坚强的后盾。面对浩如烟海的史料和文献,每当笔者产生疲乏和踟蹰,便总会听到父母和妻子温暖的鼓励。正是他们的支持让笔者能够心无旁骛专心致志地投入到书稿的写作和修改之中。

　　笔者资历尚浅,能够有幸出版第一部专著,要表达的感谢太多太多。笔者所能做的,就是在前辈学者已打下的基础上,进一步深挖和呈现天津广播事业发展历史,为丰富天津地方史研究贡献些许力量。